사무엘상과 사무엘하의 이해

양 창 삼

사무엘상과 사무엘하의 이해

2022년 8월 25일 초 판 1쇄 인쇄
2022년 8월 30일 초 판 1쇄 발행

저 자 • 양 창 삼
발행인 • 조 경 혜
발행처 • 도서출판 그리심
07030 서울시 동작구 사당로2길 72 인정 B동 (B01)

등록번호 • 제 7-258호(1998. 4. 23)
출 판 사 • 전화 523-7589 팩스 523-7590
전자우편 • grisimcho@hanmail.net
홈페이지 • grisim.net
• http://smartstore.naver.com/grisimgrisim

ISBN 978-89-5799-476-4 (93230)

양 창 삼

양창삼(梁創三)은
현재 한양대학교 경상대학 경영학부 명예교수이고
목사이자 시인이다.
서울대학교에서 정치학과 경영학을 공부했다.
미국 웨스턴일리노이 대학교에서 MBA를,
연세대학교에서 경영학 박사 학위를 받았다.
총신대학교에서 목회학 석사와
신학 석사 학위를 받았다.
한양대에서 경상대학 학장과
산업경영대학원 원장을 역임했으며
중국 연변과기대에서 상경대학장, 부총장, 챈슬러를 역임했다.

저서

'기독교와 현대사회' 로 한양대에서 우수저술상을 받았고,
'헨리 나우웬의 실천하는 영성' 은
문화관광부 우수교양도서로 선정되었다.
함께 쓴 '뒤르케임을 다시 생각한다' 는
대한민국 학술원 우수학술도서로 선정되었다.
기독교 관계 주요 저서로
'기독교사회학의 인식세계,'
'뒤틀린 삶의 문제와 기독교적 해답,'
'자아의식과 예수의식,'
'조선을 섬긴 행복: 서서평의 사랑과 인생' 등이 있다.

바른 성경읽기에 관심을 가져
'창세기' 를 비롯한 모세오경, '열왕기 상하 읽기,' '시편 읽기,'
'잠언의 이해,' '이사야의 이해,' '예레미야, 예레미야애가의 이해,'
"에스겔서의 이해,' '다니엘서,' '소선지서' 등 구약해설서 전권과,
'마태복음의 이해' 를 비롯한 사복음서, '사도행전의 이해,'
'로마서의 이해' 를 비롯한 여러 바울서신, '히브리서의 이해,'
'베드로전서와 베드로후서의 이해,'
'요한1 · 2 · 3서와 요한계시록' 등 신약해설서 전권을 내놓았다.

머리말

이 책은 '사무엘상'(1 Samuel)과 '사무엘하'(2 Samuel) 모두를 다루고 있다. 사무엘상이 사울 왕 시대를 다루고 있다면 사무엘하는 다윗 왕 시대를 다루고 있다. 사사시대에 이스라엘 백성들이 바랐던 왕이 사울로부터 시작되었지만 그의 영적인 교만과 불순종으로 인해 다윗에게 기름을 부어 왕으로 삼게 하셨다. 하나님은 다윗과 언약을 맺으시고, 그 나라와 그 위의 영원함을 약속하셨으며 이것은 그리스도의 영원한 통치로 이어지게 하셨다. 이 과정에서 사무엘 선지자의 역할이 컸다. 그는 정직하고 부패하지 않은 성직자로, 다윗의 멘토 역할을 했다.

엘리 제사장 때 언약궤, 곧 법궤를 블레셋에게 빼앗겼다. 법궤는 승리의 상징이었으나 이를 빼앗긴 것은 충격적인 일이었다. 구속사적으로 볼 때 이는 시대가 법궤지상주의에서 떠나 영적 종교로 들어갔음을 의미한다. 즉, 제사중심에서 말씀 순종으로 바뀐 것이다. 제사가 법궤지상주의를 반영한다면 말씀 순종은 영적 종교를 반영한다. 이는 영적 계시의 발전을 의미한다. 이 변화의 중심에 사무엘이 있다.

사무엘은 모든 선지자의 조상으로 선지학교를 세웠다. 그는 왕 세우는 것을 싫어하고 하나님 말씀만 통치하기를 바랐다. 그는 미스바 부흥운동을 일으켰다. 이는 새 영적 종교로 진입을 의미한다.

사울은 제사장이 아니면서도 스스로 제사를 지낼 만큼 불순종하는 왕이 되었다. 이는 나름대로 옛 종교, 의식종교에 매어 있었음을 보여준다. 사울은 사무엘의 마음에 맞지 않았다. 이에 반해 다윗은 사무엘의 마음에 맞는 인물이었다. 다윗은 '제사보다 상한 심령을 원하신다.' 고 할 만큼 영적 종교를 추구했다.

사무엘은 레위의 후손으로 '그의 이름은 하나님이다' 는 뜻을 가지고 있다. 이 이름은 '내가 여호와께 그를 구하였다' 는 뜻을 가진 '사알 메엘' 과 발음이 비슷하다. 그는 사사시대와 왕정시대를 연결하는 과도기의 주역으로서 역할을 수행했다. 그는 사사시대의 최후의 사사요 왕정시대의 최초의 선지자로 간주되고 있다. 그는 사울과 다윗에게 기름을 부었다. 자신은 신정정치(Theocracy)를 주장했다. 이스라엘이 다른 이방 나라처럼 왕 세우기를 고집하므로, 하나님은 왕을 허락했다. 하나님이 왕을 허락한 것은 이스라엘에 대한 하나의 징계였다.

사울(Saul)은 베냐민 지파 출신이다. 당시 이 지파는 가장 미약했다. 하지만 미약했기 때문에 오히려 지파간의 시기와 질투의 기회가 줄어 백성을 연합하는 데는 유익했다.

사울이 버림받은 이유는 크게 두 가지다. 첫째, 블레셋과 전투 때 사무엘을 기다리다 지쳐 제사장만이 할 수 있는 번제를 집행했다. 제사장직을 침범한 것이다. 둘째, 불순종했다. 아말렉과 전투 때 모든 소유를 진멸하라는 말씀에 순종하지 않았으며, 또 아각 왕을 살려주었다. 아각은 후에 사무엘에게 죽지만 에스더서에 나오는 그 후손 하만이 이스라엘을 멸하려고 계획했다.

사울이 미친 자가 되기도 했고 사위인 다윗을 죽이고자 했다. 이 모두는 악신의 역사다. 미친 것은 우울증 내지 정신착란증세가 있었던 것으로 보인다. 그는 다윗을 죽이고자 했지만 다윗은 달랐다. 다윗은 사울을 죽일 수 있는 기회가 와도 "내가 어찌 여호와의 기름부음을 받은 자를 치리이까?" 하며 놓아주었다. 엔게디 굴속에서 사울의 겉옷자락만 벤 사건이나 머리 곁에 있는 창과 물병만 가져오게 한 사건이 그 보기다.

블레셋이 침투하자 사울은 결국 엔돌의 신접한 여인을 찾을 만큼 영적으로 타락했다. 이 여인은 가나안 후예이다. 사울은 블레셋과의 전투에서 패했다. 길보아 산에서 패전한 그는 세 아들과 같이 죽음을 맞았다. 그 가운데 요나단이 있었다. 다윗은 사울과 요나단의 죽음을 슬퍼해 슬픈 노래를 지었다. 제목은 '활 노래' 로 싸움터에서의 노래에 해당한다.

사울의 죽음과 관련해 아말렉 소년의 보고에 대한 논란이 있다. 사울이 자기의 칼에 엎드려 자결했다는 구절(삼상31:4,5)과 아말렉 소년이 사울의 요구에 따라 그를 죽였다는 구절(삼하1:9,10)이 서로 모순되기 때문이다. 그러나 두 구절은 모순이 되지 않는다. 그 이유의 첫째는 아말렉 소년은 사울의 자결을 보고 자기의 공로를 나타내기 위해 거짓말을 하여 자기가 죽였노라고 할 수 있다는 것이다. 그가 면류관과 손의 고리를 가져온 것을 보면 알 수 있다. 둘째는 사울이 자기의 칼 위에 엎드려졌으나 그 때에 죽지 못하고 아말렉 청년에게 죽여주기를 청하였다는 점이다.

다윗(David)은 30세에 등극하여 헤브론에서 7년, 예루살렘에서 33년, 모두 40년간 통치했다. 다윗은 통치기간 중 세 번 기름부음을 받았다. 처음에는 사무엘로부터 받았다. 이것은 하나님의 지시에 따른 것이다. 두 번째는 헤브론에서 유다족속만의 왕으로 기름부음을 받았다. 그는 헤브론을 수도로 정하고 7년 6개월 동안 통치했다. 그가 유다의 왕이 된 것은 블레셋의 도움이 있었다. 당시 블레셋은 이스라엘 양분 정책을 추구했으며, 사울의 집과 다윗의 집 사이의 전쟁 장기화를 노렸다. 세 번째는 이스라엘의 왕으로 기름부음을 받았다. 수도를 예루살렘으로 정하고 여기서 33년간 통치를 했다. 예루살렘은 '평화의 도성(보존, 근원)' 이라는 뜻을 가지고 있으며 다윗 성, 시온 성, 살렘, 여부스 등 다양한 명칭을 가지고 있다.

하나님은 "네 집과 네 나라가 네 앞에서 영원히 보존되고 네 위가 영원히 견고하리라"(삼하 7:16)며 다윗과 언약을 맺었다. 이 언약은 '확실한 언약,' '내 언약' 이라 불린다. 이것은 나타날 메시야에 관한 것으로 아담의 씨(여자의 후손), 아브라함의 씨, 다윗의 자손으로 구체화되었다.

다윗은 블레셋, 모압, 에돔, 소바, 다메섹, 하맛, 암몬 등 여러 족속과 전쟁을 벌려 승리했다. 모압과 암몬과의 전쟁에서 승리함으로써 트랜스요단의 무역 로를 확보했다. 다윗왕국의 판도는 '유프라테스 강에서 홍해에 이르기까지' 로 하나님이 아브라함에게 약속한 전 지역을 망라한다. 그는 상비군, 관장(행정), 재산관리자, 왕 고문단을 두어 새 질서를 확립했으며, 종교적으로는 사독과 아히멜렉 등 두 제사장을 두어 새로운 종교제도를 확립하고 레위족속을 조직화했다.

다윗은 선행도 했지만 악행도 행해 양면성을 가지고 있다. 선행으로는 요나단의 아들로 다리를 저는 므비보셋에 대해 친절과 사랑을 베푼 일이다. 친구 요나단을 생각하여 그를 왕자와 같이 대우했다. 이 일이 개인적인 선행이라면 공인으로서 선행을 한 것으로 기브온 사람들에게 공의를 베푼 일을 들 수 있다. 가나안을 정복했을 당시 여호수아는 기브온 사람들을 결코 멸하지 않겠다는 약속을 한 바 있다. 그들은 성전의 물 깃는 자들로 생활했다. 그들은 동화되지 않았다. 종족주의가 강한 사울은 그들을 학살하려 했다. 이스라엘은 개방사회지만 사울은 달랐다. 이 일로 하나님은 이스라엘에 3년 동안 기근이 있게 했다.

다윗의 대표적인 악행으로는 밧세바와의 불륜과 그의 남편 우리아를 죽게 한 죄, 인구조사의 실시를 들 수 있다. 다윗은 불륜과 죄악을 회개했지만 하나님은 밧세바와의 불륜으로 나은 아이를 죽게 하셨고, 칼이 떠나지 않을 것과 가정이 어려워질 것을 예언하셨다. 이 같은 예언은 다윗으로 하여금 사죄의식을 갖게 되었고 계속 그를 겸손케 만들었다. 인구조사는 하나님의 백성을 자기 소유로 알았고 권력과 무역으로 나라를 세우려 했다는 점에서 동기가 악했다. 아우구스티누스에 따르면 모세의 인구조사와 다윗의 인구조사는 차이가 있다. 모세는 20세 이상 남성을 대상으로 2번 인구조사를 했는데 그 목적은 '하나님의 나라' (Kingdom of God)을 위한 것이었다면 다윗의 인구조사는 군사강국을 만들어 자신의 '세계의 왕국' (Kingdom of World)을 세우려 했다는 것이다.

다윗의 말년에는 여러 차례 반역이 있었다. 이것은 그의 범죄에 대한 하나님의 징계였다. 첫 번째 반역은 다윗의 셋째 아들 압살롬에 의해 일어났다. 압살롬이 죽었고, 다윗은 그의 죽음을 슬퍼했다. 자기의 죄 때문이라는 것을 알았기 때문이다. 그의 눈물 속에는 회개의 심정이 담겨 있다.

두 번째 반역은 베냐민 사람 세바에 의해 일어났다. 이것은 다윗의 파벌주의에 대한 하나님의 심판이었다. 압살롬이 죽자 피신해 있던 다윗을 다시 궁으로 모시는 문제가 발생했다. 다윗은 유다지파를 향해 "너희는 내 형제요 내 골육이 아니냐"는 발언을 하며 앞장서도록 재촉했다. 그의 종파적인 발언은 결국 종족을 분열시키고 종파주의를 초래했다. 환영행사에 유다지파는 많았고, 이스라엘 지파는 적었다. 이스라엘 사람들은 왜 상의를 하지 않았느냐며 불만을 터뜨렸다. 이 와중에 세바가 일어나 기업이 다르다며 이스라엘을 선동해 다윗을 배반하도록 한 것이다.

세 번째는 그의 넷째 아들 아도니야에 의해 일어났다. 이 반역에 대제사장 아비아달과 군대장관 요압이 협조했다. 아비아달은 대제사장 사독에 대한 불만이, 그리고 요압은 기회주의적 태도가 작용한 것으로 판단된다. 나단 선지는 밧세바로 하여금 다윗을 찾아가 솔로몬이 태어날 때 계승자로 정한 사실을 다시금 확인케 했으며, 다윗은 솔로몬을 왕의 계승자로 인정한다. 솔로몬은 대제사장 사독 성막에서 기름부음을 받는다. 솔로몬이 태어날 때 하나님은 나단을 통해 '여디디야'란 이름을 준 바 있다. 이 이름은 '제비뽑힌(선택 된) 자'라는 뜻을 가지고 있다. 이와 관련된 내용은 열왕기상에 기록되어 있다.

사무엘상과 사무엘하는 한나의 서원으로 시작해서 인구조사에 대한 범죄로 아리우나의 타작마당을 사서 그곳에 제단을 만들고 제사를 드리는 다윗의 회개의 제사로 끝을 맺는다. 그 안에는 겸손했던 사울이 불순종과 교만으로 처참한 결말을 보게 되고, 사울의 시기로 인해 힘든 세월을 보냈던 다윗이 어떻게 왕으로 다듬어지고, 왕국이 세워지는가를 보여준다.

모든 역사는 하나님과의 관계에 따라 달라진다. 하나님의 말씀을 순종하면 좋은 결과를 얻지만 불순종하면 개인도, 나라도 망한다. 왕일수록 하나님을 두려워하고, 그 앞에서 겸손해야 한다. 이것은 현대를 살아가는 각 개인에게도 마찬가지다. 이런 의미에서 역사는 교훈을 준다.

양 창 삼

Contents

[사무엘상]

[사무엘하]

1 Samuel

사무엘상

모든 역사는
하나님과의 관계에 따라 달라진다.
하나님의 말씀을 순종하면
좋은 결과를 얻지만
불순종하면 개인도, 나라도 망한다.
왕일수록 하나님을 두려워하고,
그 앞에서 겸손해야 한다.
이것은 현대를 살아가는
각 개인에게도 마찬가지다.
이런 의미에서 역사는 교훈을 준다.

제1장

한나의 서원, 사무엘의 출생

1장은 한나가 사무엘을 낳았고, 한나는 사무엘과 그의 평생을 하나님께 드린 내용을 담고 있다. 사무엘은 사사시대와 왕국시대를 연결한 인물(B. C. 1100 1050)이자 레위 지파에 속한 자였다(대상 6:33 38).

1. 한나의 서원(1-18절)

1장은 사무엘의 아버지 엘가나와 그의 어머니 한나를 소개하는 것으로 시작된다.

(**엘가나의 가계**) 엘가나(*elqanah*, Elkanah)는 '하나님에 의해 얻어진 자'라는 뜻을 가지고 있다. 그는 레위 지파에 속한 인물로, 에브라임 산지 라마다임소빔에 살고 있었다(1a절).

라마다임소빔(Ramathaim Zophim)은 '소빔의 두 고지대' 라는 뜻이다. 에브라엠과 베냐민 경계에 인접한 곳으로, 예루살렘 북쪽에 자리한 산지였다. '라마다임'(Ramathaim)은 '라마'(Ramah)의 원 지명이고, 흔히 '라마' 라 불린다. '라마'는 '높은 곳'이라는 뜻이다. 이곳은 사무엘이 출생하고, 거주하고, 사망한 곳이다. '소빔'은 라마다임이 자리한 지방의 이름이다. 소빔은 엘가나의 조상 '숩'(Zuph)에서 유래된 말로, 이곳이 숩의 후손들의 땅임을 보여준다.

엘가나를 '에브라임 사람'이라 한 것은 그곳을 기업으로 얻은 그핫 자손에 속한 레위인이었기 때문으로 보인다(수 21:20-21, 대상 6:22-26).

엘가나의 가계가 소개되고 있다. 그는 숩, 도후, 엘리후, 여로함을 이어 태어난 인물이다. 여로함(Jeroham)은 그의 아버지이다(1b절). 그에게는 한나와 브닌나 두 아내가 있었다. 그런데 브닌나에게는 자식이 있고 한나에게는 자식이 없었다(2절).

'한나' (Hannah)는 '은총을 받았다' 라는 뜻을 가지고 있고, '브닌나' (Peninnah)는 '붉은 진주', '산호' 라는 뜻을 가지고 있다. 당시 자식은 "하나님이 함께 하신다"는 증거로 간주했기 때문에 자식이 없다는 것은 큰 아픔이었다. 그러나 이것은 그에게 기도하라는 하나님의 초청장이었다. 아픔은 하나님의 영광을 드러내기 위한 하늘의 초청장이다.

그는 엘리(Eli)의 두 아들 홉니(Hophni)와 비느하스(Phinehas)가 제사장으로 있을 때 매년 실로에 올라와 하나님을 예배하며 제사를 드렸다(3절). '실로' (Shiloh)는 라마 북쪽, 벧엘 동쪽에 있는 곳으로, 여호수아 때부터 사무엘 때까지 하나님의 성막이 있었다.

(**자식을 갖지 못한 한나의 아픔**) 엘가나는 제사를 드리고 난 다음 제물의 분깃을 나눌 때 브닌나와 그가 낳은 아들딸에게는 한 몫을 주고, 한나에게는 두 몫, 곧 갑절을 주었다. 그만큼 한나를 사랑했기 때문이었다. (하지만 이것이 브닌나를 자극했을 것이다.) 그런데 하나님께서 한나에게는 태의 문을 열어주지 않으셨다(하나님께서 그로 임신을 하지 못하게 하신 것이다.)(4, 5절).

그런데 이 두 절에 대한 공동번역, RSV, TEV는 개역개정과 다르다. (제삿날이 되면 엘가나는 아내 브닌나와 그의 모든 아들딸들에게 제물을 몫몫이 나누어주었는데 엘가나는 한나를 사랑하면서도 그에게는 한몫밖에 줄 수가 없었다. 하나님께서 한나로 하여금 잉태하게 해주지 않으셨기 때문이라는 것이다.) 하지만 대부분의 번역본은 개역개정과 같다. 히브리 원문(Westminster

Leningrad Codex)도 개역개정과 같이 되어 있다.

게다가 하나님께서 한나의 태를 닫아 놓으신 것도 서러운데, 브닌나는 그의 적수가 되어 한나를 괴롭히고 업신여겼다(6절). 작은 마누라가 아이를 낳으면 큰 마누라의 위치에 서게 된다. 한나의 위치가 그만큼 전락되었음을 보여준다. 이런 경우는 사라에게서도 볼 수 있다(창 16:5).

이런 일이 매년 거듭되었다. 한나가 하나님의 집으로 올라갈 때마다, 브닌나가 한나의 마음을 늘 그렇게 괴롭혔고, 그 때마다 한나는 울기만 하고, 아무것도 먹지 않았다(7절) 그럴 때마다 남편 엘가나가 한나를 위로하였다. "여보, 왜 울기만 하오? 왜 먹지 않으려 하오? 왜 늘 그렇게 슬퍼만 하는 거요? 당신이 열 아들을 두었다고 해도, 내가 당신에게 하는 만큼 하겠소?"(8절) 부부금술은 좋았지만 한나는 자식이 없어 깊은 슬픔에서 벗어나지 못했다.

(**한나의 서원**) 한번은 엘가나 일행이 실로에 있는 하나님의 집에서 음식을 먹고 마신 뒤에, 한나가 일어나서 자리를 떴다. 그 때에 제사장 엘리는 여호와의 전 문설주(doorpost) 곁에 있는 의자에 앉아 있었다(9절). 성전은 솔로몬 때 지어졌기 때문에 '성막' 이라 해야 맞다. 그런데 여기서 '성막' 이라 하지 않고 '여호와의 전(*hekal*, temple)'이라 한 것을 보면 성막보다 크고 튼튼한 건물에 부속되어 있지 않았을까 하는 생각을 갖게 한다.

한나는 괴로운 마음으로 하나님께 나아가 흐느껴 울면서 기도하였다(10절). 그리고 하나님께 이렇게 서약했다.

"만군의 여호와여 만일 주의 여종의 고통을 돌보시고 나를 기억하사 주의 여종을 잊지 아니하시고 주의 여종에게 아들을 주시면 내가 그의 평생에 그를 여호와께 드리고 삭도를 그의 머리에 대지 아니하겠나이다."(11절)

서원 기도를 한 것이다. 서원은 하나님을 향한 자신의 약속으로, 그것은 지켜져야 한다.

한나가 기도 서두에 하나님을 '만군의 여호와' (*sebaowt Yahweh*, Jehovah of the hosts, the Lord of the heavenly Armies)라 했다. '만군의 여호와'는 '하늘 군대의 주' 라는 뜻으로, '전쟁의 왕' 이라는 뜻이다. '전능하신 하나님' 으로 번역한다. 이것은 하나님을 세상을 평정하실 전능하신 하나님으로 보았음을 의미한다. 세상을 보아도 희망이 없다. 그러나 하나님이면 하실 수 있다는 것을 보여준다.

'나를 생각하시고 주의 여종을 잊지 아니하시고' 는 주님이 자신을 돌아보고 생각만 하셔도 잉태가 가능하다는 것을 고백하는 말이다. 하나님에 대한 전적인 신뢰를 읽을 수 있다.

'그 평생에 그를 여호와께 드리고' 에서 우리는 그의 결단을 본다. 보통사람 같으면 아들을 낳아 집에 두고 작은 마누라 브닌나 보아라는 듯이 살고 싶었을 것이다. 본마누라가 아이를 낳으면 그 원 지위를 회복할 수 있기 때문이다. 그러나 한나는 그런 것을 초월했다. 오히려 그 아이를 평생 하나님께 드리겠다고 했다.

'삭도(razor)를 그 머리에 대지 아니하겠나이다.' 는 그를 '나실인' (Nazarite 또는 Nazirite)으로 구별하여 드리겠다는 것이다. '나실인' 은 '나지르' (nazir)에서 나온 말로 '거룩하게 되는', '분리된' (구별된)이란 뜻을 가지고 있다. 머리를 깎지 않는 것은 나실인의 특징 가운데 하나이다. 그가 이 말을 한 것은 아들을 주시면 성별해서 키워 하나님께 헌신한 인물이 되게 하겠다는 뜻이다. 평생 머리를 깎지 않도록 하겠다는 것보다는 그가 자라는 일정 기간 동안 그리하겠다는 한나의 의지와 각오를 보여주는 것으로 이해하기도 한다.

과거 그는 하나님께 자식을 낳게 해 자신의 원통함을 풀어달라고 기도했을 것이다. 이것은 낮은 단계의 기도이다. 그러나 이제 그의 기도가 달라졌다. 하나님이 자식을 주시면 자기의 자식으로 생각지 아니하고 하나님의 것으로 알아 하나님께 드리겠다는 것이다. 이 기도는 과거와는 차원이 다른 기도였다. 그는 이 기도를 통해 하나님과 관계에서 보다 성숙한 관계로 변화했다.

그는 오래 기도하는 동안 낳은 자식을 교양하고 훈련하는 단계까지 달라졌다. 하나님이 한나를 다루시기 위해 이 모든 과정을 사용하신 것이다. 하나님은 난관을 뚫는 기도를 들으신다. 하나님은 간결하고 정숙한 기도도 들으시지만 통곡, 마음의 간절함을 담은 기도를 기뻐 받으신다. 우리는 아버지 앞에 기도하는 것이므로 격식만 차려서는 안 된다. 예수님도 심한 통곡과 눈물로 기도하셨다.

(**엘리의 오해**) 한나가 기도를 오래 하는 동안 엘리는 그녀의 입술을 지켜보았다. 그러나 한나는 말을 하지 않고 조용히 기도했기 때문에 입술만 움직일 뿐 아무 소리도 들리지 않았다. 당시에는 큰 소리로 기도하고, 낭송하도록 되어 있었다(행 8:30). 그래서 엘리는 한나가 취한 줄로 생각하고 한나를 꾸짖었다(12-14절). 이것은 그 시대에 술 취한 사람이 성소에 들어온 일이 있었음을 보여준다. 그렇다면 그것은 당대의 종교적, 도덕적 부패가 컸음을 말해준다.

"네가 언제까지 취하여 있겠느냐 포도주를 끊으라."

한나가 대답하였다.

"내 주여 그렇지 아니하니이다 나는 마음이 슬픈 여자라 포도주나 독주를 마신 것이 아니요 여호와 앞에 내 심정을 통한 것뿐이오니."(15절) 술을 마신 것이 아니라 슬픈 마음을 가눌 길이 없어서 저의 마음을 주님 앞에 쏟아 놓았을 뿐이라는 말이다. '내 주여' (*adoni,* my lord)는 엘리 제사장을 높이고, 자신을 낮추는 히브리인의 존칭어법이다. '여호와 앞에 내 심정을 통한 것' (pour out my soul before God)은 기도가 무엇인가를 가르쳐준다. 기도의 핵심적 정의가운데 하나로 손꼽히고 있다.

"당신의 여종을 악한 여자로 여기지 마옵소서 내가 지금까지 말한 것은 나의 원통함과 격분됨이 많기 때문이니이다."(16절) "저를 나쁜 여자로 여기지 마시기 바랍니다. 저는 너무나도 원통하고 괴로워서(분해서), 이처럼 기도를 드리고 있습니다."

그러자 엘리가 말하였다. "평안히 가라 이스라엘의 하나님이 네가 기도하여 구한 것을 허락하시기를 원하노라."(17절) "그렇다면 평안한 마음으로 돌아가시오. 이스라엘의 하나님이, 그대가 간구한 것을 이루어 주실 것이오."

한나가 대답했다. "당신의 여종이 당신께 은혜 입기를 원하나이다." 제사장님이 그렇게 말씀 해 주시니 정말 고맙고, 그 말씀대로 되기를 바란다는 것이다. 그리고서 한나는 기쁜 마음으로 가서 음식을 먹고 다시는 수심에 싸이지 않았다(18절).

아직 사무엘이 태어나지 않았지만 그는 하나님이 응답하기 전에 이미 마음의 평안을 얻었다. 이것이 바로 하나님이 먼저 주시는 응답이다. 하나님이 사랑하는 자기 자녀에게 주시고자 하는 강도는 우리가 받고자 하는 강도보다 높다.

2. 사무엘의 출생(19-28절)

(**사무엘의 출생**) "그들이 아침에 일찍이 일어나 여호와 앞에 경배하고 돌아가 라마의 자기 집에 이르니라 엘가나가 그의 아내 한나와 동침하매 여호와께서 그를 생각하신지라."(19절) 엘가나와 그의 가족은 다음 날 아침 일찍 일어나 여호와께 예배하고 라마에 있는 그들의 집으로 돌아왔다. 엘가나와 그의 아내 한나가 잠자리를 같이하자 여호와께서는 그녀의 기도를 기억하셨다. '여호와께서 그를 생각하신지라' 는 한나의 기도가 응답되었음을 말한다. 그는 비

로소 그의 이름처럼 하나님으로부터 은혜 입은 자가 되었다. 여호와께서 생각하시면 문제는 해결된다.

"한나가 임신하고 때가 이르매 아들을 낳아 사무엘이라 이름하였으니 이는 내가 여호와께 그를 구하였다 함이더라."(20절) 한나는 아들을 낳았다. 하나님은 한나의 인격이 다듬어지자 태의 문을 여셨다. 아들의 이름을 '사무엘'이라 했다.

사무엘(Samuel)은 '하나님께 구했다', '기도에 응답하신다'"는 뜻을 가지고 있다. 이 이름은 한나가 하나님께 아들을 구하는 기도를 했고, 하나님께서 이 기도에 응답하셨음을 말해주고 있다. 사무엘은 기도의 응답이었다. 사무엘은 훗날 사울과 다윗의 멘토가 되었을 뿐 아니라 이스라엘에서 왕이 세워지지 않은 시대에 사실상 왕 못지않은 역할을, 그리고 선지자, 제사장의 권한을 소유한 인물이 되었다.

엘가나와 그의 가족이 매년 드리는 제사(매년제)와 서약을 지키는 제사(서원제)를 드리기 위해 실로에 있는 여호와의 성전으로 올라갈 때가 되었다(21절). 매년제(the yearly, annual sacrifice)는 매년 십일조와 처음 낳은 것 등 제물을 하나님께 드리던 정규제사로, 가족 전원이 참석하는 것이 관례였다. 서원제(vow offering)는 엘가나가 한나의 서원을 기꺼이 받아들여 예물을 바친 것을 말한다.

그러나 한나는 올라가지 않고 자기 남편에게 이렇게 말하였다.

"아이를 젖 떼거든 내가 그를 데리고 가서 여호와 앞에 뵙게 하고 거기에 영원히 있게 하리이다."(22절) 아이가 젖을 떼면 내가 직접 그를 여호와의 집으로 데리고 가서 여호와께 바친 다음 평생 동안 그 곳에 있도록 하겠다는 것이다. 하나님께 약속한 서원을 지키겠다는 말이다.

그러자 엘가나가 그의 말을 기꺼이 들어주었다.

“그대의 소견에 좋은 대로 하여 그를 젖떼기까지 기다리라 오직 여호와께서 그의 말씀대로 이루시기를 원하노라.”(23a절) 당신 생각에 그것이 좋으면, 그렇게 하라는 것이다. 그 아이가 젖을 뗄 때까지 집에 있되 하나님께서 당신의 말대로 이루어 주시기를 바란다고 했다. 아이에 대한 서원이 무엇인가를 그도 잘 알고 있다는 말이다.

(**서원을 지킨 한나**) 그래서 한나는 아기가 젖떼기까지 그를 양육하며 집에서 기다렸다(23b절). 아이가 젖을 떼자 부모는 어린아이를 데리고 실로에 있는 여호와의 집으로 올라갔다. 그러나 그들은 빈손으로 가지 않고 제물로 3년 된 수소 한 마리와 밀가루 한 에바(2.2리터)와 포도주 한 가죽 부대를 가지고 갔다(24절). 당시 젖 뗀 아이는 5-6세 정도로 간주된다. 3년 설, 5년 설, 12년 설 등 다양하다.

그들은 수소를 잡고 나서, 그 아이를 엘리에게 데리고 갔다(25절).

한나가 엘리에게 말했다.

“내 주여 당신의 사심으로 맹세하나이다 나는 여기서 내 주 당신 곁에 서서 여호와께 기도하던 여자라.”(26절) “제사장님, 나를 기억하시겠습니까? 내가, 주님께 기도를 드리려고 이 곳에 와서, 제사장님과 함께 서 있던 바로 그 여자입니다.” 한나는 자기가 과거 어떤 사람이었던가를 엘리 제사장에게 확인시켜 주었다. ‘당신의 사심으로’ (as your soul lives, as sure as you live)는 어떤 사람의 말에 대한 진실성을 강조하기 위해 사용한 관용적인 표현이다.

“이 아이를 위하여 내가 기도하였더니 내가 구하여 기도한 바를 여호와께서 내게 허락하신지라.”(27절) 아이를 낳게 해 달라고 기도하였는데, 하나님께서 내 기도를 들어주셨다는 것이다. 엘리도 그의 말에 놀랐을 것이다. 자신도 빌어준 그 소원을 하나님께서 들어주셨기 때문이다. 두 사람은 하나님의 응답에 기뻐했을 것이다. 그들 옆에 응답의 실체인 어린 사무엘이 서 있다.

"그러므로 나도 그를 여호와께 드리되 그의 평생을 여호와께 드리나이다." (28a절) 이로써 한나는 하나님께 서원한 것을 지켰다. 거룩한 결단이었다. 그리고 그들은 거기서 하나님께 경배를 드렸다(28b절)

제2장

한나의 찬송, 엘리의 불량한 아들들, 하나님 앞에서 자라나는 사무엘, 엘리 아들들의 죄악과 저주의 선포

1. 한나의 찬송(1-11절)

이 단락에서는 한나의 유명한 찬송이 소개된다. 한나는 하나님의 절대주권을 찬양하는 한편 메시야의 대망과 구속사적인 내용을 담고 있다. 이 찬송은 시편에도 소개되어 '구약의 송가'로 불리며, 신약의 마리아의 송가에서도 수차례 반복되고 있다.

한나는 이렇게 기도했다. 영광스런 찬양의 기도이다.

"내 마음이 여호와로 말미암아 즐거워하며 내 뿔이 여호와로 말미암아 높아졌으며 내 입이 내 원수들을 향하여 크게 열렸으니 이는 내가 주의 구원으로 말미암아 기뻐함이니이다."(1절) "여호와께서 내 마음에 기쁨을 가득 채우셨습니다. 여호와께서 나를 축복하시고 높여 주셨으므로 이제 나는 주님 앞에서 얼굴을 들 수 있습니다. 내가 원수들 앞에서도 자랑스럽습니다. 주께서 나를 구해 주셨으므로 내 기쁨이 큽니다." '내 뿔'(*qarni*, my horn)은 '내 힘과 권세'를 상징한다.

한나는 하나님을 인하여 기뻐했다. "내 마음이 여호와를 인하여 즐거워하며." 내 영이 기뻐하며 찬양한다. 그는 하나님을 찬양하는 수준으로 성장했다. 기도-응답-찬양은 은혜의 선순환이다. 그는 찬양을 통해 하나님께 존영(high praise)을 드렸다.

"여호와와 같이 거룩하신 이가 없으시니 이는 주 밖에 다른 이가 없고 우리 하나님 같은 반석(보호자)도 없으심이니이다."(2절) '반석' (*sur*, rock)은 원래 큰 바위로 구성된 산을 의미한다. 이는 자신의 뜻을 성취하시는 하나님의 무한한 힘, 불변성, 인내성을 상징한다.

"심히 교만한 말을 다시 하지 말 것이며 오만한 말을 너희의 입에서 내지 말지어다 여호와는 지식의 하나님이시라 행동을 달아 보시느니라."(3절) "교만한 자들아, 너무 잘난 체하지 말라. 거만한 자들아, 너무 우쭐대지 말라. 여호와는 모든 것을 다 아시는 하나님이시다. 그가 너희 행위를 판단하실 것이다."

"용사의 활은 꺾이고 넘어진 자는 힘으로 띠를 띠도다."(4절) "용사의 활이 꺾이고 연약한 자가 강해졌구나."

"풍족하던 자들은 양식을 위하여 품을 팔고 주리던 자들은 다시 주리지 아니하도다 전에 임신하지 못하던 자는 일곱을 낳았고 많은 자녀를 둔 자는 쇠약하도다."(5절) "한때 배불리 먹던 자들은 이제 굶주리게 되었고, 지금까지 굶주리던 자들은 이제 주리지 않게 되었다. 자식을 낳지 못하던 자는 일곱을 낳았고 자녀를 많이 둔 자는 자식 없는 신세가 되었네." '일곱' 은 '완전함' , '충만함' 을 의미한다. 이것은 한나가 아들 사무엘을 낳음으로써 기쁨이 충만했음을 보여준다.

"여호와는 죽이기도 하시고 살리기도 하시며 스올에 내리게도 하시고 거기에서 올리기도 하시는도다."(6절) "여호와는 죽이기도 하시고 살리기도 하시며, 사람을 저 세상에 보내기도 하시고 다시 돌아오게도 하신다." '스올'

(Sheol)은 신약의 하데스(Hades)와 같은 곳으로, 음부이다. 음부는 보이지 않는 세계로, 죽은 영혼들이 가서 쉬는 곳, 곧 죽은 자에게서 분리된 영이 부활과 백보좌 심판을 기다리며 거하는 장소이다. 하나님의 존전에 대한 반대개념으로 '저 세상' 으로 번역되기도 한다.

"여호와는 가난하게도 하시고 부하게도 하시며 낮추기도 하시고 높이기도 하시는도다."(7절)

"가난한 자를 진토에서 일으키시며 빈궁한 자를 거름더미에서 올리사 귀족들과 함께 앉게 하시며 영광의 자리를 차지하게 하시는도다 땅의 기둥들은 여호와의 것이라 여호와께서 세계를 그것들 위에 세우셨도다."(8절) "그는 가난한 자를 티끌 가운데서 일으키시고 잿더미 가운데서도 일으켜 그들을 귀족처럼 대우하시고 영광의 자리에 앉게 하시는구나. 땅의 기초는 여호와의 것이다. 여호와께서 세계를 그 위에 세우셨네."

'진토' (dust)와 '거름더미' (ash heap)는 천대와 멸시를 받던 가난하고 비천한 자들의 삶의 현장을 의미한다. '땅의 기둥들' 은 시문학적인 표현으로, '붙들어주는 힘' 을 뜻한다. 욥기 26:7에는 하나님이 능력으로 땅을 공중에 다신다고 했다. 나아가 이것은 땅이 기둥들에 의해 떠 받혀 있다고 생각한 고대 히브리인들의 우주관을 반영한 것으로, '기둥' 은 땅의 견고성 또는 보존성을 상징한다. 여기에서는 하나님의 절대주권을 비유한 말이다. '세계' (*tebel*, world)는 하나님이 창조하신 세상, 또는 대기나 하늘을 포함한 지구를 의미한다.

"그가 그의 거룩한 자들의 발을 지키실 것이요 악인들을 흑암 중에서 잠잠하게 하시리니 힘으로는 이길 사람이 없음이로다."(9절) "여호와는 성도들의 발걸음을 지키실 것이나, 악인은 어둠 속에서 말없이 사라지게 하시리라. 사람이 자기 힘만으로 이길 수가 없다." '발을 지키실 것' 이라는 말은 하나님이 사람의 인생여정을 같이 하며, 마치 파수꾼처럼 모든 위험에서 세심하게 보호해주신다는 뜻이다.

"여호와를 대적하는 자는 산산이 깨어질 것이라 하늘에서 우레로 그들을 치시리로다 여호와께서 땅 끝까지 심판을 내리시고 자기 왕에게 힘을 주시며 자기의 기름 부음을 받은 자의 뿔을 높이시리로다 하니라."(10절) "여호와를 대적하는 자는 산산이 깨어질 것이니 그가 하늘의 벼락으로 그들을 치시리라. 여호와는 온 세계를 심판하시고 자기가 택한 왕에게 힘을 주시며 기름 부어 세운 자에게 큰 영광을 주시리라."

한나는 찬양을 통해 하나님은 어떤 분이신가를 묘사했다. 그에 따르면 하나님은 행동을 달아보시는 하나님이시다. 죽이기도 하시고 살리기도 하시며 가난한 자를 진토에서 일으키시는 분이시다. 훗날 마리아의 기도는 한나의 이 기도와 연결된다.

그 후에 엘가나는 라마의 자기 집으로 돌아갔다. 어린 사무엘은 실로에 머물러 제사장 엘리 곁에 있으면서 하나님을 섬기는 사람이 되었다(11절).

2. 엘리의 불량한 아들들(12-17절)

이 부분에서는 엘리 제사장의 아들들이 불경과 탐욕의 죄악에 빠진 사실을 기록하고 있다. 이것은 당시 지도자들이 얼마나 타락하고 부패했는가를 보여준다.

엘리의 아들들은 행실이 나빴다. 그리고 그들은 여호와를 알지 못했다(12절). 이것은 그들의 행실이 불량배 같았고, 하나님을 두려워하지 않았다는 말이다.

'행실이 나빴다' (*beliyaal*, sons of Belial, corrupt)는 것은 '벨리알의 아들들' 이다. 벨리알은 하나님의 대적, 사악함, 해독을 의미한다. 그래서 '배교자', '아무 짝에도 쓸모가 없는 자' (무가치한 자), '행악자', '파괴자', '불량배', '비류의 자식들' 이라는 뜻으로 사용된다.

그들이 '하나님을 알지 못했다' 는 것은 하나님을 알지만 모르는 것처럼 행동했다는 말이다. 고의적 무지(무신론)이다. 그들은 제사를 멸시하여(가볍게 여겨) 무분별한 식욕을 보였고(13-17절), 수종을 드는 여인과 부분별한 성욕을 드러냈다(22절). 하나님은 그들을 죽이기로 작정하셨다.

엘리의 아들들은 제사장들이 백성에게 행하는 관습, 곧 제사법에 관한 규정도 무시하였다. 사람들이 제사를 드리고 고기를 삶으면 그들은 사환(하인)을 보내 세 발 달린 쇠갈고리(삼지창)로 고기 삶는 솥이나 냄비나 가마에 마구 찔러 넣어 갈고리에 걸려 나오는 것은 무엇이든지 가져오게 하였다. 그들은 실로에 제사 드리러 오는 모든 이스라엘 사람들에게 이렇듯 무례한 짓을 하였다(13, 14절).

율법에 따르면 본래 제사장의 몫은 화목제물의 가슴부위와 우편 뒷다리로 규정되어있다. 여기서 무엇이든 갈고리로 걸려나오는 것을 가져오게 한 것은 율법을 어기고 자신의 탐욕을 채우던 제사장의 범죄행위를 지적한 말이다.

그뿐 아니라 그 사환(하인)은 단에 제물의 기름을 태우기도 전에 와서 제사장은 삶은 고기를 원치 않는다고 하면서 제사장이 구워 먹을 날고기를 달라고 강요하였다(15절).

이때 만일 제사 드리는 사람이 "아직 기름을 단에 태우지도 않았는데 그럴 수는 없소. 기름을 태우고 나면 마음대로 가져가도록 하시오." 하면 그 하인은 "안 된다. 지금 당장 내놓아라. 그렇지 않으면 강제로 빼앗아 가겠다." 하고 으름장을 놓기가 일쑤였다(16절).

이 소년들(엘리의 아들들)이 짓는 이 죄가 여호와께서 보시기에 매우 컸던 것은 그들이 여호와께 드리는 백성들의 제사를 멸시하였기 때문이다(17

절). 엘리의 아들들은 하나님이 보시는 앞에서 이렇듯 심하게 큰 죄를 저질렀다.

3. 하나님 앞에서 자라나는 사무엘(18-21절)

엘리의 아들들과는 달리 사무엘은 하나님 앞에서 신실한 종으로 성장하였다. 사무엘은 아직 어렸지만 세마포 에봇을 입고 여호와 앞에서(여호와를) 섬겼다(18절) '세마포 에봇' (linen ephod)은 모시(아마, 베) 에봇으로 일반 제사장들과 레위인이 입었던 옷을 말한다. 에봇(ephod)은 원래 대제사장용으로 만들어진 거룩한 의복이었다. 금실, 청색, 자색, 홍색실과 가늘게 꼰 베실로 만들었다. 그러나 소년 사무엘이 입은 세마포 에봇은 다른 제사장들도 입은 것으로, 대제사장이 입은 정교하고 장식이 많은 에봇과는 달리 간소한 것이다.

이 구절은 하나님께서 엘리 시대 이후 사무엘을 준비하셨음을 보여준다. 그로 하여금 여호와를 섬기게 하셨고, 그가 여호와를 섬길 때 하나님은 그와 함께 하셨다(삼상 3:19). 엘리의 아들로 인해 그 가문의 문을 닫으시지만 하나님은 사무엘이라는 또 다른 문을 여시고 이스라엘의 믿음의 역사를 면면히 이어가게 하셨다. 하나님은 그로 하여금 하나님만 바라보게 하시고 하나님 말씀만 선포하게 하셨다.

그의 어머니 한나는 매년 드리는 제사(매년제)를 드리러 그의 남편과 함께 올라갈 때마다 작은 겉옷을 지어다가 그에게 가져다주었다(19절). '작은 겉옷' (little robe)은, 한나가 엘리 대제사장이 입었던 겉옷과 유사한 옷을 지어 사무엘에게 입혔음을 말해준다. 대제사장은 소매가 없고 무릎까지 내려오는 긴 겉옷을 에봇 안에 입었다.

(**엘리의 축복**) 엘리는 엘가나와 그의 아내에게 "주님께 간구하여 얻은 아들을 다시 주님께 바쳤으니, 주님께서 두 분 사이에, 이 아이 대신에 다른 후

사(자녀)를 많이 주시기를 바랍니다." 하고 복을 빌어 주었다. 그들은 이렇게 축복을 받고서, 고향으로 돌아가곤 하였다(20절) '후사' (*zera*, descendents)는 '씨' 를 말한다.

(**아들 셋과 딸 둘을 더 나은 한나**) 하나님께서 한나를 돌보아 주셔서, 한나는 임신하여 아들 셋과 딸 둘을 더 낳았다. 어린 사무엘도 하나님 앞에서 잘 자랐다(21절).

4. 엘리 아들들의 죄악과 저주의 선포(22-36절)

(**엘리 아들들의 죄악**) 이제 엘리는 나이가 많아 늙은 노인이 되었다. 그가 자기 주변에서 일어나는 모든 일과 자기 아들들이 회막문 앞(성막 입구)에서 수종 드는 여인들(일을 돕고 있는 젊은 여자들)을 유혹하여 그들과 잠자리를 같이했다는 소문을 듣고(22절) 자기 아들들을 불러 그들에게 말하였다. 아버지로서 아들들의 잘못을 정확히 지적하고 고치도록 했다.

"너희가 어째서 이런 짓을 하였느냐? 나는 너희 악한 소행에 대해서 다 듣고 있다. 내 아들들아, 너희가 이래서 되겠느냐? 내게 들리는 소문이 좋지 않다. 사람이 사람에게 범죄하면 하나님이 그를 위해 중재하시지만 사람이 여호와께 범죄하면 누가 그를 위해 중재하겠느냐?"

그러나 그들은 자기 아버지의 권면을 듣고도 그 말에 귀를 기울이지 않았다. 이것은 여호와께서 이미 그들을 죽이기로 작정하셨기 때문이었다(23-25절).

이런 가운데 어린 사무엘은 점점 자라면서 여호와와 사람들에게 더욱 은총(총애)을 받았다(26절) 엘리의 아들들과는 대조가 되었다는 말이다. '은총' (*towb*, good, in favor)은 하나님 보시기에 선하고 좋은 상태를 말한다.

(**저주의 선포**) 어느 날 하나님의 사람(a man of God, 한 선지자)가 엘리에게 와서 다음과 같은 여호와의 말씀을 전해 주었다.

"너희 조상의 집이(조상들이) 이집트에서 바로의 집에 속했을 때(노예 생활을 할 때) 내가 그들에게 나타나지 않았느냐?"(27절) '조상의 집' (the house of your father)은 아론의 가문 또는 이다말의 가문을 의미한다. 엘리는 아론의 4남인 이다말의 후손이다. 이다말의 후손들은 엘르아살(이다말의 형)의 후손들과 함께 제사장의 특권을 누려왔으나 엘리의 아들들의 범죄로 인해 솔로몬 때 대제사장직에서 영원히 추방되었다. (사울이 제사장들을 학살할 때 도망갔던 엘리의 후손 아비아달이 솔로몬 시대에 이르러서는 제사장 직을 박탈당한 후 쫓겨났다.) 반면, 엘르아살의 후손인 사독 계열은 계속하여 대제사장직을 유지하였다.

"내가 이스라엘 모든 지파 중에서 특별히 너의 조상 아론을 택하여 나의 제사장으로 삼고 그로 내 단에 제물을 드리게 하며 향을 피우게 하고 나를 섬길 때에 에봇을 입게 하지 않았느냐? 그리고 내가 그 희생의 제물을 너희 제사장들에게 주어 먹게 하였다."(28절) 제사장들의 직무는 제단에 제물을 드리고(제사), 향을 사르며(분향), 여호와 앞에 에봇을 입고 서 있는 것이었다.

"그런데 너희는 어찌하여, 나의 처소에서 나에게 바치라고 명한 나의 제물과 예물을 멸시하느냐? 어찌하여 너는 나보다 네 자식들을 더 소중하게 여기어, 나의 백성 이스라엘이 나에게 바친 모든 제물 가운데서 가장 좋은 것들만 골라다가, 스스로 살찌도록 하느냐?"(29절)

"그러므로 이스라엘의 하나님 나 여호와가 말한다. 내가 전에 레위 자손인 너의 집안이 언제나 제사장으로 나를 섬기게 하겠다고 약속하였으나 이제 나는 절대로 그렇게 하지 않겠다. 나는 누구든지 나를 소중히 여기는 자를 소중히 여기고 나를 멸시하는 자를 경멸(멸시)할 것이다."(30절)

“이제 내가 네 팔과 네 조상의 집 팔을 끊어(네 자손과 네 족속의 자손의 대를 끊어서) 네 집안에 노인이 하나도 없게 하겠다.”(31절) 너의 가정과 집안에 젊은 사람들을 쳐서 제명대로 살지 못하게 하시겠다는 말씀이다. ‘팔’(*zeroa*, arm)은 ‘어깨’, ‘힘’을 상징한다. 팔을 끊는다는 것은 대를 끊어 힘을 잃게 만든다는 뜻이다.

“이스라엘에게 모든 복을 내리는 중에 너는 내 처소의 환난을 볼 것이요 네 집에 영원토록 노인이 없을 것이며.”(32절) “내가 이스라엘 백성에게 준 복을 보고 너와 너의 가족은 부러워할(시샘하며 바라볼) 것이며 너희는 환난을 당하고 네 집안에는 영영 노인이 없을 것이다.” 내가 이스라엘의 모든 백성에게 복을 베풀 때 너희 집안은 제외될 것이며, 네 가문에서는 어느 누구도 오래 살지 못할 것이라는 말씀이다.

‘내 처소의 환난’(the enemy, the distress in My dwelling place)은 문자적으로 하나님이 거하시는 회막에서 적을 본다는 것으로, 이는 실로가 멸망할 것을 의미한다. 이것은 블레셋과의 전쟁에서 실로가 유린당하도 법궤를 빼앗김으로 이루어졌다.

“내 제단에서 내가 끊어 버리지 아니할 네 사람이 네 눈을 쇠잔하게 하고 네 마음을 슬프게 할 것이요 네 집에서 출산되는 모든 자가 젊어서 죽으리라.”(33절) “그러나 나는 네 자손 가운데서 하나만은 끊어 버리지 않고 살려 둘 터인데, 그가 제사장이 되어 나를 섬길 것이다. 그러나 그는 맹인이 되고, 희망을 다 잃고, 그의 자손들은 모두 젊은 나이에 변사를 당할 것이다.” 네 가문은 저주를 받아 크게 약화될 것이라는 말씀이다.

“네 두 아들 홉니와 비느하스가 한 날에 죽으리니 그 둘이 당할 그 일이 네게 표징이 되리라.”(34절) 네 두 아들 홉니와 비느하스도 한 날에 죽을 것이다. 이것은 내가 말한 모든 것이 반드시 이루어진다는 표징이 될 것이다.

"내가 나를 위하여 충실한 제사장을 일으키리니 그 사람은 내 마음, 내 뜻대로 행할 것이라 내가 그를 위하여 견고한 집을 세우리니 그가 나의 기름 부음을 받은 자 앞에서 영구히 행하리라."(35절) "나는 나의 마음과 나의 생각을 따라서 행동하는 충실한 제사장을 세우겠다. 내가 그에게 자손을 주고(나는 그의 후손들을 축복할 것이며), 그들이 언제나 내가 기름 부어 세운 왕 앞에서 제사장 일을 보게 하겠다."

'충실한 제사장' (faithful priest)은 직접적으로는 사무엘을, 궁극적으로는 그리스도를 가리킨다. '견고한 집' (enduring house)에서 '집' (*bayit*, house)은 '가문' 을 뜻한다. 다윗 왕조 내에서 사독 계열의 가문은 대제사장직을 대대로 이어가는 견고한 가문이 된다는 뜻이다. '기름 부음을 받은 자' (My anointed)는 다윗 왕조의 왕들을 의미한다.

"그리고 네 집에 남은 사람이 각기 와서 은 한 조각과 떡 한 덩이를 위하여 그에게 엎드려 이르되 청하노니 내게 제사장의 직분 하나를 맡겨 내게 떡 조각을 먹게 하소서 하리라 하셨다 하니라."(36절) "그 때에 너의 집에서 살아남는 자들은, 돈 몇 푼과 빵 한 덩이를 얻어먹으려고, 그에게 엎드려서 '제사장 자리나 하나 맡겨 주셔서, 밥이나 굶지 않고 살게 하여 주십시오.' 하고 간청할 것이다." 먹고 살기 위해 제사장 자리를 구걸하는 신세로 전락할 것이라는 말이다.

'은 한 조각과 떡 한 덩이' 는 구걸하여 생계를 근근이 이어간다는 히브리인들의 관용적 표현이다. '은 한 조각' (*agowrat kesep*, a piece of silver)은 아주 작은 단위의 동전, 곧 20분의 1 세겔(미화 약 3센트 정도)을 의미한다. 이것은 떡 한 덩이를 겨우 살 수 있는 적은 액수를 나타낸다. '떡 한 덩이' (a morsel of bread)는 한 사람의 생존을 위한 가장 기본적인 섭취량을 말한다.

제3장

사무엘을 부르신 하나님, 엘리 집에 대한 엄중한 경고, 사무엘의 성장

1. 사무엘을 부르신 하나님(1-9절)

아이 사무엘이 엘리 밑에서 여호와를 섬길 때에는 여호와의 말씀이 희귀하였고 이상도 흔히 보이지 않았다.(1절) 하나님께서 직접 말씀을 해주시는 일이 드물었다는 것은 당시 사람들이 하나님의 말씀에 무관심(나태하고 타락했음)을 보여준다. 환상을 보는 일도 거의 없었다는 것 또한 엘리 제사장 시대 종교지도자의 부패와 영적 무능력(영적으로 깨어있지 못함)을 보여준다.

'아이 사무엘' 이라 했는데, '아이' (*naar*, boy)는 유아 때부터 소년기까지를 일컫는 말로, 당시 그의 나이는 12살 정도로 추정되고 있다. 사무엘은 그 나이에 엘리 밑에서 교육을 받고 있었다.

그러던 어느 날 밤눈이 어두워 잘 보지 못하는 엘리는 자기 방에 가서 누웠고 사무엘은 법궤가 있는 여호와의 전 안에 누웠었다. 하나님의 등불은 아직 꺼지지 않고 환하게 밝히고 있었다(2, 3절). '등불' 은 성소 안, 진설병을 놓는 상 맞은편에 있는 금 등대(7개 등불)를 가리킨다. 제사장이 관리하여 꺼지지 않게 했다. 등불은 밤에 계속 켜 놓았다가 아침에 저절로 꺼지게 한다. 아침이 되기 전에 등불을 들고나가는 것은 율법에 어긋난다.

이때 여호와께서 "사무엘아! 사무엘아!" 하고 부르셨다. 그러자 사무엘은

"예, 네가 여기 있습니다." 하며 엘리에게 달려가서 "나를 부르셨습니까? 내가 여기 왔습니다." 하고 말하였다. 그러나 엘리는 "내가 너를 부르지 않았다. 도로 가서 자리에 누워라." 하였다. 그래서 사무엘은 다시 잠자리에 들었다(4, 5절). 여호와께서 다시 "사무엘아!" 하고 부르셨다. 그래서 사무엘이 일어나 다시 엘리에게 가서 "나를 부르셨습니까? 내가 여기 왔습니다." 하자 엘리는 "얘야, 아니다. 내가 너를 부르지 않았다. 가서 자거라." 하고 대답하였다(6절). 똑같은 일이 반복된 것이다.

이때까지 사무엘은 여호와를 알지 못하였고 여호와의 말씀이 그에게 나타난 적도 없었다(7절). 따라서 그분의 말씀을 들어 본 적도 없었다.

여호와께서 세 번째 사무엘을 부르셨다. 그래서 사무엘은 이번에도 벌떡 일어나 엘리에게 달려가서 "나를 부르셨습니까? 내가 여기 왔습니다." 하였다. 그제야 엘리는 여호와에서 사무엘을 부르신 줄 알고 그에게 말하였다. "돌아가서 누워 있다가 다시 부르는 소리가 나면 '여호와여, 말씀하소서. 주의 종이 듣겠습니다.' 하고 말하여라." 그래서 사무엘은 다시 가서 자리에 누웠다(8, 9절). 세 번 반복되자 엘리는 그제야 하나님께서 사무엘을 찾으신다는 것을 알게 되었다. 그리고 주님이 찾으시면 어떻게 답해야 할까도 가르쳐 주었다.

그러자 여호와께서 찾아오셔서 전과 같이 "사무엘아! 사무엘아!" 하고 부르셨다. 그래서 사무엘은 "말씀하소서. 주의 종이 듣겠습니다." 하고 대답하였다(9절). 비로소 사무엘은 하나님의 부르심에 응답하였다. '듣겠습니다' (*somea*, hear)는 순종하는 마음으로 듣는 것을 말한다.

2. 엘리 집에 대한 엄중한 경고(10-18절)

여호와께서 사무엘에게 말씀하셨다. "보라 내가 이스라엘 중에 한 일을 행하리니 그것을 듣는 자마다 두 귀가 울리리라(무서워서 귀까지 멍멍 해질 것이다.)"(10절) 하나님께서 이스라엘에서 깜짝 놀랄만한 어떤 일을 하려고 한다는 말씀이다. '두 귀가 울리리라' (will tingle, shudder)는 '가슴이 내려앉으리라' (공동번역), '공포에 떨게 될 것이다"는 말이다. 심판의 엄중함을 보여준다.

하나님이 사무엘에게 하신 말씀은 엘리의 집에 대한 예언의 말씀이었다.

"내가 엘리의 집에 대하여 말한 것을 처음부터 끝까지 그 날에 그에게 다 이루리라."(11절) 때가 오면 내가 엘리의 집을 두고 말한 모든 것을, 처음부터 끝까지 다 이루겠다는 것이다.

"내가 그의 집을 영원토록 심판하겠다고 그에게 말한 것은 그가 아는 죄악 때문이니 이는 그가 자기의 아들들이 저주를 자청하되 금하지 아니하였음이니라."(12절) "나는 엘리의 아들들이 행하는 악에 대해서 그 가족을 영원히 심판하겠다고 그에게 말해 주었다. 그러나 엘리는 자기 아들들이 저주받을 짓을 계속하는 것을 보고도 그것을 제지하지 않았다." 아버지로서 자녀의 악행을 막지 못한 엘리의 책임도 크므로, 그 책임을 묻겠다는 말씀이다.

"그러므로 내가 엘리의 집에 대하여 맹세하기를 엘리 집의 죄악은 제물로나 예물로나 영원히 속죄함을 받지 못하리라 하였노라 하셨더라."(13절) 그래서 하나님은 맹세코 엘리의 집 죄악은, 제물(피흘린 희생물)이나 예물(곡물로 드리는 소제)로도 영영 씻지 못할 것이라 선언하셨다. 엘리 집안의 죄가 너무 커, 제물이나 예물로써는 절대로 용서받지 못한다는 말씀이다. 엘리 집안에 대한 무서운 예언이었다.

엘리는 아론의 아들인 이다말의 후손으로, 그의 두 아들은 한 날 한 시에 죽임을 당했고, 증손인 아히멜렉과 제사장들은 사울에게 죽임을 당했으며, 아히멜렉의 아들 아비아달은 솔로몬 시대 아도니야의 반역에 가담함으로써 제사장 직에서 쫓겨났다.

사무엘은 아침이 밝을 때까지 누워 있다가, 여호와의 집의 문들을 열었다. 그러나 사무엘은 자기가 환상으로 보고 들은 것을 엘리에게 알리기를 두려워하였다(14절). 놀라운 저주의 예언이니 차마 알릴 수 없었다. '여호와의 집의 문들' 은 성소 입구를 가리키는 말이다. 성막 자체로서는 문이 따로 갖추어져 있지 않다. 사무엘의 임무가 성소 입구를 지키는 역할이었음을 보여준다.

하지만 엘리가 사무엘을 불렀다. "내 아들 사무엘아." 사무엘은 "예, 제가 여기에 있습니다." 하고 대답하였다(15절). 사실 두려운 순간이다.

엘리가 물었다. "주님께서 너에게 무슨 말씀을 하시더냐? 나에게 아무것도 숨기지 말라. 주님께서 너에게 하신 말씀 가운데서 한 마디라도 나에게 숨기면, 하나님이 너에게 심한 벌을 내리고 또 내리실 것이다."(16절) 그렇게 말하니 도저히 숨길 수 없는 상황이 되어 버렸다.

사무엘은 그에게 하나도 숨기지 않고 모든 것을 말하였다. 그러자 엘리가 말했다. "그분은 여호와이시다! 그분께서 선하신 대로(뜻하신 대로) 하실 것이다."(17절) 엘리는 하나님의 뜻을 그대로 받아들였다. 되돌릴 수 없는 상황이 되고 만 것이다.

3. 사무엘의 성장(19-21절)

사무엘이 점점 성장해 가자 여호와께서는 그와 함께 계셔서 그의 말이 하나도 땅에 떨어지지 않게 하셨다(19절) 사무엘이 말한 것이 다 이루어지도록 하신 것이다. 그만큼 신뢰하신 것이다.

그래서 단에서 브엘세바에 이르기까지 모든 이스라엘 사람들은 사무엘을 여호와께서 세우신 선지로 알게 되었다(20절). '단에서부터 브엘세바까지' 는 약 240km로 최북단에서 최남단까지 이스라엘 전체 영토를 일컫는 말이다. '선지자' (*nabi*, prophet)는 하나님이 하신 말씀을 가감 없이 그대로 전하는 자를 말한다.

그 후에도 여호와께서는 계속 실로에 나타나셔서 사무엘에게 말씀하셨다. 그때마다 사무엘은 그 모든 말씀을 이스라엘 백성에게 전해 주었다(21절). 이것은 사무엘이 선지자로서의 역할을 실제적으로 담당했음을 보여준다.

제4장

블레셋과의 전쟁(1)
엘리의 죽음, 엘리 가정의 몰락

1. 블레셋과의 전쟁(1): 언약궤를 빼앗김(1-11절)

사무엘이 말을 하면, 그 말이 온 이스라엘에 전파되었다. 그만큼 그의 말에 귀를 기울였다. 그 무렵에 블레셋 사람이 이스라엘을 치려고 모여들었다. 전쟁이 일어난 것이다. 이스라엘군은 에벤에셀에 진을 쳤고 블레셋군은 아벡에 진을 쳤다(1절). 에벤에셀(Ebenezer)은 '도움의 돌'이라는 뜻으로, 아벡 근처에 있다. 이 명칭은 훗날 붙여진 것이다(삼상 7:12). 아벡(Aphek)은 욥바 북동쪽에 위치한 블레셋의 전략적 요충지이다.

블레셋군이 전열을 갖추고 이스라엘군과 맞서 싸우자 치열한 전투가 벌어졌다. 이 전투에서 이스라엘군은 블레셋군에게 패하여 약 4,000명의 병사가 전사하였다(2절).

살아남은 이스라엘의 병사들이 진으로 돌아왔을 때에, 장로들이 말했다. "주님께서 오늘 우리가 블레셋 사람에게 지도록 하신 까닭이 무엇이겠느냐? 실로에 가서 주님의 언약궤를 우리에게로 모셔다가 우리 한가운데에 있게 하여, 우리를 원수의 손에서 구하여 주시도록 하자."(3절)

언약궤를 앞세우면 이길 수 있으리라 생각한 것은 엘리 집안만 문제 있는 것 아님을 보여준다. 지배층인 장로들이 하나님의 뜻을 묻지도 않고 승리를 확신하며 언약궤를 들고 나가려 한 것은 그것을 이용하려 한 것이다. 먼저 하나님 앞에 나아가 죄를 회개하며 물었어야 했다.

그래서 이스라엘 백성이 실로로 사람들을 보냈다. 그들은 거기 그룹들 사이에 앉아 계시는 만군의 하나님의 언약궤를 메고 진지로 왔다. 언약궤를 가져올 때에 엘리의 두 아들 홉니와 비느하스도 함께 왔다(4절). 이 일 후 다시는 언약궤가 실로로 돌아오지 못하고, 실로는 폐허가 되었다.

'언약궤' (*arown berit*, the ark of the covenant))는 십계명을 새긴 두 돌판이 들어있는 궤로, 하나님과 이스라엘 백성 사이의 거룩한 계약의 표시였다. 이것은 증거궤, 법궤라 불리기도 한다. '그룹들(cherubim) 사이에 계시는' 은 '보좌에 좌정하신' 이란 뜻이다. 언약궤의 속죄소 사방 끝은 금으로 만든 그룹(천사) 형상이 날개를 펴 궤를 덮고 있다. 하나님은 이 그룹들 사이의 공간에 특별한 방법으로 그의 백성에게 임하신다.

여호와의 언약궤가 진지로 들어오자 이스라엘 사람들은 너무 좋아서 땅이 울릴 정도로 함성을 질렀다(5절). 전세가 완전히 역전될 것으로 기대한 것이다.

이때 블레셋 사람들은 그 소리를 듣고 "이게 무슨 소리냐? 히브리 진영에서 큰 소리가 들려온다. 도대체 무슨 일이냐?" 하고 웅성거렸다. 그들은 여호와의 언약궤가 이스라엘 진영으로 들어갔다는 말을 듣고(6절) 두려워하며 외쳤다. '히브리' (*Ibri*, Hebrew)는 이스라엘의 조상 '에벨' (Eber, 창 10:25)의 이름에서 파생된 것으로 추측한다. 블레셋 족속은 경멸적인 어투로 이스라엘 대신 히브리라고 불렀다(삼상 14:11).

"신이 히브리 진영에 들어갔다. 이제 우리에게 화가 미쳤구나! 전에는 이런 일이 없었다. 누가 우리를 이 강한 신들의 손에서 구출할 수 있겠는가? 그들은 광야에서 무서운 재앙으로 이집트 군대를 전멸시킨 신들이다. 너희 블레셋 사람들아, 용기를 내어 대장부답게 싸워라. 그렇지 않으면 그들이 우리 종이 된 것같이 우리가 그들의 종이 될 것이다." (7-9절) '신들' (gods)이라 한 것은 블레셋 사람들이 다신론에서 비롯된 신관을 가지고 있음을 보여준다.

그리고서 블레셋 사람들은 필사적으로 이스라엘군을 쳤다. 그러자 이스라엘군은 다시 패하여 30,000명의 전사자를 내고 살아남은 자들은 자기들의 장막으로 도망갔다(10절). 대패였다. 당시 이스라엘은 상비군 제도가 아니고 모병 제도였기 때문에 전쟁이 끝난 후 다시 집결하지 않고 각자 자기 집으로 돌아갔다. 하나님의 궤는 빼앗겼고 홉니와 비느하스는 죽임을 당했다(11절). 자신들의 범죄로 인해 하나님과 맺은 언약이 이미 파기된 것도 모르고 단순히 상징물에 불과한 언약궤를 의지한 이스라엘 백성들의 무지와 죄에 대한 무감각은 패전의 중요한 요인이 되었다.

2. 엘리의 죽음(12-18절)

바로 그 날 어떤 베냐민 사람이 전쟁터에서 빠져 나와, 실로에 이르렀는데, 너무 슬픈 나머지 옷을 찢고, 머리에는 티끌을 뒤집어쓰고 있었다(12절). 옷을 찢고 머리에 티끌을 뒤집어쓰는 것은 깊은 슬픔과 애도의 표시이다. 아벡에서 실로까지는 34km이다. 사무엘 시대 이후 실로는 중앙 성소로서의 기능을 상실한다.

이때 엘리는 하나님의 궤가 어떻게 되었는지 궁금해서 몹시 걱정하며 길가에 의자를 놓고 앉아 전쟁 소식을 기다리고 있었다. 마침 전쟁터에서 온 그 사람이 성 안에 들어오면서 일어난 일을 다 말하자 성 안의 모든 사람들이 울부짖었다(13절)

엘리가 그 울부짖는 소리를 듣고 물었다. "저 소리가 대체 무엇이냐?" 그 사람이 급히 달려와서 엘리에게 소식을 전하였다. 그 무렵, 엘리는 98세 된 노인으로서, 눈이 어두워져서 앞을 거의 볼 수 없었다(14, 15절). 그 사람이 엘리에게 급히 와서 "내가 오늘 전쟁터에서 도망하여 이 곳까지 줄곧 달려왔습니다." 하자 엘리는 "여보게, 전쟁 결과가 어떻게 되었는가?" 하고 물었다(16절). 그러자 그가 이렇게 대답했다. "이스라엘군이 블레셋에게 패하여 수많은 병사가 전사하였습니다. 그리고 당신의 두 아들 홉니와 비느하스도 죽었으며 살아남은 자들은 도망하였고 하나님의 궤는 빼앗겼습니다." (17절)

그가 하나님의 궤에 대한 소식을 전할 때에, 엘리는 앉아 있던 의자에서 뒤로 넘어져, 문 곁으로 쓰러져서 목이 부러져 죽었다. 나이가 많은데다가 몸까지 무거웠기 때문이다. 그가 이스라엘의 사사가 된 지 40년이었다(18절). 엘리 제사장은 500년 동안 한 번도 빼앗긴 적이 없던 언약궤를 블레셋에 빼앗겼다는 소식을 듣자마자 쇼크를 받아 즉사했다. 이것은 이스라엘에게서 언약궤가 얼마나 중요했는가를 보여준다. 엘리는 40년 동안 이스라엘의 사사(judge)로서 백성들 사이의 문제를 중재하는 역할을 했다.

3. 엘리 가정의 몰락: 이가봇(19-22절)

그 때에 엘리의 며느리인 비느하스의 아내는 임신 중이었으며, 출산할 때가 가까웠는데, 하나님의 궤를 빼앗겼고 자기의 시아버지와 남편도 죽었다는 소식을 듣자, 갑자기 진통이 일어나, 구부리고 앉은 채 몸을 풀었다(19절).

그러다가 그는 거의 죽게 되었다. 그 때에 곁에 서 있던 여인들이 "아들을 낳았으니 걱정하지 말아요." 하고 말해 주었다. 그러나 산모는 대답도 없고, 관심도 보이지 않다가, 그 아이의 이름을 '이가봇' (*ikabowd*, Ichabod)이라고 지어 주며, "이스라엘에서 영광이 떠났다." 하는 말만 남겼다. 그녀가 그렇게 이름을 지은 것은 하나님의 궤를 빼앗긴데다가, 시아버지도 죽고 남편도 죽었기 때문이었다(20, 21, 22절).

'이가봇'은 '어디에'(*i*) '영광'(*kabowd*)이라는 말로 영광이 어디에 있느냐는 말이다. 영광이 떠났다는 뜻이다. 영광은 '무겁다', '거대하다'는 뜻을 가진 '카베드'(*kabed*)에서 파생한 말로, '중요하게 여기다'는 뜻을 가지고 있다. 하나님은 "나를 중히 여기는 자를 나도 중히 여기겠다."(삼상 2:30)고 하셨다. 그런데 이스라엘이 하나님을 중히 여기지 않았기 때문에 몰락한 것이다.

제5장

하나님의 궤로 인해 블레셋에 임한 재앙

사무엘상 5, 6장은 오직 희망은 하나님께 있음을 보여주고 있다. 하나님의 궤를 빼앗은 블레셋은 그 궤로 인해 다곤 신상이 깨어지고, 악성 종기로 죽어나가는 등 초토화되었다. 하나님께서 블레셋 도시를 심판하신 것이다. 그로 인해 하나님은 자신의 엄위하심을 드러내셨다.

1. 파손된 다곤 신상(1-5절)

(**파손된 다곤 신상**) 블레셋 사람들은 하나님의 궤를 빼앗아서, 에벤에셀에서 아스돗으로 가져갔다. 그들은 하나님의 궤를 다곤 신전으로 가지고 들어가서, 다곤 신상 곁에 두었다(1, 2절). 아스돗(Ashdod)은 블레셋의 5대 도시(아스돗, 가사, 아스글론, 가드, 에그론)가운데 하나이다. 예루살렘 서쪽 지중해 연안에 있었다. 그곳에 다곤 신전이 있었다. '다곤' (Dagon)은 가나안의 신으로, 블레셋의 주신이다. 다곤은 '물고기' 라는 뜻으로, 반인 반어 형상을 하고 있다. 물고기의 신, 곡식의 신, 폭풍의 신으로 가사, 아스돗, 벧산에 다곤 신전을 세우고, 이 신을 섬겼다.

아스돗 사람들이 다음 날 아침 일찍 일어나 신전에 가 보니 다곤이 얼굴을 땅에 대고 여호와의 궤 앞에 쓰러져 있었다. 그래서 그들은 다곤을 일으켜 다시 제자리에 세워 두었다(3절).

그런데 그 다음 날 아침에도 같은 일이 일어났다. 전날과 마찬가지로 다곤이 여호와의 궤 앞에 쓰러져 있었는데 이번에는 그 머리와 두 손목이 끊어져 문지방(threshold)에 얹혀 있었고 몸통만 그대로 남아 있었다(4절).

그래서 오늘날까지도 다곤의 제사장들과 다곤 신전에서 예배하는 사람들은, 아스돗에 있는 다곤 신전에 들어갈 때 문지방 위를 밟지 않고 넘어서 들어간다(5절). 다곤 신상이 넘어져 있던 곳이 문지방이어서 그곳에 초자연적인 능력이 남아있다고 생각한 것으로 보인다. 스바냐 1:9은 문지방에 신령이 임한다는 이방사상이 널리 퍼져있음을 보여준다.

2. 악성 종기 재앙(6-12절)

여호와의 손이 아스돗 사람에게 엄중히 더하사 독한 종기의 재앙으로 아스돗과 그 지역을 쳐서 망하게 하니(6절) 하나님께서 아스돗 사람들을 무섭게 내리치셨다. 그들에게 악성 종양 재앙을 내리셔서, 아스돗과 그 지역 사람들을 망하게 하신 것이다.

'여호와의 손' 에서, '손' (*yad*, hand)은 '힘' , '능력' 으로 번역된다. '여호와의 손' 은 성경에서 하나님의 전능하심과 권세를 상징한다. 여기서는 하나님을 모독한 블레셋을 심판하시는 하나님의 징계의 힘과 권세를 의미한다. '독한 종기' (*tehorim*, emerods, tumors)은 문자적으로 '부풀다' 는 뜻으로 심한 종양, 종기를 뜻한다. 70인 역은 이 재앙과 함께 쥐들이 농작물을 해쳤다는 사실도 기록하고 있다. '엄중히 더하사' (*kabed*, heavy)는 문자적으로는 '무겁게 다루셨다' 는 것이고, 무섭게 다루셔서 크게 재앙을 내리셨다는 말이다.

아스돗 사람들이 이것을 보고 소리를 질렀다. "우리가 더 이상 이스라엘 신의 궤를 여기에 둘 수 없다. 이러다가는 우리 신 다곤과 함께 모두 전멸하고 말겠다."(7절) 그들은 절규했다.

그래서 그들은 블레셋 사람들의 모든 방백(블레셋 다섯 지방의 통치자들)을 불러 모으고 그 궤의 처리 문제를 의논한 끝에 가드로 보낼 것을 결정하고 그것을 그리로 옮겼다(8절). '가드'(Gath)는 블레셋 5대 도시 중 하나로, 아스돗 동쪽에 있었다. 훗날 다윗에 의해 점령되었다.

그러나 아스돗 사람들이 그 궤를 가드로 옮기자 여호와의 손이(하나님께서) 그 성(가드)에도 큰 벌을 내리셔서 작은 자(the young, 젊은 사람)와 큰 자(the old, 늙은 사람) 할 것 없이 모조리 악성 종기에 시달리게 하셨다. 그 성에 일대 혼란이 일어났다(9절).

그러자 그들이 하나님의 궤를 에그론으로 보냈다. 그러나 하나님의 궤가 에그론에 이르자 에그론 주민들은 부르짖었다. "아스돗 사람들이 이스라엘 신의 궤를 우리에게로 가져 와서 우리와 우리 백성을 죽이려고 한다."(10절) '에그론' (Ekron)은 가드 북쪽에 있었으며 블레셋 5대 도시 중 최북단에 위치한 성읍이다.

그래서 그들은 또 사람들을 보내어 블레셋 통치자들을 모두 불러 모아 놓고 요청하였다. "이스라엘 신의 궤를 돌려보내어, 그 있던 자리로 돌아가게 하고, 우리와 우리 백성이 죽임 당함을 면하게 하자(죽지 않게 해주시오.)" 하나님의 손이 엄중하시므로(하나님께서 그들을 무섭게 내리치셨기 때문에) 온 성읍 사람들은 죽음의 공포에 휩싸여 있었다(11절). '엄중하시므로' (*kabed*, heavy)도 6절과 마찬가지로 무섭게 다루셨다는 뜻이다.

죽지 않은 사람들은 악성 종기가 생겨서, 온 성읍에서 비명소리가 하늘에 사무쳤다(12절). 블레셋 온 땅이 하나님의 저주아래 놓이게 되었다.

제6장

언약궤의 처리문제, 돌아오는 언약궤, 언약궤의 정착

1. 언약궤의 처리문제(1-9절)

여호와의 궤가 블레셋 땅에 있은 지 7개월이 되었을 때 블레셋 사람들이 그들의 제사장들과 복술자(점쟁이)들을 불러놓고 물었다. "우리가 여호와의 궤를 어떻게 하면 좋겠소? 우리가 어떻게 하면 이 궤를 본래 있던 곳으로 돌려보낼 수 있는지 가르쳐 주시오."(1, 2절)

7개월은 하나님의 궤가 블레셋에 머문 기간을 말한다. 그 기간 블레셋은 독종 재앙으로 극심한 고통을 받았고, 이스라엘은 영적 구심체인 언약궤의 부재로 영적 혼란과 방황을 겪었다. '복술자' (diviners)는 발람과 같은 예언자 또는 점쟁이를 뜻한다. 이스라엘에서는 율법으로 금했다.

그들이 대답하였다. "이스라엘 신의 궤를 돌려보낼 때, 그냥 보내서는 안 됩니다. 반드시 그 신에게 속건제를 드려야 합니다. 그러면 병도 나을 것이고, 그 신이 그의 손을 너희에게서(여러분에게서) 옮기지 아니하는 이유도(왜 형벌을 거두지 않았는지도) 알게 될 것입니다."(3절)

"그렇다면 속건제물로 무엇을 보내면 되겠소?" 그러자 그들은 이렇게 대답하였다. "블레셋 각 지방 통치자들의 수효대로 금 독종 다섯(악성 종기 모양으로 만든 금 다섯 덩어리)와 금 쥐 다섯 마리를 보내시오. 이것은 당신들과 당신들의 통치자들에게 내린 재앙이 똑같기 때문이오."(4절)

금 독종(gold tumors)은 블레셋 사람들을 많이 죽인 독종의 모양을 금으로 만든 것이다. 금 쥐(gold rats)는 금으로 만든 쥐다. 금 독종과 금 쥐를 5개씩 만든 이유는 블레셋의 다섯 방백을 백성의 대표로 세우는 까닭이라는 주장도 있다. 이 때 백성과 방백 모두 재앙을 받았기 때문에 대표적으로 방백 5인의 수를 따라 만든 것이다. 금 독종을 만든 것은 이스라엘이 불 뱀으로 물려죽게 되었을 때 구리 뱀을 만들었던 사건과 유사하다.

"그러므로 당신들은 이런 모양의 악성 종기의 형상과 땅을 해롭게 하는 쥐의 형상을 만들어 보내고 이스라엘 신에게 영광을 돌리시오. 그러면 그 신이 우리와 우리 신들과 우리 땅에 내리는 재앙을 그치게 할지도 모릅니다."(5절) 이스라엘 신에게 영광(*kabowd*, glory)을 돌리라. 블레셋도 하나님의 엄위하심을 깨닫게 되었다. 하나님의 영광은 이스라엘을 떠났지만 이방에서 활동하며 이스라엘을 보호하시고 계셨다.

"바로와 이집트 사람들처럼 마음을 완악하게 한 것 같이 고집을 피워 반항하지 마시오. 이집트 사람이 이스라엘 사람을 가게 한 것은, 이스라엘의 신이 그들에게 온갖 재앙을 내리신 뒤가 아니었습니까?"(6절) '완악하게'(*kabbe*, harden) 말라. 완악하면 무서운 심판이 따른다. 하나님을 중히 여기고 목말라 해야 한다. '온갖 재앙'은 하나님께서 이집트에 내리신 10가지 재앙을 말한다.

"그러므로 이제 새로 수레를 하나 만들고, 아직 멍에를 메어 본 일이 없는 젖 나는(어미) 소 두 마리를 끌어다가 그 수레에 메우고, 그 송아지들은 떼어서 집으로 돌려보내십시오."(7절)

"그리고 여호와의 궤를 가져다가 수레에 싣고 속건제로 드릴 금으로 만든 물건들(종기 모양으로 만든 금덩어리와 금 쥐)은 상자에 담아 그 궤 옆에 두고 그 소 두 마리가 가고 싶은 대로 수레를 끌고 가도록 하십시오."(8절)

"두고 보다가, 그 소가 그 궤가 본래 있던 지역인 벧세메스로 올라가면, 이렇게 큰 재앙은 그분이 직접 우리에게 내린 것입니다. 그러나 소가 다른 곳으로 가면 그것은 그분이 우리를 친 것이 아니라, 우리가 우연히 그런 재앙을 당한 것임을 알 수 있습니다."(9절) 하나님이 치신 것인지 아니면 우연히 일어난 사건인지는 궤를 끄는 소들이 벧세메스(Beth Shemesh)로 가는가 아니면 다른 곳으로 가느냐로 판가름 할 수 있다는 말이다.

2. 돌아오는 언약궤(10-18절)

그래서 블레셋 사람들은, 그들이 시키는 대로 새끼에게 젖을 빨리는 암소 두 마리를 끌어다가 수레를 메우고, 그 송아지들은 우리에 가두었다(10절). 어미 소와 새끼를 분리시킨 것이다. 그리고 여호와의 궤와 그리고 악성 종기 모양으로 만든 금덩어리와 금 쥐를 담은 상자를 수레에 실었다(11절).

그러자 그 소들은 곧장 벧세메스를 향해 울며 나아갔고 좌우로 치우치지 않았다(길에서 벗어나지 않았다). 그리고 블레셋 다섯 지방 통치자들은 벧세메스 경계까지 그들을 뒤따라갔다(12절). '벧세메스'는 '태양의 집(전)'이라는 뜻을 가지고 있으며, 레위 족속이 살던 블레셋 경계지점에 있는 도시이다. 예루살렘 서쪽에 있고, 유다에 속한 제사장 도시로, 유다와 단 지파 경계에 위치해 있다. 어미 소들이 운 것은 젖먹이 송아지를 둔 어미 소의 본능적인 울음을 말한다. '좌우로 치우치지 않았다'는 것은 벧세메스를 향해 곧장 갔다는 말로, 완전한 순종을 나타낸다.

그 때에 벳세메스 사람들은 골짜기(들)에서 밀을 베고 있다가, 고개를 들어 궤를 보고는 기뻐 어쩔 줄을 몰랐다(13절) 팔레스타인에서 밀 수확기는 5, 6월경이었다.

수레가 벧세메스 사람 여호수아의 밭에 와서 멈추었는데, 그 곳에는 큰 바위가 있었다. 그들은 나무 수레를 쪼개어 장작으로 삼고, 그 소들을 번제물로 살라서 여호와께 바쳤다(14절).

레위인들은 여호와의 궤와 그리고 금 보물 상자(금으로 만든 물건들이 든 상자)를 수레에서 내려 그 바위 위에 놓았다. 그 날 벧세메스 사람들은 번제 외에도 다른 제사를 여호와께 드렸다(15절). 14절의 번제는 공적인 번제인 반면, 15절의 번제는 각자가 드린 개인적인 번제이다. '다른 제사' 는 여호와의 화목을 기뻐하는 화목제의 일종이다.

블레셋 다섯 방백(지방 통치자들)은 이 모든 것을 보고 그 날 에그론으로 돌아갔다(16절).

블레셋 사람들이 여호와께 속건제물로 드린 금 독종(종기 모양의 금덩어리)은 아스돗, 가사, 아스글론, 가드, 에그론에서 각각 하나씩 보낸 선물이었다. 금 쥐도 바쳤는데, 그 수는 요새화된 성읍과 성곽이 없는 마을, 곧 다섯 통치자가 다스리던 블레셋의 모든 성읍의 수와 같았다. 그리고 여호와의 궤를 놓았던 바위는 그 당시에 일어난 사건의 증거물로서 오늘날까지 벧세메스 사람 여호수아의 밭에 그대로 있다(17, 18절). '아스글론' (Ashkelon)은 블레셋 5대 도시 중 하나로, 지중해 연안에 위치해 있다. '가사' (Gaza) 또한 블레셋 5대 도시 중 하나다. 여호와의 궤가 아스글론이나 가사에 있었다는 기록은 없지만 그곳에도 블레셋을 친 독종이 발병했다. '오늘날까지' 는 사무엘상하가 기록될 당시인 B. C. 10세기경을 가리킨다.

3. 언약궤의 정착(19-21절)

그러나 벧세메스 사람들이 여호와의 궤를 들여다보았기 때문에 여호와께서는 그들을 쳐서 (오만) 칠십 명을 죽였다. 그러자 벧세메스 사람들이 통곡하며 부르짖었다(19절).

어떤 사본에는 오만이 없다. 벧세메스는 작은 성읍으로, 당시 5만 이상 살았으리라 추측하기 어렵다. 오만은 필사자의 오기로 간주되고 있다. 70인 역이나 요세푸스의 기록은 70인이다. 그래서 오만을 괄호로 표기하고 있다. 당시 벧세메스에는 레위족속과 제사장들이 살고 있었던 레위인들의 성읍이었다. 당대의 종교 지도자들이 불경건한 호기심 때문에 언약궤를 부러 들여다 본 것은 하나님께서 허락지 않은, 율법에 어긋난 행동이었다(민 4:20). 하나님께서 이미 말씀하신대로 그들의 행위를 심판하신 것이다.

"이 거룩하신 하나님 여호와 앞에 누가 설 수 있겠는가? 우리가 여호와의 궤를 여기서 어디로 보내야 좋단 말인가!" (20절) 이렇게 거룩하신 주 하나님을 누가 감히 모실 수 있겠는가? 이 궤를 어디로 보내어 우리에게서 떠나가게 할까? 벧세메스 사람들은 하나님 심판에 대한 대응책을 강구하고 있었다. 하나님 앞에서 자기들의 잘못을 회개하기보다 더 이상의 죽임을 피하기 위한 행동으로 영적으로 무지함을 보여준다.

그들은 기럇여아림 주민들에게 전령들을 보내어, 블레셋 사람들이 여호와의 궤를 돌려보냈으니, 내려와서 가지고 가라고 하였다(21절). '기럇여아림' (Kirjath Jearim)은 '수풀의 도시' 라는 뜻을 가지고 있으며, 벧세메스에서 북동쪽, 예루살렘 서쪽에 있다. 유다 지파에 속한 땅으로, 유다와 베냐민의 경계에 자리하고 있다.

제7장

아비나답의 집에 있는 언약궤, 미스바 성회, 블레셋과의 전쟁(2), 이스라엘의 승리

1. 아비나답의 집에 있는 언약궤(1-2절)

그래서 기럇여아림 사람들은 여호와의 궤를 가지고 가서 산언덕에 사는 아비나답의 집에 두고 그의 아들 엘리아살(Eleazar)에게 그 궤를 맡겨 지키도록 하였다(1절) '아비나답' (Abinadab)은 '아버지는 고상하시다' 는 뜻으로, 레위인인 것으로 보인다. 약 1세기 후 다윗이 이 언약궤를 예루살렘으로 옮겼다.

여호와의 궤가 기럇여아림에 들어간 지 20년 동안 오래 그곳에 있게 되었다. 그 동안에 모든 이스라엘 사람들은 여호와를 사모했다(2절). 슬퍼하며 여호와를 찾은 것이다. '사모하다' (*yinnahu*, lamented, mourned)는 문자적으로 '슬퍼하며 부르짖다' 이다. 이스라엘은 언약궤가 기럇여아림에 머무는 20년 동안 우상숭배에 빠진 대가로 블레셋의 침략과 압제를 받아 극심한 고난에 처했었다.

2. 미스바 성회(3-6절)

그래서 사무엘이 모든 이스라엘 백성에게 이렇게 말했다. "여러분이 진심으로 여호와께 돌아오고자 하면 이방 신들과 아스다롯 우상들을 여러분 가운데서 제거하고 너희 마음을 여호와께로 향하여 그만을 섬기라(여호와만 섬기라) 그러면 그분이 여러분을 블레셋 사람의 손에서 구출하실 것이다."(3절)

'아스다롯' (Ashtoreth)은 고대 근동지방의 사랑, 농경, 전쟁의 여신이다. 풍년을 기원하는 제사 의식에서 남신인 바알과 더불어 섬겼다.

그래서 이스라엘 사람들은 바알과 아스다롯 우상을 없애 버리고 여호와만 섬겼다(4절). '바알' (Baal)은 가나안의 농경신이다. 남신으로, 여신 아스다롯과 함께 숭배되었다.

그때 사무엘이 그들에게 "온 이스라엘 백성들이어, 모두 미스바(Mizpah)로 모이라. 내가 너희를 위해 여호와께 기도하겠다." 하고 했다(4절).

그래서 그들은 미스바에 모여서 물을 길어 여호와 앞에 붓고 온종일 금식하며 "우리가 여호와께 범죄하였습니다." 하며 자기들의 죄를 고백하였다. 그리고 사무엘은 그 곳 미스바에서 이스라엘을 다스렸다(5절). 사무엘이 그곳에서 이스라엘의 사사가 되어 그들 사이의 다툼을 중재했다는 말이다. 사사로서의 역할을 했다는 말이다. '물을 길어 여호와 앞에 붓고' 는 이스라엘의 공적인 죄를 남김없이 쏟아 씻어내는 것을 의미하는 상징적인 의식이다(애 2:19, 막 1:4).

3. 블레셋과의 전쟁(2)(7-11절)

블레셋 사람들은 이스라엘 사람들이 미스바에 모였다는 말을 듣고 그 방백들이 병력을 동원하여 그들을 치려고 올라왔다. 그러자 이스라엘 사람들은 블레셋 사람들을 두려워했다(7절). '방백들' (*sarne*, the lords)은 정치, 군사 면에서 독립된 블레셋 5개의 도시국가로, 블레셋 각 성읍의 우두머리인 5명의 지도자를 가리킨다.

이스라엘 사람들은 사무엘에게 간청했다. "당신은 우리를 블레셋군의 손에서 구원해 달라고 우리 하나님 여호와께 쉬지 말고 기도하십시오." (8절)

사무엘이 젖 먹는 어린 양을 한 마리 가져다가 주님께 온전한 번제물로 바치고, 이스라엘을 구원하여 달라고 하나님께 부르짖었다. 그러자 하나님께서 그의 기도를 들어 주셨다(9절).

사무엘이 장성한 제물 대신 '젖 먹는 어린 양' 을 취한 것은 영적 암흑에서 갓 깨어난 이스라엘을 대신하기에 가장 적합했기 때문이다. 율법에는 최소한 난지 7일 이상 된 양 또는 염소만을 제물로 드릴 수 있었다(레 22:27).

사무엘이 번제를 드리고 있을 때 블레셋 군이 이스라엘과 싸우려고 접근해 왔으나 여호와께서 큰 우레(천둥소리)로 그들을 혼란 속에 몰아 넣으셨다. 그래서 그들은 이스라엘군에 패했다(10절). 우레(*qol*, thunder, 뇌성)은 하나님의 음성을 표현하는 단어이다. 주의 백성에게는 구원을 가져다준다.

이스라엘 사람이 미스바에서 나와서, 블레셋 사람을 벧갈 아래까지 뒤쫓으면서 무찔렀다(11절). 대승을 거둔 것이다. '벧갈' (Beth Car)은 블레셋 땅에서 미스바로 가는 길목에 위치해 있으며 에벤에셀에서 가까운 구릉지역으로 보인다.

4. 이스라엘의 승리(12-17절)

그 때 사무엘이 돌을 하나 가져다가 미스바와 센 사이에 놓고 "우리가 여기에 이르기까지 주님께서 우리를 도와 주셨다!" 하고 말하면서, 그 돌의 이름을 '에벤에셀' 이라고 지었다(12절).

'에벤에셀' (Ebenezer)은 '도움의 돌' 이라는 뜻으로, 사무엘이 하나님의 도우심으로 승리한 것을 기념하기 위해 세운 돌비석을 말한다. 하나님께서 그의 백성을 보호하시고 은혜 베푸심을 기억하기 위한 것이다. 이곳은 20년 전 블레셋과의 1차 전투에서 이스라엘이 크게 살육 당했던 장소이다.

이렇게 해서 블레셋 사람들은 굴복하고 다시는 이스라엘 땅에 쳐들어오지 못했는데 이것은 여호와께서 사무엘이 살아 있는 동안 그들을 막으셨기 때문이다(13절). '사무엘이 살아있는 동안' 은 사무엘이 사사로서 이스라엘을 다스리던 약 40년의 기간을 가리킨다. 사무엘 이후에 블레셋의 위협이 전혀 없지는 않았지만 전면 공격을 해오지는 않았다.

그래서 이스라엘 사람은 블레셋군에게 빼앗겼던 에그론부터 가드까지의 모든 성들을 되찾았다. 그리고 이스라엘과 아모리 사람 사이에도 평화가 있었다(14절).

에그론과 가드는 블레셋의 다섯 성읍 중 이스라엘 국경에 가장 가까이 있었다. 에그론은 원래 유다 지파에 분배되었다. 가드 또한 이스라엘의 기업이었으나 가나안 정복 때 아낙 자손을 몰아내지 못해 블레셋의 영토가 됐었다. '아모리 사람' (the Amorites)은 가나안 일곱 족속 가운데 하나로, 가장 강력했다. 단 지파를 몰아내기도 했다.

사무엘은 사는 날 동안 이스라엘을 다스렸다(15절). 그 뒤 사무엘은 죽는 날까지 이스라엘의 실제적인 지도자가 되어 활동했다는 말이다.

그는 해마다 벧엘과 길갈과 미스바로 순회하면서 그 곳의 모든 소송 문제를 처리해 주었다(16절). 사무엘이 여러 지역을 돌며, 사사로서의 역할을 담당했다는 말이다. 벧엘과 길갈과 미스바 이 지역들은 베냐민 지파와 에브라임 지파에 속하지만 이 지역들에 성소가 마련되어 있었던 것으로 전해진다.

그리고 다시 자기 집이 있는 라마로 돌아왔는데 그는 거기서도 이스라엘 사람들의 소송 문제를 해결해 주었다. 그리고 사무엘은 여호와를 위해 그 곳(라마)에 단을 쌓았다(17절).

제8장

왕정 요구, 사무엘의 변론

1. 왕정 요구(1-9절)

이제 사무엘은 많이 늙었다. 그래서 그는 자기 아들들을 이스라엘의 사사로 세웠다(1절)

맏아들의 이름은 요엘(Joel)이요, 둘째 아들의 이름은 아비야(Abijah)다. 그들은 브엘세바에서 사사가 되었다(2절). 그곳에서 사사로 활동한 것이다. '브엘세바' (Beersheba)는 이스라엘의 최남단에 있는 이스라엘 경계 지역으로, 아브라함 시대부터 종교적 성소로 알려져 있다.

그러나 그 아들들은 아버지의 행위(길)를 따르지 않고, 이익(돈벌이)에만 정신이 팔려, 뇌물을 받고서, 재판을 굽게(공정하지 않게) 하였다(3절)

그래서 이스라엘의 모든 장로가 모여서, 라마로 사무엘을 찾아갔다(4절). 그들은 사무엘에게 말했다. "보십시오, 어른께서는 늙으셨고, 아드님들은 어른께서 걸어오신 그 길을 따라 살지 않습니다. 그러므로 이제 모든 이방 나라들처럼, 우리에게 왕(*melek*, king)을 세워 주셔서, 왕이 우리를 다스리게 하여 주십시오."(5절) 이스라엘에 왕을 세워 달라 청한 것이다. '장로' (*ziqne*, elders)는 가족이나 지파의 어른을 뜻한다. 이들은 한 지파의 지도자이자 민족을 대표하는 인물이다. 평시에는 재판관 역할을, 전시에는 지도자 역할을 담당했다.

사무엘은 왕을 세워 달라는 그들의 요구를 기쁘게 여기지 않았다. 그래서 그는 여호와께 기도하여 물어 보았다(6절). 그러자 여호와께서 그에게 이렇게 대답하셨다.

"백성들이 너에게 한 말을 다 들어주어라. 그들은 너를 버린 것이 아니라 나를 버려 더 이상 내가 그들의 왕이 되는 것을 원치 않고 있다."(7절)

"내가 그들을 이집트에서 이끌어낸 그 날부터 오늘날까지 그들은 모든 행사로(계속) 나를 저버리고 다른 신들을 섬겨왔으며 이제 그들은 너에게도 똑같은 짓을 하고 있다."(8절)

"그러니 너는 이제 그들의 말을 들어 주되, 엄히 경고하여, 그들을 다스릴 왕의 제도를 가르쳐라."(9절) 왕의 권한이 어떠한 것이고, 왕이 어떻게 다스릴 것인지를 잘 알려 주라는 말씀이다.

2. 사무엘의 변론(10-22절)

사무엘은 왕을 세워 달라고 요구하는 백성들에게, 하나님께서 하신 모든 말씀을 그대로 전하였다(10절)

"당신들을 다스릴 왕의 제도(*mispat*, behavior, rights, manner)는 이러하다. 왕은 당신들의 아들들을 데려다가 그의 병거와 말을 다루는 일을 시키고, 병거 앞에서 달리게 할 것이다."(11절)

"또 여러분의 아들들을 천부장(captains of thousands)과 오십부장(captains of fifties)을 삼을 것(군부대의 지휘관이 되게 할 것)이고, 종을 삼아 궁전의 밭을 갈며 추수하게 하고, 왕의 무기와 병거(전차)의 장비(도구)도 만들게 할 것이다."(12절) 천부장은 군사 1,000명을, 오십부장은 군사 50명을 다스리는 지도자로, 모세 때부터 있었다. 모세 당시에 이들은 재판을 담당하기도 했지만 후대에 와서는 군대의 지휘관을 가리키는 용어로 사용되었다. 백부장도 있다.

"왕은 당신들의 딸들을 데려다가 향유도 만들게 하고 요리도 시키고 빵도 굽게 할 것이다."(13절)

"왕은 당신들의 밭과 포도원과 감람원(올리브 밭)에서 가장 좋은 것을 가져다가 자기의 신하들에게 줄 것이며, 당신들이 둔 곡식과 포도에서도 열에 하나를 거두어 자기의 관리들과 신하들에게 줄 것이다."(14, 15절) '열에 하나' (a tenth)는 왕을 위한 징세로, 이스라엘이 여호와께 헌납한 것보다 더 무리하게 부담시킨 왕의 몫을 가리킨다.

"그는 당신들의 남종들과 여종들과 가장 뛰어난 젊은이들과 나귀들을 끌어다가 왕의 일(사적인 일)을 시킬 것이다."(16절)

"왕은 당신들의 양떼 중 10분의 1을 거두어 갈 것(빼앗아 갈 것)이며 너희는 그의 종이 될 것이다."(17절)

"그 날에(그 때에야) 너희는 스스로 택한 왕 때문에 울부짖을 것이다. 하지만, 그 때에 하나님께서는 너희들의 기도에 응답하지 않으실 것이다."(18절)

그러나 이렇게 자세히 일러주어도 백성은 사무엘의 말을 듣지 않고 말했다. "아닙니다(그렇지 않습니다). 우리에게도 왕이 있어야 되겠습니다."(19절)

"우리도 다른 나라들과 같이 되기를 원합니다. 그래야 우리의 왕이 우리를 다스리며 우리 앞에 나가서(전쟁에서 우리를 이끌고 나가 지휘하고) 우리의 싸움을 싸워야 할 것입니다(우리를 위해 싸울 것이 아닌가요.)" 하며 우겨댔다(20절). '다른 나라들' (*gowyim*, the nations)은 선민을 의미하는 히브리어 '암' (*am*)과 대조적인 말로, 이방나라를 의미한다.

사무엘이 백성들의 말을 다 듣고 그대로 여호와께 전하자 여호와께서는 그들의 말대로 왕을 세우라고 말씀하셨다. 그래서 사무엘은 그렇게 하기로 하고 그 사람들에게 각기 성읍으로 돌아가라(모두 집으로 가라) 했다(21절).

제9장

사울의 등장, 사무엘을 찾는 사울, 사울과 사무엘의 만남

1. 사울의 등장(1-4절)

베냐민 지파에 기스라는 사람이 있었다. 그는 부유하고 유력한 사람으로 아비엘의 아들이며 스롤의 손자요 베고랏의 증손이며 아비아의 현손이었다(1절).

기스(Kish)는 사울의 아버지로 베냐민 족속가운데 그 지방에서 유지였다. '유력한 사람' (*gibbowr*, a mighty man)은 재산이 많은 사람, 능력이 많은 사람이라는 뜻으로 베냐민 지파 내에서 세력자임을 보여준다. 역대상 8:33에 따르면 '넬은 기스를 낳았고' 라 되어 있다. 원래 넬이 기스의 아버지란 말이다. 그런데 여기에서는 기스가 '아비엘의 아들' 이라 했다. 히브리법은 여러 대의 후손도 '아들' 로 표기하고 있다. 따라서 이 점을 고려하면 문제될 것은 없다.

기스에게는 사울이라는 아들 하나가 있었다. 그는 이스라엘 자손 중에 그보다 준수한 자가 없고, 키는 모든 백성보다 어깨 위만큼 더 컸다(2절). 키가 제일 크고 으뜸가는 미남자였다. '사울' (Saul)은 '간구하는 자' 라는 뜻을 가지고 있다.

어느 날 기스의 암나귀들이 길을 잃고 집에 들어오지 않았다. 그래서 그는 사울과 하인 한 사람을 보내며 암나귀들을 찾아오라고 하였다(3절).

그들은 에브라임 산간 지대와 살리사 땅과 사알림 일대와 베냐민 전 지역을 돌아다니면서 샅샅이 찾아보았으나 나귀들을 찾을 수가 없었다(4절) 사울은 고향 기브아를 출발하여 5절의 숩 땅의 라마 근처까지 약 40km의 긴 여행을 했다. 여기서 사울의 남다른 효성과 성실성이 보인다. '살리사' (Shalisha)는 기브아 북쪽일 것으로 추정하고 있다. '사알림' (Shaalim)은 베냐민 지경 근처이다.

2. 사무엘을 찾는 사울(5-14절)

그들이 숩 땅에 이르렀을 때 사울이 하인에게 말했다. "그냥 집으로 돌아가자. 지금쯤 아버지께서는 암나귀보다 우리를 더 걱정하실까 두렵다."(5절) '숩' (Zuph)은 에브라임 산지에 있다. 세겜 남서쪽에 있으며, 사무엘의 고향 라마가 위치한 지방이다. 사울이 암나귀를 찾다가 사무엘의 거처 근처까지 이르게 된 것은 백성들의 요구를 들어주시기 위한 하나님의 섭리였다.

그러자 하인이 그에게 말하였다. "보십시오, 이 성읍에는 하나님의 사람이 한 분 계시는데, 존경받는 분이십니다. 그가 말하는 것은 모두 틀림없이 이루어진다고 합니다. 그러니 이제 그리로 가 보시는 것이 어떨는지요? 혹시 그가 우리에게, 우리가 가야 할 길을 알려 줄지도 모릅니다."(6절)

사울이 사환(종)에게 말했다. "그래, 가 보자. 그런데 우리가 그분에게 무엇을 좀 가지고 가야겠는데, 우리 주머니에는 빵 하나도 남아 있지 않으니, 하나님의 사람에게 드릴 예물이 없구나. 우리에게 뭐 남아 있는 것이 좀 있느냐?"(7절) 고대 근동에서는 하나님의 사람, 곧 선견자를 찾아뵐 때는 예물을 드리는 관습이 있었다.

사환(종)이 다시 사울에게 대답했다. "나에게 은 한 세겔의 사분의 일(은전 한 푼)이 있습니다. 이것을 하나님의 사람에게 드리고, 우리가 갈 길을 가르쳐

달라고 하겠습니다." (8절) '세겔' (shekel)은 원래 무게 단위인데, 후에 동전 단위로 사용되었다. 한 세겔은 장정들의 하루치 품삯으로 추정된다. 한 세겔은 이십 게라이다.

"그거 좋은 생각이다. 그렇게 하도록 하자." 그래서 그들은 하나님의 사람이 있다는 성을 향해 출발하였다. 그들은 성으로 가는 언덕길을 올라가다가 물 길으러 나오는 처녀들을 만나 "이 성에 선견자가 있습니까?" 하고 물었다. (그 당시에는 선지자를 선견자라고 불렀기 때문에 사람들은 하나님에게 물어볼 일이 생길 때마다 지금 흔히 우리가 말하는 식으로 '선지자에게 가서 물어 보자' 라고 하지 않고, '선견자에게 가서 물어 보자' 라고 말하기가 일쑤였다.) (9-11절)

물 긷는 일은 여인들의 일상적인 일이었다. 건조한 팔레스타인 지방의 여인들은 식수를 위해 마을의 공동우물에서 물을 길어와야만 했다.

'선견자' (*roeh*, seer)는 '보는 자' 라는 뜻이다. '선지자' (*nabi*, prophet)는 '선포하는 자' 이다. 선견자는 하나님의 계시를 받는 것과 관련된 명칭이고, 선지자는 그 받은 말씀을 전파하는 사역과 관련된 명칭이다. 이스라엘 통일왕국 시대에는 사무엘, 갓, 헤만, 잇도, 하나니, 아삽, 여두둔 등에 대해 선견자라는 이름이 사용되었다.

그때 처녀들이 이렇게 대답하였다. "예, 방금 이 길을 지나서 성으로 들어갔습니다. 그는 외출했다가 오늘 백성들의 산당 제사에 참석하기 위해서 이제 막 돌아왔습니다. 그는 곧 산당으로 떠나야 합니다. 이것은 백성들이 그가 와서 축복 기도를 해 주기 전에는 제물을 먹지 않고 기다리기 때문입니다. 그러니 지금 서둘러 성으로 들어가 보세요. 곧 만날 수 있을 것입니다." (12, 13절)

'산당' (*bamah*, a high place)은 원래 가나안 원주민들이 그들의 우상인 바알과 아세라를 위해 만든 일종의 신전이었다. 그러나 이스라엘은 가나안 정복

후 예루살렘 성전이 세워지기 전까지 각 지역에 산재해 있던 이곳을 예배의 장소로 사용하였다.

그래서 그들은 성으로 급히 떠났다. 그들이 성으로 들어갈 때 사무엘이 산당에 가려고 맞은편에서 나오고 있었다(14절).

3. 사울과 사무엘의 만남(15-27절)

여호와께서는 전날 사울이 올 것을 미리 알게 하려고 사무엘에게 이렇게 말씀하셨다(15절). '알게 하려고' (*ozen*, uncovered his ear, revealed, informed)는 문자적으로 '귀를 여셨다' 는 뜻이다. 하나님이 인간에게 자신의 뜻을 전하셨다는 의미이다.

"내일 이맘때에 내가 베냐민 땅에서 한 사람을 네게로 보내리니 너는 그에게 기름을 부어 내 백성 이스라엘의 지도자로 삼으라 그가 내 백성을 블레셋 사람들의 손에서 구원하리라 내 백성의 부르짖음이 내게 상달되었으므로 내가 그들을 돌보았노라."(16절) 이 구절은 7:13의 내용과 연관된 것이다. 그동안 블레셋은 사무엘의 강력한 지도아래서는 이스라엘에게 주도권을 빼앗겼다. 그러나 사무엘 말기에는 그 주도권을 만회하고자 하였다.

사무엘이 사울을 보는 순간 여호와께서 그에게 일러 주셨다. "저 사람이 내가 너에게 말한 바로 그 사람이다. 그가 내 백성을 다스릴 것이다."(17절)

'다스릴 것이다' (*yasor*, shall reign, restrain)는 '억제하다' 는 뜻이다. 모두 거느려서 관할한다는 뜻으로, '통치하다' 는 말 대신 이 용어가 사용되었다. 이것은 사울이 독자적으로 이스라엘을 통치하는 것이 아니라 하나님의 지시를 받은 대리자로서 이스라엘을 통치해야 한다는 것을 의미한다.

그때 사울이 사무엘에게 다가가서 물었다. "선견자의 집이 어디 있는지 좀

가르쳐 주시겠습니까?" (18절)

"내가 바로 선견자요 당신은 먼저 산당으로 올라가시오. 오늘 당신과 내가 함께 식사할 것이오. 내일 아침 내가 당신을 보낼 때에 당신이 알고 싶어 하는 것을 다 말해 주겠소. 그리고 사흘 전에 잃어버린 나귀에 대해서는 조금도 염려하지 마시오. 그것은 이미 찾았소. 이스라엘 사람들이 사모하는 자(그처럼 원하던 자)가 누구요? 바로 너와 네 아버지의 온 집(당신과 당신의 가족)이 아니오?" (19, 20절) '염려하지 말라' (*al tasem*, do not set your mind)는 문자적으로는 '너의 마음에 두지 말라' 는 뜻이다. '온 이스라엘이 사모하는 자' (all the desire of Israel)는 왕을 구하는 이스라엘 백성의 염원을 가리키는 말이다.

사울이 대답하였다. "저는 이스라엘 지파들 가운데서도 가장 작은 베냐민 지파 사람이 아닙니까? 그리고 저의 가족은 베냐민 지파의 모든 가족 가운데서도 가장 보잘것없는데, 어찌 저에게 그런 말씀을 하십니까?" (21절) 사울이 왕이 되기 전 겸손한 인물이었음을 보여주고 있다. 당시 베냐민 지파는 이스라엘 지파 가운데 가장 작은 지파였다. 사사시대에 기브아 사건으로 인한 내전(삿 20:46-48)으로 베냐민 지파의 수가 거의 전멸되다시피 하였고, 겨우 장정 600명만 살아남았었다.

사무엘은 사울과 그의 하인을 데리고 큰 객실로 들어가서 그들을 귀빈석에 앉혔는데 그 곳에는 30명 정도의 손님들이 모여 있었다. 사무엘이 요리사에게 일렀다. "내가 자네에게 잘 간수하라고 부탁하며 맡겨 두었던 부분을 가져 오게." (22, 23절) 사울 일행을 위해 미리 준비해 놓은 가장 맛있는 고기를 사울에게 갖다 주라는 말이다.

요리사가 넓적다리(thigh)와 거기에 붙어 있는 것을 가져다가 사울 앞에 놓자 사무엘이 말했다. "보십시오, 준비해 두었던 것입니다. 앞에 놓고 드십시오. 내가 사람들을 초청할 때부터, 지금 이렇게 드리려고 보관해 두었던 것입니다. 이 때(this time)를 기다렸지요." 그래서 그 날 사울은 사무엘과 함께 식사하였다(24절).

그 후에 그들은 산당에서 내려와 성으로 돌아왔다. 사무엘은 사울을 데리고 지붕(옥상)으로 올라가서 이야기를 주고받았다(25절). 중동 지방에서 지붕은 넓고 평평하여 담화하거나 잠을 자기에 좋았다.

다음날 동틀 무렵에, 사무엘이 지붕(옥상)에서 사울을 깨웠다. "일어나십시오. 바래다 드리겠습니다." 사울이 일어나니, 사무엘은 사울과 함께 바깥으로 나갔다(26절). 다음 날 아침 사무엘은 일찍 일어나 옥상에 있는 사울을 깨워 같이 밖으로 나갔다. 팔레스타인에서는 지붕이 평평하기 때문에 날씨가 무더운 계절에는 지붕 위(옥상)에서 잠을 잘 수 있었다. 평소에는 휴식처, 기도나 친교의 장소, 파수대, 곡물 말리는 곳 등 다양하게 사용되었다.

성읍 끝에 이르렀을 때에, 사무엘이 사울에게 말했다. "잠깐 내가 당신에게 할 말이 있소. 사환(하인)을 앞서 보내도록 하시오." 그 종이 한참 앞서서 가자 사무엘이 다시 사울에게 말했다. "내가 하나님의 말씀을 들려 드리겠으니, 잠깐 서 계십시오."(27절) 하나님께서 사울에 대해 지시하신 말씀을 그대로 전하려는 것이다. 이것은 사무엘이 선지자로서 마땅히 해야 할 일이다.

제10장

기름부음 받은 사울, 변화된 사울의 마음, 미스바에서 왕이 된 사울

1. 기름부음 받은 사울(1-8절)

그때 사무엘은 기름병을 가져다가 사울의 머리에 붓고 그의 볼에 입을 맞추며 말하였다. "내가 이렇게 하는 것은 여호와께서 당신을 그의 기업의 지도자(자기 백성 이스라엘의 왕)로 세우셨기 때문이오."(1절) 사무엘은 사울에게 기름을 부었다. 이것은 하나님께서 그를 왕으로 세웠음을 인정한 것이다. 볼에 입을 맞추는 것은 근동 지방의 의례적인 행위로, 존경과 복종의 표시이다.

그 다음 사무엘은 앞으로 사울에게 일어날 일들에 대해 자세히 언급하였다. 이것은 하나님께서 그에게 어떻게 역사하실 것인가를 보여주는 징표이다.

"오늘 나를 떠나서 가다가 베냐민 지역 셀사에 이르시면, 라헬의 무덤 근처에서 두 사람을 만날 터인데, 그들은, 그대의 부친이 찾으러 다니던 암나귀들은 벌써 찾았고, 부친께서는 암나귀들 걱정은 놓았지만, 이제 오히려 아들과 종의 일이 걱정이 되어 찾고 계신다고 말할 것입니다."(2절) '셀사'(Zelzah)는 예루살렘 북서쪽에 위치한 곳으로, '셀라' 라 하기도 한다(수 18:28).

"그리고 당신이 다볼의 상수리나무에 이르면 하나님께 예배하러 벧엘로 올라가는 세 사람이 맞은편에서 오고 있는 것을 보게 될 것이오. 그들 중 한 사람은 염소 새끼 세 마리를 끌고 올 것이며 또 한 사람은 빵 세 덩이를 가졌고 다른 한 사람은 포도주 한 가죽부대를 가지고 있을 것이오."(3절) '벧엘' 은

'하나님의 집' 이라는 뜻으로, 베냐민 지파와 에브라임 지파의 경계에 위치해 있다. "그들이 당신에게 인사하고 그 빵 두 덩이를 줄 것이며 당신은 그것을 받게 될 것이오." (4절)

"그 후에 당신은 블레셋군의 주둔지(garrison, 수비대가 있는 병영)가 있는 '하나님의 산' 으로 가게 될 것이오. 당신이 그 곳에 도착하면 산당에서 떼 지어 내려오는 선지자들을 만날 것이며 그들은 내려오면서 피리를 불고 북을 치며 수금을 켜고 비파를 타면서 예언할 것이오." (5절)

'하나님의 산' (*gibat haelohim*, the hill of God)은 문자적으로 '하나님의 기브아' (Gibeath-haaraloth)라는 뜻으로, 사울의 고향 기브아를 가리킨다. 이 곳에 산당이 있었기 때문에 이렇게 말한 것이다. 이곳에 블레셋 군이 있었다는 것은 기브아 땅이 아직도 블레셋의 통치아래 있었다는 것을 보여주고 있다. 그런데 사무엘은 이곳을 '하나님의 산' 이라 했다. 하나님께 속해야 할 땅임을 사울에게 일깨워주고 있는 것이다. '비파와 수금을 앞세우고', 구약에서 하나님의 능력은 찬양가운데 임하곤 했다.

"그때 당신은 여호와의 영(*ruah*, the Spirit, 성령)에 완전히 사로잡혀 당신도 그들과 함께 예언하고 변하여 새 사람(*aher is*, another man, 다른 사람)이 될 것이오." (6절) 사울도 성령에 사로 잡혀 함께 예언하게 될 것임을 예고하고 있다.

"이 징조(*haotowt*, signs)가 네게 임하거든 너는 기회를 따라 행하라 하나님이 너와 함께 하시느니라." (7절) 이런 일들이 그대에게 나타나거든, 하나님이 함께 계시는 증거이니, 하나님이 인도하시는 대로 따라 하라는 말이다. '기회를 따라 행하라' (as the occasion demands)는 '그 상황이 요구하는 대로 담대히 행하라' 는 말로, 왕으로서 적절한 행동을 취하라는 것이다. 사울은 하나님이 함께 하셨기 때문에 무슨 일이든 기회만 오면 성공할 수 있었다

(11:6).

"당신은 먼저 길갈(Gilgal)로 내려가서 기다리시오. 7일 후에 내가 그리로 가서 번제와 화목제를 드리겠소. 당신이 할 일에 대해서는 내가 그 곳에 도착해서 일러 주겠소."(8절)

'길갈로 내려가라' 한 것은 길갈이 여리고 북동쪽으로 약 2km지점에 있어 여리고처럼 해면 수위보다 낮은 곳에 있어 '내려가라'는 말을 사용한 것이다. 길갈은 출애굽한 이스라엘이 최초로 장막을 치고, 할례를 시행한 곳이다. 사울이 훗날 사무엘이 정한 7일을 기다리지 못하고 마음대로 번제와 화목제를 드린 곳이며, 여로보암 왕 이후에는 우상숭배의 중심지로 변해 선지자로부터 책망을 받았던 성읍이다.

2. 변화된 사울의 마음(9-16절)

사울이 작별 인사를 하고 사무엘을 떠나려고 할 때 하나님이 그에게 새 마음(*aher leb*, another heart)을 주셨으며 또 사무엘이 말한 모든 예언도 그 날 다 이루어졌다(9절). 하나님은 사울에게 새 마음을 주심으로 과거와는 아주 다른 사람으로 만들어 주셨다.

사울과 그의 하인이 하나님의 산이 도착했을 때 선지자의 무리(선지자들)가 나와 사울을 영접하였다. 바로 그때 하나님의 영(성령)이 사울에게 크게 임하자(강하게 사로잡자) 그도 그 선지자들과 함께 예언하기 시작하였다(10절).

전에 사울을 알던 사람들은 그가 이렇게 하는 것을 보고 말했다. "도대체 기스의 아들에게 무슨 일이 생겼느냐? 사울도 선지자들 중에 있느냐?"(11절) 사람들은 사울이 변화된 모습에 놀라 사울도 선지자란 말이냐며 의아해 했다.

또 그 곳에 사는 어떤 사람은 "그들의 아버지가 누구냐" 묻기도 했다. 이것은 "다른 예언자들은 어떤가? 그들의 아버지가 누구라고 생각하는가?"라고 해석하기도 하고, "사울의 조상 가운데서도 이처럼 예언을 하는 자가 있었느냐?"로 해석하기도 한다. 그래서 여기서부터 "사울도 선지자들 중에 있느냐?" 즉 "사울마저도 선지자가 되었단 말이냐?"는 속담(유행어)가 생기게 되었다(12절).

'그들의 아버지가 누구냐' 한 것은 거짓 예언자들을 조롱하는 말이다. 당시 백성들은 예언하는 자들을 모두 참된 예언자로 생각하지 않았다. 결국 이 말은 사울의 변화를 믿지 않은 자들이 사울을 조롱한 말이었다.

사울은 예언을 마치고 나서, 산당으로 갔다. 사울의 숙부(삼촌)이 사울과 그 하인에게 물었다. "너희가 어디로 갔었느냐?" 사울은 암나귀들을 찾으러 갔지만, 찾을 수가 없어서 사무엘에게 갔었다고 했다(13, 14절).

사울의 숙부는 사무엘이 두 사람에게 무슨 말씀을 했는지 궁금해 하며 자기에게 말해줄 것을 부탁했으나 사울은 그가 암나귀를 찾았다고 말해 주었다고 했다. 하지만 사울은 나라의 일, 곧 자기가 왕으로 기름부음을 받았다는 이야기는 하지 않았다(15, 16절).

3. 미스바에서 왕이 된 사울: 제2차 미스바 집회(17-27절)

사무엘이 이스라엘 백성을 미스바에 모이도록 했다. 그리고 그들에게 하나님의 말씀을 전했다.

"내가 너희를 이집트에서 인도해 내어 이집트 사람들과 너희를 괴롭히던 모든 원수들의 손에서 너희를 구해 주었다. 그러나 너희는 모든 재난과 고통에서 너희를 구출한 너희 하나님을 저버리고 오히려 우리에게 왕을 세워 달라

고 요구했다. 그러므로 이제 너희는 지파와 집안별로 나 여호와 앞에 나오너라."(17-19절)

그래서 사무엘은 각 지파의 지도자들을 여호와 앞으로 나오게 했는데 그때 베냐민 지파가 뽑혔다(20절).

그런 다음 사무엘이 베냐민 지파를 집안별로 여호와 앞에 나오게 하자 이번에는 마드리(Matri) 집안이 뽑혔다. 마지막으로 마드리 집안이 여호와 앞에 나왔을 때 기스의 아들 사울이 뽑혔으나 그가 자취를 감추고 말았다(21절) 사람들이 사울을 찾았지만 그가 보이지 않은 것이다.

그래서 사람들이 다시 하나님께 여쭈어 보았다. "그 사람이 여기에 와 있습니까?" 하나님께서 말씀하셨다. "그가 짐 보따리들(짐짝) 사이에 숨어 있다."(22절) '여호와께 물은 것'은 우림과 둠밈으로 하나님께 알아본 것을 가리킨다. 우림과 둠밈은 대제사장의 흉패에 부착되었다. 여기서 '짐 보따리'(*bakkelim*, equipment, supplies, baggage, stuff)는 미스바로 오기 위해 가지고 온 각 사람의 짐짝, 마차, 천막들을 일컫는 말이다.

사람들이 달려가 거기에서 그를 데리고 나왔다. 그가 사람들 가운데 섰는데, 다른 사람들보다 어깨 위만큼은 더 커 보였다(23절).

그 때 사무엘이 온 백성에게 말했다. "하나님께서 뽑으신 이 사람을 보라. 온 백성 가운데 짝할 이(no one like him, 필적할 만한 인물)이 없다." 그러자 온 백성이 환호성을 지르며 "왕 만세!" 하고 외쳤다(24절). 명실 공히 사울이 통일 이스라엘의 초대 왕이 된 것이다.

사무엘이 나라의 제도(왕이 통치하는 나라의 제도)를 백성에게 알려 준 다음, 그것을 책에 써서 하나님 앞에 보관하여 두고, 온 백성을 각자의 집으로 돌아가게 하였다(25절)

사무엘은 이스라엘 백성들에게 나라의 제도, 곧 왕이 통치하는 나라는 어떠해야 하는가를 자세히 설명해주었다. 왕의 권리와 의무, 왕의 기능과 역할, 왕의 특권 등 전반에 대해 백성들에게 설명해줌으로써 왕정에 대한 잘못된 인식을 바로 잡았다. 이것은 왕정에 대한 하나님의 생각이 어떤 것인가를 백성들에게 설명함으로써 이스라엘의 왕은 이방 나라의 왕과는 달리 하나님을 대리하는 통치자임을 부각시킨 것이다. 사무엘은 이 제도를 책에 써 하나님 앞, 곧 언약궤 옆에 보관토록 했다. 이것은 이스라엘과 하나님과의 새로운 언약관계가 수립되었음을 의미한다.

사울이 기브아에 있는 자기의 집으로 돌아갈 때에, 하나님께 감동을 받은 유력한 자들(하나님의 뜻을 파악한 충성된 사람들, 용감한 사람들)이 사울을 따라나섰다(26절). '기브아' (Gibeah)는 예루살렘 북쪽, 그리고 세겜으로 가는 길에 있다. 베냐민 지파의 중심도시이자 사울의 고향이다. 이스라엘 왕정이 시작된 최초의 수도이다.

그러나 몇몇 불량배들은 "이런 사람이 어떻게 우리를 구할 수 있겠느냐?" 하고 떠들면서 그를 업신여기고, 그에게 예물도 바치지 않았다. 그러나 사울은 못 들은 척하였다(27절).

여기서 '예물' 은 신하가 왕에게, 또는 종속국이 종주국에게 존경과 충성을 표하고 그 관계를 인정하며 맹세하는 의미에서 드리는 것을 말한다. 불량배들은 새로 왕으로 선출된 사울에 대해 왕으로 예우를 하지 않은 것이다. 이스라엘 민족에 대한 보장이 어떻게 사울과 같은 사람에 의해 가능하겠느냐는 부정적인 생각도 있었을 것이다. 사울을 따라 나선 사람들이 있었는가 하면 이렇듯 사울을 부정한 사람도 있었다. 사울에게는 백성의 마음을 얻는 일이 중요해졌다. 이 일은 하나님이 그와 함께 하심으로만 가능하다.

제11장

암몬으로부터 길르앗 야베스를 구한 사울, 길갈에서 나라를 새롭게 함

1. 암몬으로부터 길르앗 야베스를 구한 사울(1-11절)

그 후에 암몬 사람 나하스(Nahash)가 길르앗의 야베스성을 치기 위해 군대를 이끌고 와서 포진하자 야베스 사람들은 나하스에게 "우리와 언약(조약)을 맺읍시다. 그러면 우리가 당신을 섬기겠습니다."라 했다(1절). 사울의 즉위와 함께 닥쳐온 첫 번째 위기다. 나하스는 사울이 백성을 통일하고 군대를 정비할 틈을 주지 않고 공격해왔다. 야세스 사람들은 화해를 요청했다.

'암몬 사람'은 아브라함의 조카 롯으로부터 유래된 족속으로 얍복강 상류 지역에 살았다. 그들의 수도는 랍바, 지금의 암만이다. 갓 지파 동편에 살았다. 이들은 사사시대에도 이스라엘을 침략하거나 핍박하였다. 사울은 암몬 군을 진멸시켰으며, 다윗은 그들의 수도 랍바를 점령했다.

'길르앗 야베스'(Jabesh-gilead)는 므낫세 지파에 속한 영역으로, 요단강 동쪽에 자리한 성읍이다. 암몬 지역과 인접해 있어 예로부터 암몬과 국경분쟁이 있었다. 사사시대에 내란의 결과로 멸종 위기에 처한 베냐민 지파는 이곳 처녀들과 통혼했었다. 사울은 베냐민 지파였으므로 길르앗의 야베스 거민들에게 특별한 관심을 가졌다.

그러나 암몬 사람 나하스는 "내가 너희의 오른쪽 눈을 모조리 빼겠다. 온 이스라엘을 이같이 모욕하는 조건(condition)에서만 너희와 조약을 맺겠다" 하고 대답하였다(2절). 나하스는 이스라엘 영토를 정복하려는 야욕을 가지고 있었기 때문에 가장 모욕적인 조건을 내걸었다. 화해할 뜻이 없다는 말이다.

그래서 야베스 장로들(지도자들)은 다시 간청하였다. “우리가 이스라엘 전역에 전령(messengers, 사자)을 보낼 수 있도록 이레 동안(일주일간)만 여유를 주시오. 그래도 우리를 도울 자가 없으면 네게 나아가리라(우리가 당신의 조건에 응하겠소.)” (3절)

전령들이 사울의 고향인 기브아에 달려가서 백성들에게 이 소식을 전하자 모든 사람들이 통곡하기 시작하였다(4절). 마침 사울이 밭에서 소를 몰고 오다가, 무슨 일이 일어났기에 백성이 울고 있느냐고 물었다. 사람들은 야베스에서 온 전령들이 한 말을 그에게 일러주었다(5절). 이미 왕으로 선출된 후에도 농사일을 하고 있는 사울의 근면성을 보여준다. 하지만 왕으로서 이스라엘을 곧바로 규합하지 못하고 있었음이 드러나 있다.

사울이 이 말을 듣고 있을 때에, 하나님의 영에 감동되어 강한 분노를 느꼈다(6절) 사울은 한 겨리의 소(겨릿소 두 마리)를 잡아서 여러 토막으로 자른 다음에, 그것을 전령들에게 나누어 주고, 이스라엘 모든 지역으로 말을 전하라고 보냈다. “누구든지 사울과 사무엘을 따라나서지 않으면, 그 집의 소들도 이런 꼴을 당할 것이다.” 하나님께서 온 백성을 두려움에 사로잡히게 하시니, 모두 하나같이 그를 따라나섰다(7절). ‘한 겨리의 소’(a yoke of oxen)는 두 마리의 소를 말한다. 한 쟁기를 끄는 두 마리의 소에서 비롯된 말이다.

사울이 그들을 베섹에 모으고 수를 세어 보니, 이스라엘에서 삼십만 명이 왔고 유다에서 삼만 명이 왔다(8절). ‘베섹’(Bezek)은 요단강 서쪽, 세겜 북쪽에 있고, 길르앗 야베스로부터 24km 떨어진 곳에 위치해 있다.

그런 다음 사울은 전령들을 길르앗의 야베스로 돌려보내며 “내일 해가 더울 때에(by the time the sun is hot, 대낮 정오까지) 우리가 당신들을 구출하겠소.” 하였다. 전령들이 돌아가서 이 소식을 전하자 야베스 사람들은 무척 기뻐하였다(9절).

그래서 야베스 사람들이 암몬 사람들에게 회답하였다. "우리가 내일 당신들에게 나아가 항복하겠습니다. 그 때 가서는 너희 생각에 좋을 대로 우리에게 다 행하라(우리에게 하고 싶은 대로 하시오.)" (10절)

다음 날 새벽 사울은 병력을 세 대(부대)로 나누고 암몬 군을 기습하여 그들을 날이 더울 때(정오)까지 쳐 죽였다. 그래서 살아남은 자들은 뿔뿔이 흩어져 두 사람도 함께 있는 일이 없었다(단 두 사람도 함께 남은 자가 없었다.)(11절) 이스라엘이 암몬에 대승을 거둔 것이다. 이로 인해 사울의 지도력이 과시되고, 새로운 왕국에 대한 자신감이 생겼다.

'삼 대로 나누고' (organized the troops into three divisions)는 기드온과 같이 사면에서 기습공격을 감행하기 위해 세 부대로 나눈 것을 말한다.

2. 길갈에서 나라를 새롭게 함(12-15절)

백성이 사무엘에게 와서 말하였다. "사울이 어떻게 우리의 왕이 될 수 있느냐고 떠들던 자들이 누구입니까? 그런 자들을 내주십시오. 우리가 그들을 쳐서 죽이겠습니다." (12절) 승리감에 도취한 백성들이 이전에 사울 왕권을 인정하지 않은 불량배들을 죽이겠다고 한 말이다. 사울은 이 승리로 백성들로부터 전폭적인 지지를 받게 되었다.

그러자 사울이 나서서 말했다. "오늘은 하나님께서 이스라엘 백성을 구원하여 주신 날이오. 오늘은 사람을 죽이지 못하오." (13절) 사울은 이스라엘의 진정한 구원자가 하나님이심을 깨달았다. 그리고 사울은 크게 아량을 베풀어 자기를 반대한 사람들을 죽이지 못하게 했다. 지도자의 자질을 보여준 것이다. 이로써 백성은 하나 되고, 지도자는 존경을 받게 된다.

그때 사무엘이 백성들에게 외쳤다. "오라 우리가 길갈로 가서 나라를 새롭게 하자."(14절) '나라를 새롭게 하자'(renew the kingdom)는 것은 '즉위식을 올립시다,' 또는 '왕권(kingship)을 재확인합시다.' 라는 뜻이다. 우리 모두 길갈로 가서 다시 한 번 사울을 우리의 왕으로 선포하자는 말이다. 나아가 이스라엘은 하나님이 함께 하시는 왕을 봄으로써 새롭게 되었다. 백성들은 사울을 다시 보게 되었고, 이스라엘도 하나의 나라로서 굳게 서게 되었다.

모든 백성은 길갈로 가 여호와 앞에서 사울을 왕으로 선포하고 그를 왕위에 앉혔다. 그런 다음 그들은 여호와께 화목제를 드리고 사울과 함께 거기서 크게 기뻐하였다(15절).

사울은 이미 라마에서 사무엘로부터 왕으로서 기름부음을 받았고, 미스바에서는 백성들이 모인 가운데 정식 왕으로 임명되었다. 암몬의 침략으로부터 대승을 거둠으로써 그의 왕권은 확고하게 자리 잡게 되었다. 이제는 길갈에 가서 공식적으로 즉위식을 거행한 것이다. '길갈'(Gilgal)은 '돌의 고리' 라는 뜻으로, 여리고 동쪽에 있다. 길갈은 베냐민 지파의 성읍이며, 초기 왕국 시대에 정치, 군사, 종교의 중심지였다. 이곳은 이스라엘이 가나안 정복 때 요단을 건넌 후 최초로 진을 친 곳이자 요단강 바닥에서 돌 열둘을 취하여 기념비를 세운 곳이다.

제12장

사무엘의 신실성 회고, 사무엘의 설교, 회복의 조건

1. 사무엘의 신실성 회고(1-5절)

그때 사무엘이 백성들에게 다시 말했다.

"나는 여러분의 요구대로 여러분에게 왕을 세워 주었습니다. 보십시오. 지금 왕은 여러분 앞에 있습니다. 이제 나는 늙어 백발이 되었고 내 아들들은 여러분과 함께 있습니다. 나는 어릴 때부터 지금까지 여러분 앞에 출입하였습니다(여러분의 지도자로 일해 왔습니다.)" (1, 2절)

"내가 여기 있으니, 하나님 앞에서, 그리고 하나님께서 기름 부어 세우신 왕 앞에서, 나를 고발할 일이 있으면 하십시오. 내가 누구의 소를 빼앗은 일이 있습니까? 내가 누구의 나귀를 빼앗은 일이 있습니까? 내가 누구를 속인 일이 있습니까? 누구를 억압한 일이 있습니까? 내가 누구한테서 뇌물을 받고 눈감아 준 일이 있습니까? 그런 일이 있다면, 나를 고발하십시오. 내가 당신들에게 갚겠습니다." (3절) 자신이 잘못한 일이 있으면 고발해줄 것을 공개적으로 요청했다. '뇌물' (*koper*, bribe)은 속전, 곧 허물을 덮어주고 벌을 사해주는 돈을 뜻한다.

이스라엘 백성이 대답했다. "우리를 속이시거나 억압하신 적이 없습니다. 누구에게서든지 무엇 하나 빼앗으신 적도 없습니다." (4절)

사무엘이 그들에게 말했다. "당신들이 나에게서 아무런 잘못도 찾지 못한 것에 대하여 오늘 하나님께서 증인이 되셨고, 하나님께서 기름 부어 세우신 왕도 증인이 되셨습니다." 그러자 온 백성이 대답했다. "그렇습니다. 하나님께서 우리의 증인이 되셨습니다."(5절) 이로써 사무엘이 사사로서의 역할을 수행함에 있어서 깨끗함과 신실성이 입증되었다.

2. 사무엘의 설교: 하나님의 은혜에 관한 사무엘의 회고(6-18절)

그러나 사무엘이 백성에게 말했다. 사무엘의 설교이기도 하고, 사사로서 고별사이기도 하다.

"모세와 아론을 세우시고, 여러분의 조상들을 이집트 땅에서 데리고 올라오신 분이 바로 하나님이십니다."(6절) "이제 여러분은 여기 조용히 서 계십시오. 여호와께서 여러분과 여러분의 조상들을 위해 행하신 모든 선한 일에 대하여 내가 여호와 앞에서 너희와 담론하리라(여러분과 하나하나 따져가며 말씀드리겠습니다.)"(7절)

"야곱이 가족을 데리고 이집트로 내려간 다음에 (이집트 사람들이 야곱의 가족을 억압할 때에) 그들은 하나님께 매달려 살려 달라고 부르짖었습니다. 그래서 하나님께서는 모세와 아론을 보내셨고, 조상을 이집트에서 인도해 내셨고, 그들을 이 땅에 정착시키셨습니다."(8절)

"그러나 그들은 곧 그들의 하나님 여호와를 잊어버렸습니다. 그래서 여호와께서는 하솔 왕의 군대 총사령관 시스라(Sisera)와 블레셋 사람과 모압 왕에게 그들을 넘겨주셨습니다."(9절) '하솔'(Hazor)은 팔레스타인 북부에 위치한 납달리 지파에 속한 땅이다. 사사시대에는 가나안 왕 야빈에게 속하게 되었다. '모압'(Moab)은 에돔에 인접한 국가로, 이 족속은 헤스본 평야에서 사해 남쪽 끝으로 흘러 들어가는 세일에 이르는 지역을 차지했다.

"그때 백성들은 다시 여호와께 부르짖으며 '우리가 여호와를 버리고 이방 우상 바알과 아스다롯을 섬겨 범죄하였습니다. 이제 우리를 원수들의 손에서 구해 주소서. 그러면 우리가 당신을 섬기겠습니다.' 하고 애원하였습니다."(10절) 바알과 아스다롯은 가나안 남녀 신들의 이름으로, 농경신이다.

"그래서 여호와께서는 여룹바알(기드온)과 베단(바락)과 입다(Jephthah)와 나 사무엘을 보내 여러분을 원수들의 손에서 구출하여 안전하게 살 수 있도록 해 주셨습니다."(11절) '여룹바알'(Jerubbaal)은 '바알과 더불어 쟁론하다'는 뜻으로, 기드온의 별명이다. '베단'(Bedan)은 이스라엘 사사 중 알려져 있지 않은 이름이다. '바락'(Barak)에 대한 필사자의 실수로 보고 정정한 역본도 있고, '단'에서 유래된 말로 간주하여 삼손의 다른 이름으로 추정하기도 한다.

"그러나 여러분은 암몬 왕 나하스(Nahash)를 두려워하여 여호와 하나님이 여러분의 왕인데도 불구하고 나에게 와서 여러분을 다스릴 왕을 세워 달라고 요구하였습니다."(12절)

"보십시오. 이제 여러분이 택한 왕이 여기 있습니다. 여러분이 왕을 요구하였으므로 여호와께서 여러분의 요구를 들어주셨습니다."(13절)

"너희가 만일 여호와를 경외하여 그를 섬기며 그의 목소리를 듣고 여호와의 명령을 거역하지 아니하며 또 너희와 너희를 다스리는 왕이 너희의 하나님 여호와를 따르면 좋겠지마는 너희가 만일 여호와의 목소리를 듣지 아니하고 여호와의 명령을 거역하면 여호와의 손이 너희의 조상들을 치신 것 같이 너희를 치실 것이라."(14, 15절) 하나님을 경외하고 순종하면 살고, 그렇지 않으면 무섭게 벌하실 것이란 말씀이다.

"당신들은 그대로 서서, 하나님께서 이제 곧 하실 큰일(놀라운 일)을 눈으로 직접 보십시오."(16절) "여러분도 알겠지만 밀을 추수하는 이맘때는 비 오는 계절이 아닙니다. 그러나 내가 기도하면 여호와께서 우뢰와 비를 보내실 것입니다. 이제 여러분은 왕을 요구한 그 죄가 얼마나 크다는 것을 알게 될 것입니다."(17절) 그리고서 사무엘이 기도하자 여호와께서 우뢰와 비를 보내셨다. 그러자 모든 백성이 이것을 보고 여호와와 사무엘을 몹시 두려워하였다(18절).

3. 회복의 조건(19-25절)

모든 백성이 사무엘에게 간청하였다. "종들을 생각하시고 주 하나님께 기도하셔서, 우리가 죽지 않게 해주십시오. 우리가 우리의 모든 죄에 왕을 구하는 악을 더하였습니다."(19절) 죽지 않게 해달라는 것은 왕을 구한 죄에 대한 두려움이 있었음을 보여준다.

사무엘이 백성에게 말하였다. "두려워하지 말라. 당신들이 이 모든 악행을 저지른 것은 사실이나, 이제부터는 주님을 따르는 길에서 벗어나지 말고, 오직 마음을 다 바쳐 하나님을 섬기라."(20절) "도움을 주지도 못하고 구원하지도 못하는 헛된 것(우상)을 따르는 일이 없도록 하라. 그것들은 헛된 것이다."(21절) 하나님을 온전히 섬기고, 우상을 섬기지 말라는 것이다.

"여호와께서는 여러분을 자기 백성으로 삼으신 것을 기뻐하셨기 때문에 그분의 위대하신 이름을 생각해서도 자기 백성을 버리지 않으실 것이다."(22절)

"나는 당신들이 잘 되도록 기도할 것입니다. 내가 기도하는 일을 그친다면, 그것은 내가 하나님께 죄를 짓는 것입니다. 그런 일은 없을 것입니다. 오히려 나는, 당신들이 가장 선하고 가장 바른길로 가도록 가르치겠습니다."(23절) 기도하지 않는 죄를 범하지 않겠다는 말이다. 죄악가운데 있더라도 하나님께 나아가야 한다.

"여러분은 여호와를 두려워하고 마음을 다하여 진심으로 그분을 섬기십시오. 그리고 그분이 여러분을 위해 행하신 그 큰 일(모든 놀라운 일들)도 잊어서는 안 됩니다. 그러나 만일 여러분이 계속 죄를 범하면 여러분과 여러분의 왕이 다 멸망할 것입니다."(24, 25절) 이 구절은 사무엘의 경고로, 이는 북이스라엘이 아시리아에, 남 유다가 바벨론에 의해 멸망함으로써 입증되었다.

제 13장

이스라엘의 약함, 제사장직을 침해하는 사울, 사무엘의 책망

1. 이스라엘의 약함: 블레셋과의 전쟁(1-7절)

사울은 40세에 왕이 되었다(ASV). 그가 이스라엘을 다스린 지 2년째에(1절). 이 구절을 사울이 30세에 왕이 되었고, 42년을 통치한 것으로 소개한 번역본도 있다(HCSB, ISV).

사울이 이스라엘 백성을 모으고 그 중에서 3,000명을 골라 상비군으로 삼고 그 가운데 2,000명은 자기와 함께 믹마스와 벧엘 산에 있게 했다. 그리고 나머지 1,000명은 그의 아들 요나단과 함께 베냐민 지파의 땅 기브아에 있게 했다. 남은 백성은 모두 장막(집)으로 돌려보냈다(2절). '믹마스'(*mikmas*, Michmash)는 벧엘 남동쪽, 기브아 북동쪽에 자리한 베냐민 지파의 성읍이다. 산악지역으로 군사적 요충지이다.

요나단이 게바에 있는 블레셋 사람의 수비대(garrison)를 치자, 블레셋 사람들이 그 소식을 들었다. 사울이 온 나라에 나팔(*sowpar*, trumpet)을 불어서, 히브리 사람 소집령을 내렸다(3절). 블레셋의 수비대를 친 것은 이스라엘이 블레셋에 싸움을 거는 선전포고이다. '게바'(Geba)는 베냐민 지파에 속한 성으로, '언덕' 또는 '높은 산등성이'라는 뜻을 가지고 있다. 깊은 계곡을 사이에 두고 믹마스 건너편에 자리하고 있다.

온 이스라엘 백성은, 사울이 블레셋 수비대를 쳐서 이스라엘이 블레셋 사람들의 미움을 사게 되었다는 말을 듣고, 길갈로 모여 와서 사울을 따랐다(4절)

블레셋 사람들도 이스라엘과 싸우려고 모였는데, 병거(*rekeb*, chariots, 군사용 전차)가 삼만에다가, 기마가 육천이나 되었고, 보병은 바닷가의 모래알처럼 많아서 셀 수가 없었다. 블레셋 군대는 벳아웬의 동쪽 믹마스로 올라와서 진을 쳤다(5절). '벧아웬'(Beth Aven)은 '악의 집' 또는 '우상의 집' 을 뜻한다. '하나님의 집' 이라는 뜻을 가진 벧엘의 동쪽에 있다.

이때 적의 어마어마한 병력을 보고 사태가 다급해진 이스라엘 사람들은 완전히 전의를 상실하고 굴(caves)과 수풀(thickets)과 바위틈(rocks)과 구덩이(holes, 빈 무덤)와 웅덩이(pits)를 찾아 숨었다(6절). 싸우려하기보다 숨기에 급급했다.

어떤 사람들은 요단강을 건너 갓과 길르앗 땅으로 도망치기도 하였다. 그러나 사울은 아직 길갈에 머물러 있었고, 그와 함께 있는 사람들은 다가올 위험을 생각하며 무서워서 떨고 있었다(7절). 갓 족속의 땅은 얍복 강을 중심으로 요단강 동편에 있다. 길르앗의 위치와 거의 비슷하다.

2. 제사장직을 침해하는 사울: 사울의 망령된 제사(8-12절)

사울은 사무엘의 말대로 7일 동안 사무엘을 기다렸으나, 그는 길갈로 오지 않았다. 그러자 백성은 사울에게서 떠나 흩어지기 시작하였다(8절).

사울은 사람들을 시켜 번제물과 화목제물을 가지고 오라고 한 다음에, 자신이 직접 번제를 올렸다(9절). 사울은 블레셋과 대치한 상황에서 성전(聖戰)을 위한 제사의식을 스스로 거행한 것이다. 하지만 번제를 포함한 모든 제사는 제사장만이 집행할 수 있었다. 따라서 사울이 눈앞의 어려운 상황에 눌려 율법을 어기고 월권행위를 한 것이다. 이것은 그의 교만을 보여준 것으로, 사울의 첫 번째 실수로 간주되고 있다. 사울의 급속한 성장은 겸손을 교만으로 바뀌게 해, 제사장만이 드릴 수 있는 제사를 드림으로 하나님 앞에 죄를 범했다. 이것은 사울이 교만해졌다는 첫 번째 표시이다.

그러나 그가 막 제사를 다 드렸을 때 사무엘이 도착하였다. 사울이 나가 그를 맞았으나 사무엘은 "도대체 왕이 무슨 일을 한 것이오?" 하고 오히려 왕을 꾸짖었다. 그러자 사울이 이렇게 대답하였다. "백성은 나에게서 떠나 흩어지고, 제사장께서는 약속한 날짜에 오시지도 않고, 블레셋 사람은 믹마스에 모여들고 있었습니다. 이러다가는 제가 하나님께 은혜를 구하기도 전에, 블레셋 사람이 길갈로 내려와서 칠 것 같은 생각이 들어서, 할 수 없이 번제를 드렸습니다."(9-12절) 사울은 여러 정황상 부득이한 조치였다며 자신의 행위를 합리화했다.

3. 사무엘의 책망(13-23절)

사무엘이 사울에게 말했다. "왕은 망령된 일(해서는 안 될 일)을 했습니다. 하나님이 명하신 것을 왕이 지키지 않으셨습니다. 명령을 어기지 않으셨더라면, 왕과 왕의 자손이 언제까지나 이스라엘을 다스리도록 주님께서 영원토록 굳게 세워 주셨을 것입니다."(13절) '망령되이 행했다' (*niskaleta*, you have done foolishly)는 것은 도덕적 관습, 종교적 규정 등을 어기거나 하나님에 대한 불경건한 행위를 한 자에 대한 성경적 표현이다.

"그러나 이제 당신의 나라는 길지 못할 것이오. 여호와께서는 이미 자기 마음의 드는 사람을 찾아서 자기 백성을 다스릴 왕으로 세웠소. 이것은 당신이 여호와의 명령에 순종하지 않았기 때문이오."(14절) 하나님은 이미 사울을 버리고, 다른 사람을 왕으로 세웠음을 말해주었다.

그리고서 사무엘은 길갈을 떠나 베냐민 땅의 기브아로 가 버리고 말았다. 사울은 남은 병력의 인원을 점검했으나 600명 정도밖에 되지 않았다(15절).

사울과 그의 아들 요나단과 남은 백성은 베냐민 땅의 게바에 진을 치고 블레셋 사람은 믹마스에 그대로 있었다(16절). 블레셋군은 3개 부대의 특공대를 조직하여 블레셋 진지에서 나왔다. 한 부대는 수알 땅의 오브라 길로 향하였고, 또 한 부대는 벧호론으로, 나머지 한 부대는 광야 부근의 스보임 골짜기가 내려다보이는 국경 지대로 향하였다(17, 18절). '오브라 길'은 블레셋 군이 진 치고 있는 믹마스 북쪽에 있는 길을 말한다. '벧호론 길' 은 믹마스 서쪽에 자리하고 있다. '스보임 골짜기' 는 베냐민 지파 땅 안에 있는 골짜기로, 믹마스 남동쪽에 있다.

당시 이스라엘 땅에는 철공(대장장이)이 한 명도 없었다. 히브리 사람이 칼이나 창을 만드는 것을, 블레셋 사람들이 허용하지 않았기 때문이다(19절). 이 구절은 이스라엘이 블레셋에 점령당했던 시절을 상기시켜주는 말이다. 당시 블레셋은 철을 다루는 기술이 강했다. 하지만 블레셋은 이스라엘의 저항을 근절시키기 위해 이 기술을 다루는 대장장이까지도 허락지 않았다. 이스라엘 사람이 칼이나 창을 만들까 두려웠던 것이다.

그래서 이스라엘 사람들은 보습(plow, 쟁기)이나 삽(mattock, 곡괭이)이나 도끼(axe)나 괭이(sickle, 낫)를 벼리려면(sharpen) 블레셋 대장장이에게 가지고 갔다(20절)

괭이나 삽이나 쇠스랑이나 도끼나 쇠 채찍이 무딜 때면 그것을 날카롭게 하기 위해 블레셋 대장장이에게 가져가 돈을 지불했다(21절). 히브리 사본 원문에 따르면 보습이나 곡괭이를 벼리는 데는 삼분의 이 세겔이 들었고, 도끼나 낫을 가는 데는 삼분의 일 세겔이 들었다.

그래서 전쟁이 일어났을 때에, 사울과 요나단을 따라나선 모든 군인의 손에는 칼이나 창이 없었다. 오직 사울과 그의 아들 요나단의 손에만 그런 무기가 있었다(22절).

블레셋 군대의 전초부대는 이미 믹마스 어귀에 나와 있었다(23절). 믹마스 어귀(pass)는 믹마스와 게바 사이에 있는 계곡의 통로를 말한다.

제14장

요나단의 신앙과 용맹, 사울의 어리석은 맹세, 사울의 업적과 그의 가계

1. 요나단의 신앙과 용맹(1-23절)

하루는(하루 정도 지났을 때) 사울의 아들 요나단이 자기의 무기를 든 젊은 병사(호위병)에게 말하였다. "우리가 저 건너편에 있는 블레셋 군대의 전초부대로 건너가자." 그러나 요나단은 이 일을 자기의 아버지에게는 알리지 않았다(1절). 요나단(*yownatan*, Jonathan)은 작전의 성공을 위해, 그리고 사울과의 입장의 차이 때문에 극비리에 진을 이탈했다.

사울은 600명의 부하들과 함께 기브아에서 얼마 떨어지지 않은 미그론의 석류나무 주위의 진을 치고 있었다(2절). '미그론'(Migron)은 기브아 북쪽에 있는 게바 변경에 자리하고 있으며, 석류나무로 유명하다.

그들 가운데는 아히야(Ahijah)라는 제사장도 있었다. 그는 에봇(ephod)을 입고 제사장 일을 맡고 있었는데, 그는 바로 이가봇의 형제이다. 아히야의 아버지는 아히둡이고, 할아버지는 비느하스이고, 그 윗대는 실로에서 하나님을 모시던 제사장 엘리이다. 그런데 요나단이 적진을 향해 떠났다는 것을 아는 자는 아무도 없었다(3절). 에봇은 대제사장이 입는 옷으로 겉옷 위에 착용하고 하나님 앞에서 직무를 수행했다. 아히야가 에봇을 입었다는 것은 그가 사울 시대에 대제사장이었음을 보여준다.

블레셋 진지까지 가려면 요나단은 보세스와 세네라는 두 개의 험한 바위 사이에 있는 좁은 통로를 지나가야만 했다(4절). '보세스'(Bozez)는 '빛나는' 이란 뜻을 가진 바위이다. 이 바위는 절벽 면이 남쪽으로 향했기 때문에 햇빛을 정면으로 받아 붙여진 이름으로 보인다. '세네' (Seneh)는 '가시투성이' 라는 뜻이다. 북쪽에 있는 바위는 믹마스를 향하고, 남쪽에 있는 바위는 게바를 향해 우뚝 솟아 있었다(5절).

요나단이 자기 호위병에게 말했다. "여호와를 알지 못하는 저 이방인들에게로 가자. 아마 여호와께서 우리를 위해 일하실 것(기적을 베푸실 것)이다. 여호와의 구원은 사람이 많고 적은 것에 달려 있는 것이 아니다."(6절) 여기서 요나단의 강한 믿음을 읽을 수 있다. 그는 하나님을 신뢰하고 단지 그와 그의 호위병 단 둘이서 적진에 뛰어들고자 했다. 이런 신앙으로 인해 이스라엘에 돌파구가 마련되었다.

호위병이 그에게 말했다. "당신의 마음에 있는 대로 다 행하여 앞서 가소서 내가 당신과 마음을 같이 하여 따르리이다."(7절) 무엇을 하시든지 그대로 따르겠다는 것이다. 젊은 호위병의 믿음도 대단함을 보여준다.

요나단이 말했다. "보라(됐다). 그러면 우리가 건너가서 블레셋 사람들에게 우리 모습을 드러내 보이자. 만일 그들이 우리를 보고 '거기 섰거라! 당장 죽여 버리겠다!' 하면 우리는 서서 그들을 기다려야 한다. 그러나 그들이 '이리 올라오라' 하면 그것은 여호와께서 그들을 우리 손에 넘겨주셨다는 표징(신호)으로 알고 올라갈 것이다."(8-10절)

요나단은 행여나 하나님보다 자신의 생각이 앞서지 않을까 염려했다. 그 까닭에 블레셋 군사의 반응 여부로 하나님의 뜻을 알고자 한 것이다. '우리 손에 넘기셨다' 는 것은 이스라엘의 권세아래 굴복케 하셨다는 것이다. '넘기셨다' (*netan*, delivered)은 '주다', '승인하다' 는 뜻으로, 하나님께서 블레셋에 대한 승리를 손에 쥐어주듯 허락하셨다는 말이다. '표징' (*haowt*, sign)은 '증거' 라는 뜻이다.

그래서 그들은 블레셋 사람들에게 그들의 모습을 드러내 보였다. 그러자 블레셋 사람들은 그들을 보고 "보라, 저기 히브리 사람들이 숨었던 굴에서 나오고 있다." 하고 소리쳤다(11절).

'히브리 사람' (the Hebrews)은 이방인들이 이스라엘 사람을 부르는 명칭이다. '이스라엘' 이 언약에 기초한 종교적, 정치적 명칭인 것에 반해 '히브리인' 은 민족적, 혈통적 명칭이다.

전초부대의 군인들이 요나단과 그의 무기를 든 병사에게 소리쳤다. "이리로 올라오너라. 너희에게 보여 줄 것이 있다." 요나단이 자기의 무기를 든 병사를 돌아보며 말했다. "너는 나를 따라 올라오너라. 하나님께서 그들을 이스라엘의 손에 넘겨주셨다."(12절)

'너희에게 보여 줄 것이 있느니라' 는 말은 '전술 한 가지를 가르쳐 주겠다', '본때를 보여 주겠다' 는 것으로 빈정대는 말이다. '여호와께서 그들을 이스라엘의 손에 넘기셨느니라.' 이것은 요나단이 이 전쟁을 성전으로 이해했음을 보여준다.

요나단이 손과 발로 기어 올라갔고, 그의 무기를 든 병사(호위병)도 그 뒤를 따라 올라갔다. 요나단이 블레셋 군인들을 쳐서 쓰러뜨렸고, 그의 무기를 든 병사도 그 뒤를 따라가면서, 닥치는 대로 쳐 죽였다. 이렇게 요나단이 자기의 무기를 든 병사와 함께, 겨릿소 한 쌍이 반나절에 갈아엎을 만한 땅(들판)에서, 처음으로 쳐 죽인 사람은 20명쯤 되었다(13, 14절). '무기를 든 자' 는 요나단의 심복이다. '반나절 갈이 땅' 은 한 쌍의 소가 반나절 동안에 경작할 수 있는 넓이와 땅을 말한다. 약 612평 정도의 면적이다. 두 사람이 약 20명을 상대해서 이긴 것이다.

이 때에 블레셋 군인들은, 진 안에 있는 군인들이나 싸움터에 있는 군인들이나 전초부대의 군인들이나 특공대의 군인들이나, 모두가 공포에 떨고 있었다. 땅마저 흔들렸다. 하나님이 보내신 큰 떨림(크나큰 공포)가 그들을 휘감았다(15절). 땅도 진동했다는 것은 이스라엘을 구원하기 위한 하나님의 초자연적인 간섭을 보여준다. '떨림'(*haradah*, trembling)은 공포, 곧 하나님이 베푸신 두려움과 공포감을 말한다. 일대 혼란이 일어난 것이다.

베냐민 지역의 기브아에서 망을 보는 사울의 파수꾼들이 건너다보니, 수많은 블레셋 군인들이 무너져 이리저리 흩어지고 있었다(16절). '무너져'(*namowg*, melting away)는 '녹다' 는 뜻이다. 블레셋 군사들은 공포에 질려 그 마음이 녹아버렸다.

그래서 사울은 부하들에게 점호(인원을 점검)하고 누가 없는지 확인하라고 명령하였다. 그들은 인원을 점검하고 요나단과 그의 호위병이 없어진 것을 알게 되었다. 그때 사울은 아히야를 보고 "하나님의 궤를 이리 가져오시오." 하였다. 이 당시에 하나님의 궤는 이스라엘 백성 가운데 있었다(17, 18절).

사울이 제사장에게 말을 하고 있는 동안에, 블레셋 진영에서 일어난 아우성 소리가 점점 더 크게 들려왔다. 그래서 사울은 제사장에게 "네 손을 거두라" (궤를 가지고 오지 말라)고 하였다(19절). '제사장' 은 원문에 '그 제사장'(*hakkohen*, the priest)으로 되어 있다. 아히야를 가리킨다. 아히야는 '하나님의 형제' 라는 뜻으로, '왕의 형제' 라는 뜻을 가진 '아히멜렉' 의 다른 이름이다. '영광이 이스라엘을 떠남' 이라는 뜻을 가진 이가봇이 그의 선조라는 것이 의미심장하다. '네 손을 거두라' (withdraw your hand)는 것은 언약궤를 운반할 필요가 없다는 의미다. 전세가 호전됨을 보고 하나님께 의지하려는 것을 포기한 사울의 변덕스럽고 경솔한 신앙 자세가 잘 나타나 있다.

사울과 그를 따르는 온 백성이 함께 함성을 지르며 전장(싸움터)로 달려가 보니, 블레셋 군인들이 큰 혼란 가운데서 칼을 뽑아들고 저희끼리 서로 정신없이 쳐 죽이고 있었다(20절).

그들 가운데는 블레셋 사람의 편에 가담하였다가 출전한 히브리 사람들도 있었는데 이제 그들이 마음을 돌려 사울과 요나단에게 합세하였다(21절). 전에 블레셋이 이스라엘을 점령했을 때 그곳에 살던 사람이 블레셋 군대에 징용되었음을 뜻한다. 그리고 에브라임 산간 지대에 숨어 있던 이스라엘 사람들도 블레셋 군이 도주하는 것을 보고 나와서 그들을 추격하였다(22절).

그 날 하나님께서 이렇게 이스라엘을 구원하셨다. 전쟁은 벳아웬 너머에까지 번졌다(23절). 전투 장소가 믹마스에서 벧아웬 너머로 옮겨졌다는 말이다. 블레셋 군대는 믹마스에서 벧아웬을 지나 아얄론을 거쳐(31절) 자기 나라로 도망했다. '벧아웬' (Beth Aven)은 베냐민 북쪽 경계 지역에 있는 성으로 믹마스 서쪽에 있으며, '헛된 집' 이라는 뜻을 가지고 있다.

2. 사울의 어리석은 맹세(24-46절)

그 날 이스라엘 사람들은 아무것도 먹지 못하고 허기에 지쳐 있었다. 이것은 사울이 "저녁, 곧 오늘 내가 내 원수에게 복수하는 때까지 무엇이든지 먹는 자는 저주를 받을 것이다." 하고 맹세시켰기 때문이었다. 그래서 하루 종일 그들은 아무것도 먹지 못하였다(24절).

'내가 내 원수에게 보복하는 때까지.' 이 짧은 문장에서 '나' 라는 말이 반복적으로 사용되고 있다. 이는 사울 왕이 이번 전쟁의 승리를 하나님 나라의 확장보다는 자기 왕권의 확장으로 이해했다는 증거이다.

그들이 숲속에 들어갔을 때 땅(들녘 땅 바닥 곳곳)에 꿀이 있었다(25절). 팔레스타인 지방에는 야생벌들이 많은데, 이 벌들은 주로 바위틈이나 나무줄기의 빈 구멍에 꿀을 저장했다. 본문의 경우는 그 나무가 넘어졌거나 꿀이 너무 많이 저장된 탓에 넘쳐서 땅에 흐른 것으로 추정된다. 야생 땅벌이 있다는 주장도 있다. 수풀에 들어간 사람들은 벌집에서 꿀이 흘러나오고 있는 것을 보았지만 아무도 그것을 손가락으로 찍어다 입에 대지 않았다. 맹세한 것이 두려웠기 때문이다(26절).

그러나 요나단은 자기 아버지의 명령(맹세시킨 것)을 듣지 못하였기 때문에 자기가 들고 있던 막대기를 내밀어 꿀을 찍어 먹었다. 그러자 그는 즉시 눈이 밝아졌다(27절). 원기를 회복했다는 말이다.

그때 한 사람이 요나단에게 말했다. "당신의 부친께서 오늘 무엇이든지 먹는 자는 저주를 받을 것이라고 엄하게 경고하셨으므로 모두 먹지 못하고 굶주린 채 지쳐 있습니다."(28절)

그러자 요나단이 탄식하였다. "나의 아버지께서 이 나라를 어렵게 만드셨구나. 생각하여 보아라. 이 꿀을 조금 찍어서 맛만 보았는데도 눈이 번쩍 뜨이고 생기가 넘치는데, 오늘 우리 백성(군인)들이 적에게서 빼앗은 것을 먹고 싶은 대로 먹었더라면, 얼마나 더 좋았겠느냐? 그랬더라면 블레셋 사람들을 더 많이 죽이지 않았겠느냐?"(29, 30절)

이스라엘 군인들은 바로 그 날, 믹마스에서 아얄론까지 쫓아가며 블레셋 사람들을 쳤기 때문에 몹시 지쳐 있었다(31절). '아얄론'(Aijalon)은 단 지파에 속한 지역으로 예루살렘 서쪽에 있다. 블레셋과 이스라엘 경계 지역이다. 그래서 그들은 적에게서 뺏은 양과 소와 송아지가 있는 곳으로 달려가 그것들을 잡아서 날 것으로 피 째 마구 먹었다(32절). 율법에는 음식을 할 때 피 째 먹지 말 것과 가축의 어미와 새끼를 한 날에 잡는 것을 금하고 있다. 따라서 사울의 명예욕과 자기중심적 독선으로 선포한 금식령(24절)이 얼마나 허위에 찬 실수인가를 보여준다.

어떤 사람들이 이것을 보고 백성들이 고기를 피 째 먹어 여호와께 범죄하고 있다는 것을 사울에게 말하자 사울은 "너희가 믿음 없이 행하였도다." 말하고 "큰 돌을 하나를 내게로 굴려오라." 했다(33절). '너희가 믿음 없이 행하였도다' 는 것은 '배신하였다', '반역하였다' 는 뜻이다. 배신자들이란 말이다. '큰 돌' (*eben gedowlah*, a large stone)은 제단을 쌓는 돌이 아니라 양이나 소를 잡은 뒤 짐승의 피가 흘러내리게 하기 위한 받침돌을 가리킨다.

그리고 "너희는 백성들에게 가서 소와 양을 이리로 끌고 와 피를 빼고 잡아먹으라고 일러라. 누구든지 피 째 고기를 먹어 여호와께 범죄 하는 일이 있어서는 안 된다."고 했다. 그래서 그 날 밤 모든 사람들은 각자 소를 끌어다가 거기서 잡았다. 그리고 사울은 거기서 여호와께 단을 쌓았는데 이것은 그가 처음으로 쌓은 단이었다(34, 35절).

그때 사울이 "밤새도록 블레셋군을 추격하여 하나도 남기지 말고 모조리 죽여 버리자." 하자 그의 부하들은 "좋습니다. 왕의 생각에 좋을 대로 하십시오." 하고 대답했다. 그러나 제사장은 "우리가 먼저 하나님께 나아가 여쭈어 보아야 합니다." 했다(36절).

그래서 사울이 하나님께 여쭈었다. "내가 블레셋 사람을 뒤쫓아 내려가도 되겠습니까? 주님께서 그들을 우리 이스라엘의 손에 넘겨주시겠습니까?" 그러나 하나님은 그 날 사울에게 아무 대답도 하지 않으셨다(37절). 하나님께서 침묵하심으로써 사울은 전쟁 수행에 있어서 그의 지도력을 잃게 되었다.

그러자 사울은 군대 지휘관들을 부르고 이 일이 누구 죄 때문인지 한번 알아보자고 했다(38절). 하나님께서 침묵하신 원인을 자신에게서 찾지 않고 그 책임을 지휘관들에게 물으려 한 것이다. 그리곤 선언했다. "이스라엘을 구원하신 주님의 살아 계심을 두고 맹세한다. 허물이 나의 아들 요나단에게 있다고 하더라도, 그는 반드시 죽을 것이다." 그러나 군인들 가운데 어느 한 사람도 감히 그에게 대답하는 사람이 없었다(39절). 이것은 사울의 성격이 급하고, 그의 이번 결정이 심상치 않음을 보여준다.

사울이 백성들, 곧 군 지휘관들에게 말했다. "요나단과 나는 이쪽에 서 있을 테니 여러분은 모두 저쪽에 서 있으시오." 그러자 그들은 "왕의 생각에 좋을 대로 하십시오." 하고 대답했다(40절). 스스로 두 쪽으로 나눈 것이다.

그 뒤 사울은 이렇게 기도하였다. "원하건대 실상을 보이소서." 실상' (*tamim*, perfect)은 '완전한' 또는 '진실 된 것' 의 뜻을 가지고 있다. 바른 결정(a perfect lot, right decision)을 내려 달라는 것이다. 하나님께서 자신의 질문에 침묵하신 것에 대해 잘못이 있다면 요나단과 나에게 죄가 있는지, 아니면 백성들에게 죄가 있는지 보여 달라는 말이다. 70인 역에는 '만약에 이 죄가 내게나 나의 아들 요나단에게 있거든 우림을 주시고, 이스라엘 백성에게 있거든 둠밈을 주소서' 라고 되어 있다. 그러자 요나단과 사울이 뽑혔다(41절).

다시 사울이 "나와 요나단 사이에서 뽑아라." 하자 요나단이 죄 있는 자로 뽑혔다(42절). 우림과 둠밈의 방법으로 요나단이 뽑힌 것이다.

사울이 요나단에게 물었다. "네가 무슨 일(잘못)을 했는지 나에게 말하라!" 요나단이 그에게 대답했다. "손에 들고 있던 막대기 끝으로 꿀을 찍어서 조금 맛보았습니다. 죽을 각오를 하고 있습니다."(43절) 요나단은 금식하라는 부친의 명령을 본의 아니게 범했으며 벌을 달게 받겠다고 했다.

그러자 사울이 선언했다. "요나단아, 너는 반드시 죽어야 한다. 그렇지 않으면 하나님이 나에게 벌을 내리고 내리시기를 원한다."(44절) 사울은 자신의 맹세를 확약하며 이 맹세대로 사형이 집행될 것임을 말하고 있다. 요나단은 죽음을 피할 수 없는 처지에 놓이게 되었다.

이것은 사울의 두 번째 실수에 해당한다. 사울은 힘써 싸우는 자신의 군대에게 금식을 명하는 어리석은 명령을 내려 군 전체를 지치게 했으며, 금식을 어긴 죄를 물어 아들 요나단에게 사형을 언도한 것이다. 이것은 백성 앞에서 사울 스스로 어리석은 왕이라는 인상을 심어주었다.

그러자 온 백성이 사울에게 호소했다. “이스라엘에게 이렇게 큰 승리를 안겨 준 요나단을 죽여서야 되겠습니까? 절대로 그럴 수는 없습니다. 주님께서 살아 계심을 걸고 맹세합니다. 그의 머리털 하나도 땅에 떨어져서는 안 됩니다. 그는 오늘 하나님과 동역한(함께 이 일을 이루어 놓은) 사람이기 때문입니다.” 백성들이 이렇게 요나단을 살려내어, 그는 죽지 않았다(45절). 모든 백성의 관심은 이미 요나단에게 기울어져 있음을 보여준다. ‘하나님과 동역했다’ (worked with God)는 것은 하나님과 함께 일했다는 의미로, 요나단이 하나님의 일을 수행하는 신앙의 인물임을 보여준다. 하나님께서 그와 함께 하시고, 역사하심으로 블레셋을 크게 물리친 것이다.

사울은 블레셋 사람을 더 이상 뒤쫓지 않고 돌아섰고, 블레셋 사람도 자기들의 본 고장으로 돌아갔다(46절).

3. 사울의 업적과 그의 가계(47-52절)

(**사울의 업적**) 사울은 이스라엘의 왕이 된 이후로 모압, 암몬, 에돔, 소바의 왕들, 그리고 블레셋 사람들과 같은 주변의 모든 대적들과 싸워 가는 곳마다 승리했다. 그는 영웅적인 전투를 하여 아말렉 사람까지 쳐부수고 이스라엘을 모든 침략자의 손에서 구출해 냈다(47, 48절).

모압(Moab)과 암몬(Ammon)은 롯의 후손들이고, 에돔(Edom)은 에서의 후손이다. 암몬은 요단 동편 아르논 강과 얍복강 사이에 위치해 있다. 11장에서 암몬과의 전투는 사울이 왕권을 확립하는 중요한 계기가 되었다. 모압은 사해 동쪽에 있으며, 헤스본 평야에서 세일에 이르는 지역을 차지했고, 위로는 암몬과, 아래로는 에돔과 국경을 접하고 있다. 소바(Zobah)는 다마스쿠스 북동쪽에 위치한 아람 소국이지만 팔레스타인 북방에서 가장 강력한 도시국가였다. 아말렉(Amalek)은 에서의 후손인 유목민으로, 이스라엘 대적 세력 가운데 하나이다.

(**사울의 가계**) 사울의 아들은 요나단, 이스위, 말기수아이고, 큰 딸 메랍과 작은 딸 미갈을 두었다(49절). 사울은 아히노암과 리스바 두 아내를 두었다. 아히노암에게서 요나단, 이스위(에스바알), 말기수아, 아비나답 등 4 아들과 메랍과 미갈 등 두 딸을 두었다. 또 리스바에게서 알모니, 므비보셋을 두었다. 이 구절에서는 아히노암 소생이 소개되었으나, 아비나답이 빠져있다. '이스위' (Ishvi)는 이스보셋 또는 에스바알의 또 다른 이름이다. 그는 사울이 죽은 후에 북 이스라엘의 왕이 되어 유다 왕인 다윗과 대치하다가 부하에게 살해되었고(삼하 4:5-8), 그의 형제 요나단과 말기수아, 아비나답은 길보아 전투에서 전사했다(31:2).

사울의 아내의 이름은 아히노암인데, 아히마아스의 딸이다. 사울의 군사령관은 아브넬인데, 사울의 숙부 넬의 아들이다(50절). 아내 리스바는 생략되었다. 사울의 아버지는 기스요, 아브넬의 아버지는 넬인데, 둘 다 아비엘의 아들이다(51절) 아비엘이 기스와 넬을 두었고, 기스는 사울을 낳았으며, 넬은 아브넬을 낳았다. 이 아브넬이 사울의 군사령관 역할을 수행했다.

사울은 사는 날 동안 블레셋 사람과 치열하게 싸웠다. 그래서 사울은, 용감한 사람이나 힘 센 사람은, 눈에 보이는 대로 자기에게로 불러 들였다(52절).

제 15장

아말렉을 치도록 명령 받은 사울, 아각을 살린 사울, 사울을 버리신 하나님, 사울의 고백과 굴욕, 아각을 죽이는 사무엘

1. 아말렉을 치도록 명령 받은 사울(1-5절)

어느 날 사무엘이 사울에게 이렇게 말했다. "여호와께서 나를 보내어 왕에게 기름을 부어 그의 백성 이스라엘 위에 왕으로 삼으셨은즉 이제 왕은 여호와의 말씀을 들으소서." (1절) '기름을 부어' (anoint you)는 왕의 권위와 권력이 하나님으로부터 왔음을 공인하는 의식이다. '들으소서' (*sema*, heed)는 관용적 표현으로, 문자적으로는 '소리를 듣다' 이지만 하나님의 말씀에 '순종하라' 는 뜻이다.

"여호와께서 이렇게 말씀하셨소. '아말렉이 이스라엘에게 행한 일 곧 애굽에서 나올 때에 길에서 대적한 일로 내가 그들을 벌하노라.'" (2절) 출애굽 때 아말렉이 이스라엘을 대적했기 때문에 그것을 기억하고 이제 그들을 벌하기로 작정하였다는 말씀이다. 아말렉은 에서의 후손들로, 유다 남쪽 브엘세바와 시내 산 사이에 있는 네게브 사막에 거주하던 유목 민족이었다.

"지금 가서 아말렉을 쳐서 그들의 모든 소유를 남기지 말고 진멸하되 남녀와 소아와 젖 먹는 아이와 우양과 낙타와 나귀를 죽이라 하셨나이다." (3절) 이제 가서 아말렉을 치되 사람은 물론 그들이 소유한 모든 가축을 다 죽이라는 하나님의 명령이다. 아멜렉을 모조리 죽이라는 것은 죄의 씨앗을 완전히 없애라는 의미이다.

그래서 사울은 병력을 들라임에 소집하고 인원 점검을 했다. 이스라엘 사람이 20만 명이고 유다 사람이 만 명이었다(4절). '들라임' (Telaim)은 유다 남부 네게브 지방의 성읍이다. 여호수아 15:24의 델렘과 같은 곳으로 추정된다. 사울은 자기 군대를 이끌고 아말렉 성에 접근하여 골짜기(*nahal*, valley, 계곡)에 매복하였다(5절).

2. 아각을 살린 사울(6-9절)

사울이 겐 사람들에게 경고하였다. "당신들은 어서 거기에서 떠나시오. 내가 아말렉 사람들을 칠 때에, 당신들을 함께 치지 않도록, 그들 가운데서 떠나시오. 당신들은 이스라엘 자손이 이집트에서 올라올 때에, 그들에게 친절을 베푼 사람들이오." 그러자 겐 사람들이 아말렉 사람들 가운데서 빠져 나갔다(6절). 겐 사람(Kenites)은 미디안 유목민을 가리킨다. 모세의 장인 이드로는 겐 사람으로 이스라엘의 광야생활을 여러모로 도와주었다.

그런 다음에 사울은, 하윌라에서부터 이집트의 동쪽에 있는 수르 지역에 이르기까지, 아말렉 사람을 쳤다(7절). 하윌라(Havilah)는 아라비아의 북서쪽에 있고, 수르(Shur)는 이집트의 동편 변방에 있다. 아말렉이 점령하고 있던 팔레스타인 남부 동쪽 끝에서 서쪽 끝까지를 가리킨다.

아말렉 왕 아각을 사로잡았고, 나머지 백성은 모조리 칼로 쳐서 없애 버렸다(8절). '아각'(Agag)은 이집트의 '바로' 처럼 아말렉 족속의 왕에 대한 칭호이다.

그러나 사울과 그의 군대는, 아각뿐만 아니라, 양 떼와 소 떼 가운데서도 가장 좋은 것들과 가장 기름진 짐승들과 어린 양들과 좋은 것들은, 무엇이든지 모두 아깝게 여겨 진멸하지 않고, 다만 쓸모없고 값없는 것들만 골라서 진멸하였다(9절). 이것은 하나님의 명령에 온전히 순종하지 않고, 자의적 판단에 따라 순종했음(부분적 순종)을 보여준다. 부분적 순종은 불순종이다. 하나님께는 온전한 순종이 중요하다. 고의로 하나님께 불순종한 이 사건은 사울의 세 번째 실수에 해당한다. 종은 주인의 명령에 온전히 순종하는 것뿐이다.

3. 사울을 버리신 하나님(10-23절)

그때 여호와께서 사무엘에게 말씀하셨다. "내가 사울을 왕으로 세운 것이 후회가 된다. 그가 내게서 떠나고 내 명령에 순종하지 않았다." 사무엘은 여호와의 말씀을 듣고 근심하여 밤새도록 여호와께 부르짖었다(10, 11절). 후회한다는 말은 하나님의 궁극적인 계획이나 마음이 변했음을 나타낸 말이 아니라 사울 왕이 불순종하는 것에 대한 하나님의 한탄을 인간적인 표현으로 표현한 것이다.

다음 날 아침 일찍 사무엘은 사울을 만나러 갔으나 어떤 사람이 그에게 말해주었다. "사울이 갈멜에 가서 자기를 위해 기념비를 세우고 길갈로 내려갔습니다."(12절) 자기를 위해 전승 기념비를 세운 것은 왕으로 등극할 때 겸손한 것과 비교가 된다. 그만큼 교만해졌음을 보여준다.

사무엘이 사울이 있는 곳에 이르니, 사울이 그를 보고 인사를 하며 말했다. "하나님께서 주시는 복을 받으시기 바랍니다. 나는 하나님의 명령대로 다 행하였습니다." 그러자 사무엘이 물었다. "나의 귀에 들리는 이 양 떼의 소리와 내가 듣는 소 떼의 소리는 무엇입니까?(13, 14절)

사울이 대답했다. "그것은 아말렉 사람에게서 빼앗은 것입니다. 우리 군인들이 선지자께서 섬기시는 하나님께 제물로 바치려고, 양 떼와 소 떼 가운데서 가장 좋은 것들을 남겼다가 끌어왔습니다. 그러나 나머지 것들은 우리가 진멸하였습니다."(15절) 제물로 드리기 위한 것이라며 자신의 잘못된 행동을 합리화했다. 제사를 위해 일부를 남겼다는 것은 자의적 해석일 뿐이다.

사무엘이 사울을 꾸짖었다. "가만히 계십시오(그만두십시오). 지난밤에 하나님께서 나에게 말씀하신 것을 내가 알려 드리겠습니다." 사울이 대답했다. "말씀하소서."(16절)

사무엘이 말했다. "당신이 자신을 보잘 것 없는 존재로 여기고 있을 때 하나님은 당신에게 기름을 부어 이스라엘의 왕으로 삼으셨소. 그리고 당신에게 임무를 맡기고 보내시면서 너는 가서 죄인 아말렉 사람들을 쳐서 하나도 남기지 말고 모조리 죽여라 하고 명령하셨는데 어째서 당신은 여호와의 말씀에 순종하지 않고 적의 좋은 것을 탈취하는 데만 급급하여 여호와의 명령을 거역하고 악을 행하였나요?"(17-19절).

하지만 사울은 자신을 변호하기 급급했다. "나는 하나님의 목소리를 청종했습니다. 하나님께서 보내시는 대로 전쟁터로 나갔고, 아말렉 왕 아각도 잡아왔고, 아말렉 사람도 진멸하였습니다. 다만 백성들이 길갈에서 당신의 하나님 여호와께 제사를 드리겠다고 그들이 진멸할 짐승들 가운데서 가장 좋은 것으로 달라고 해서 양과 소를 끌고 왔을 뿐입니다."(20, 21절) 왕은 대의명분 내세워 피해가려 했다. 백성의 탓으로 돌려 책임을 회피하고 여론에 따랐을 뿐이라며 자신을 합리화했다.

사무엘을 그를 나무랐다. "여호와께서 번제와 다른 제사를 그의 목소리를 청종하는 것을 좋아하심 같이 좋아하시겠나이까 순종이 제사보다 낫고 듣는 것이 숫양의 기름보다 나으니 이는 거역하는 것은 점치는 죄와 같고 완고한 것은 사신 우상에게 절하는 죄와 같음이라 왕이 여호와의 말씀을 버렸으므로 여호와께서도 왕을 버려 왕이 되지 못하게 하셨나이다."(22, 23절) 하나님은 제사보다 순종하는 것을 더 기뻐하신다. 하나님의 말씀을 순종하지 않고 거역하는 것은 하나님을 버리는 행위로, 우상에게 절하는 것과 같다. 그러므로 하나님이 사울을 어찌 더 이상 왕으로 삼을 수 있겠는가. 뼈아픈 지적이다.

'순종' (*semoa*, obey)는 문자적으로 '듣다' 이다. 하나님의 말씀을 경건하게 듣고 믿어 행동으로 옮기는 것을 말한다. '거역하는 것' 이 '점치는 죄' 와 같다는 것은 사울의 죄목을 실감 있게 지적하기 위한 것이다. '완고한 것' (*hapsar*, stubbornness)은 자기 뜻대로 하는 것을 말한다. 거역하는 것과 평행 대구로 사용했다. '사신' (邪神)은 문자적으로 '헛된 것', '부질없는 것', '아무 것도 아닌 것' 을 뜻한다. 우상과 동격으로 강조용법의 하나이다. 우상숭배를 단적으로 지적한 것이다.

4. 사울의 고백과 굴욕(24-31절)

사울이 사무엘에게 간청하였다. "내가 죄를 지었습니다. 하나님의 명령과 선지자께서 하신 말씀을 어겼습니다. 내가 백성(군인)을 두려워하여, 청종(그들이 하자는 대로) 했습니다."(24절) '백성을 두려워하여' 는 사울의 핑계이지만 문맥 전체로 볼 때 사울만의 단독 범죄가 아니고 이스라엘 백성 전체가 관련된 공동 범죄임을 보여준다. 그렇다고 이스라엘 전체에 대한 사울의 책임이 벗어지는 것이 아니다. '청종하다' 는 순종했다는 말로, 이것은 백성들이 무서워 단순히 그 말을 들어주었다는 것이다. 자신의 범죄를 남의 탓으로 돌리는 사울의 궁색한 변명이다.

"제발 부탁합니다. 이제 내 죄를 용서하고 나와 함께 가서 내가 여호와께 경배하도록 해 주시오."(25절) 사무엘과의 사이에 아무 일도 없었던 것처럼 보이기 위해 사울 왕은 사무엘의 동행을 요청했다.

사무엘이 사울에게 대답했다. “나는 왕과 함께 돌아가지 않겠습니다. 왕께서 하나님의 말씀을 버리셨기 때문에, 하나님께서도 이미 왕을 버리셔서, 왕이 더 이상 이스라엘을 다스리는 왕으로 있을 수 없도록 하셨습니다.”(26절) 사무엘이 발길을 돌려 떠나려고 할 때 사울이 그의 옷자락을 붙들자 그것이 찢어지고 말았다. 그러자 사무엘이 그에게 말했다. “여호와께서 오늘 이스라엘 나라를 당신에게서 떼어 당신보다 나은 왕의 이웃(다른 사람)에게 주셨소.”(27, 28절) 하나님은 이미 사울 왕을 버리셨다는 말이다.

“이스라엘의 지존자는 거짓이나 변개함이 없으시니 그는 사람이 아니시므로 결코 변개하지 않으심이니이다.”(29절) “이스라엘의 영광이 되신 하나님은 거짓말을 하거나 마음이 변하는 일이 없소. 그는 사람이 아니시기 때문이오.” 사울 왕의 폐위는 하나님이 작정하신 것이므로 그의 폐위가 반드시 이뤄질 것이라고 거듭 강조하고 있다. ‘이스라엘의 지존자’에서 ‘지존자’(*nesah*, the Glory, the Eternal One, the Strength)는 영광이 되신 하나님, 영원하신 하나님, 크고 강하신 하나님 등 하나님의 성품을 강조하는 말이다.

사울은 간청했다. “내가 범죄하였을지라도 이제 청하옵나니 내 백성의 장로들 앞과 이스라엘 앞에서 나를 높이사 나와 함께 돌아가서 내가 당신의 하나님 여호와께 경배하게 하소서.”(30절) 자신이 죄를 범했지만 나와 함께 돌아가서 내가 당신의 하나님 여호와께 경배할 수 있게 하여 적어도 내 백성의 지도자들과 모든 이스라엘 군중 앞에서만이라도 나를 높여 달라, 왕으로서 자신의 체면을 좀 세워달라는 것이다. 그는 사무엘 선지자의 질책을 받았음에도 불구하고 하나님보다 사람을 의식했다.

그래서 사무엘은 사울과 함께 갔고 사울은 여호와께 경배하였다(31절). 사무엘은 그의 간청을 들어주었다. 하나님께서는 이미 왕을 버리셨지만 아직은 왕이 아닌가.

5. 아각을 죽이는 사무엘(32-35절)

그때 사무엘이 말했다. "너희는 아말렉 사람의 왕 아각을 내게로 끌어 오라." 그러자 그는 기쁜 마음으로 오면서 중얼거렸다. "진실로 사망의 괴로움이 지났도다(사망의 괴로움이 지나고 이제 나는 살았다.)"(32절) 아각은 행여 죽을 고비를 넘겼나 싶어 좋아하면서 사무엘 앞에 나온 것이다.

그러나 사무엘이 말했다. "네 칼이 여인들에게 자식이 없게 한 것 같이 여인 중 네 어미에게 자식이 없으리라(네 칼이 수많은 여인들의 자식을 죽였으므로 너의 어머니도 자식 없는 여인이 될 것이다.)" 그 말을 한 뒤 사무엘은 길갈 여호와 앞에서(성소의 주님 앞에서) 아각을 찍어 쪼갰다(칼로 난도질하여 죽였다.)(33절) '여호와 앞에서' 는 '제단 앞에서' 를 말한다. 사무엘은 아각을 찍어 쪼갬으로써 자신이 전한 하나님의 말씀에 자신도 순종하는 모습을 보여주었다.

그런 다음에 사무엘은 라마의 자기 집으로 돌아갔고 사울은 기브아로 돌아갔다(34절). 각자 자기 집으로 돌아간 것이다. 그 이후로 사무엘은 사울을 다시 찾아가지 않았다. 하지만 그는 사울 때문에 계속 슬퍼하였고 또 여호와께서도 사울을 이스라엘의 왕으로 삼으신 것을 후회하셨다(35절). 이스라엘에게 불행한 일이 아닐 수 없다. 불순종은 죄를 낳고, 그 죄가 모두를 파멸에 빠뜨린다.

제16장

기름 부음 받은 다윗, 악령으로 번뇌하는 사울

1. 기름 부음 받은 다윗(1-13절)

여호와께서 사무엘에게 말씀하셨다. "너는 사울을 위해서 언제까지 슬퍼하겠느냐? 나는 이미 그를 버렸으므로 더 이상 그를 이스라엘의 왕으로 여기지 않는다 이제 너는 뿔에 감람기름을 채워가지고 베들레헴으로 가서 이새라는 사람을 찾아라. 내가 그의 아들 중에서 이스라엘의 새 왕이 될 사람을 벌써 정해 놓았다."(1절)

사울이 하나님의 말씀을 불순종함으로 버림을 받자 사무엘은 깊은 슬픔에 빠졌다. 사무엘의 슬픔은 사울 왕에 대한 연민의 정과 함께 이스라엘의 안전에 대한 염려 때문이었다. 그런 그에게 하나님은 새 왕감을 선택했음을 말해 줌으로써 더 이상 슬퍼하지 않도록 하셨다. 그리고 새 왕을 찾도록 하셨다.

'베들레헴'(Bethlehem)은 '빵의 집'이라는 뜻을 가지고 있으며, 유다 지파에 속한다. 옛날에는 '열매가 풍성하다'는 뜻을 가진 '에브라다'(Ephrathah)로 불리다가(창 48:7), 후에 '다윗의 집'으로(눅 2:4) 불리기도 했다. 예수님이 탄생하신 곳이다. 베들레헴 사람 이새(Jesse)는 룻과 보아스의 손자를 가리킨다. '이새에게로 보내리니'는 사울 왕이 살아있지만 새 왕을 찾으러 가게 하겠다는 것이다. '보았다'(*raah*, see, select, provide)는 '눈여겨보다', '선택하다'는 뜻이다. 이것은 하나님께서 이미 눈여겨보시고 선택했음을 알 수 있다.

그러나 사무엘이 여쭈었다. "내가 어떻게 길을 떠날 수 있겠습니까? 사울이 이 소식을 들으면, 나를 죽일 것입니다." 하나님께서 대답하셨다. "너는 암송아지를 한 마리 끌고 가서, 하나님께 희생제물을 바치러 왔다고 말하라."(2절) 만약 이새의 집에 갈 경우 사울이 눈치를 채고 자기를 죽이려 하지 않겠느냐고 말한다. 현재 사무엘과 사울은 서로 불편한 관계에 있다.

"그리고 이새를 제사에 초청하라. 그 다음에 해야 할 일은, 내가 거기에서 너에게 일러주겠다. 너는 내가 거기에서 일러주는 사람에게 기름을 부어라."(3절)

그래서 사무엘은 여호와께서 말씀하신 대로 했다. 그가 베들레헴에 도착했을 때 그 성의 장로들이 나와 떨면서 그를 맞았다. 그리고 물었다. "평강을 위하여 오시나이까?"(4절) 베들레헴에 이르자 그곳의 장로들이 마중을 나왔다. 그들은 부들부들 떨며 "평강을 위해 오십니까?"라고 묻는다. 두려운 마음이 앞섰기 때문이다. "평강을 위해 오십니까?"는 "좋은 일로 오십니까?" 라는 뜻이다. 그렇게 물었지만 무슨 잘못된 일이라도 있느냐는 뜻이 강하다.

그럴만한 이유가 있다. 라마에 살던 사무엘이 갑자기 베들레헴을 찾았기 때문이다. 장로들은 자기 성읍을 책망하기 위해 사무엘 선지자가 온 것이 아닌가 하며 떨었다. 사무엘의 주된 사역은 당대 이스라엘 백성에 대한 책망과 심판을 전하기 위한 것이었기 때문에 그가 갑자기 방문한 데는 무언가 심각한 일이 있을 것이라는 생각이 앞섰을 것이다. 또한 사무엘과 사울의 사이가 나빴기 때문에 베들레헴 장로들은 자기 성읍이 화를 당하지 않을까 두려웠다.

사무엘은 "별다른 일은 없소. 나는 여호와께 제사를 드리려고 왔소. 그러니 당신들은 자신을 정결하게 하고 나와 함께 제사를 드립시다." 하였다. 그런 다음 그는 이새와 그의 아들들을 정결하게 하고 그들도 제사에 초대하였다(5

절). 사무엘은 그들을 안정시키기 위해 제사 때문에 온 것임을 밝힌다. 그의 이번 방문이 정치적으로 어떤 의미를 가지지 않는다는 말이다. 이 대답은 그들을 안심시키기 위한 것이었다.

그들이 도착했을 때 사무엘은 엘리압을 보고 '이 사람이야말로 과연 여호와께서 택하신 자로구나.' 하고 생각했다(6절). 사무엘은 이새의 아들 엘리압을 보자 그의 외모에 압도하여 바로 그가 기름부음을 받게 될 사람으로 생각했다. '엘리압' (Eliab)은 '하나님이 나의 아버지이시다' 라는 뜻이다. 그 이름이 경건한 특성을 가지고 있어 사무엘은 하나님께서 그를 택하신 것 아닌가 생각했을 것이다.

그러나 여호와께서는 사무엘에게 이렇게 말씀하셨다. "용모와 키(신장)를 보고 사람을 판단하지 말라. 내가 이미 그를 버렸다(이 사람은 내가 말하던 자가 아니다). 내가 보는 것은 사람이 보는 관점과 다르다. 사람은 외모를 보지만 나 여호와는 중심을 본다."(7절) 이 구절은 외모(outward appearance)를 본 사무엘과는 달리 하나님은 중심을 보시는 분이심을 강조하고 있다.

하나님은 본문의 말씀을 통해 사무엘을 꾸짖으셨다. 사무엘이 엘리압의 외모를 보고 그를 택하고자 했지만 하나님은 "그 용모와 신장을 보지 말라 내가 이미 그를 버렸노라"고 하셨다. '버렸다' (*meas*, refused)는 하나님이 사울을 버리셨을 때 사용한 동일한 말이다. 이것은 하나님이 빼어난 용모보다 추한 용모를 좋아하신다는 뜻이 아니다. 어디까지나 그 중심을 보신다는 것이다. '중심' (*lebab*, heart)은 '마음' 을 뜻한다. 무엇보다 하나님을 향한 그 마음이 중요하기 때문이다.

이사야서에 따르면 고난의 종을 연한 순 같고 보잘 것 없이 초라한 모습으로 기록하고 있다. 외모로는 볼 것이 없지만 하나님은 그 종에게 어느 누구도 감당할 수 없는 일을 담당하도록 하셨다. 하나님은 지금도 쓸모없고, 연약하며, 힘없고, 초라한 사람들을 들어 하나님 나라를 세워 가신다. 그리스도인은 언제나 하나님의 마음에 우리의 중심을 이동하는 사람들이 되어야 한다.

이새가 자기 아들 아비나답을 불러 사무엘 앞을 지나가게 하였으나 사무엘은 이 아들도 하나님께서 택한 자가 아니라 했다(8절). 이번에는 이새가 삼마를 지나가게 하였으나, 사무엘은 이 아들도 주님께서 뽑으신 사람이 아니라고 하였다(9절). 그렇게 해서 이새는 자기 아들 일곱을 사무엘 앞으로 지나가게 하였지만 사무엘은 이들 중에 하나님께서 택한 사람은 없다고 했다(10절).

본문에는 이새의 아들이 다윗을 포함해 모두 8명이고 셋째를 삼마로 소개하고 있다. 그러나 역대상 2:13-15에 따르면 다윗을 포함하여 이새의 일곱 아들(엘리압, 아비나답, 시므아, 느다넬, 랏대, 오셈, 다윗)로 기록되어 있다. 역대상 2장에는 삼마 대신 시므아가 셋째로 되어 있다. 따라서 역대상 2장 기록 때 삼마는 이미 죽었고, 삼상 16장에 빠진 시므아가 기록된 것으로 보기도 한다. 그렇게 해서 8아들이라는 것이다. 하지만 시므아를 삼마로 보고, 이름이 누락된 한 사람이 있다는 것으로 보는 주장도 있다. 이새는 두 딸 스루야와 아비가일을 두었다.

사무엘이 이새에게 물었다. "이 밖에 다른 아들은 없습니까?" 이새는 막내 아들이 있긴 하지만 그는 지금 들에 나가 양을 지키고 있다고 했다. 그러자 사무엘은 "사람을 보내어 그를 데려오라. 그가 올 때까지 우리는 식사 자리에 앉지 않겠소."라 했다(11절) '막내' (*haqatan*, the youngest, least)란 말에는 단지 말째 아들이라는 말 이외에 '아주 등급이 낮은' 이란 뜻을 가지고 있다. 별 볼일 없는 존재라는 말이다. 식구들로부터도 별로 인정을 받지 못하고, 밖에 나가 양을 치는 역할을 한 것으로 보인다. 그럼에도 불구하고 다윗은 평소 주어진 역할에 충실했음을 보여준다. 사무엘이 온 그 날도 다윗은 그 자리에 함께 하지 못하고 양을 치고 있었다. 여기서 '식사' 는 일반적인 의미의 식사라기보다 제사를 마친 후 모두 한 자리에 앉아 먹는 즐거운 식사를 의미한다. 다윗이 오기 전에는 제물을 바치지 않겠다는 말이다.

그래서 이새가 사람을 보내어 막내아들을 데려왔다. 그의 빛이 붉고 눈이 빼어나고 얼굴이 아름다웠다. 그 때 하나님께서 말씀하셨다. "바로 이 사람이다. 어서 그에게 기름을 부어라!"(12절)

'빛이 붉고'(ruddy)는 혈색이 좋다는 말이다. 다윗의 피부는 에서와 같이 붉었다(창 25:25). '눈이 빼어나다'(bright eyes)는 것은 총기가 넘침을 의미한다. 얼굴이 '아름답다'(*towb*, beautiful)는 것은 정신과 의지가 강하고, 활력이 넘침을 의미한다.

사무엘은 감람기름이 담긴 뿔 병(the horn of oil)을 들고, 그의 형들이 둘러선 가운데서 다윗에게 기름을 부었다. 그러자 하나님의 영이 그 날부터 계속 다윗을 감동시켰다. 사무엘은 거기에서 떠나, 라마로 돌아갔다(13절). '이 날 이후로'(from that day on). 다윗은 더 이상 보통 인물(ordinary person)이 아니었다. 하나님의 영의 권능으로 그를 붙들었다. 골리앗에 도전할 수 있었던 것도 성령이 그와 함께 하기 때문에 가능한 일이었다. 하나님의 일을 함에 있어서는 하나님의 능력과 판단에 의해 세워지고, 그분의 일을 힘 있게 하도록 그에게 힘을 주신다.

사도행전은 하나님이 다윗에 대해 어떻게 말씀하셨는가를 기록하고 있다. "내가 이새의 아들 다윗을 만나니 내 마음에 합한 사람이라 내 뜻을 다 이루게 하리라"(행 13:22). 이것은 하나님이 다윗을 통해 하나님이 작정하신 뜻을 이루실 것을 말씀하신 것으로 이는 예수님이 다윗의 씨를 따라 오실 것을 가리킨다(행 13:23).

2. 악령으로 번뇌하는 사울(14-23절)

사울에게서는 하나님의 영이 떠났고, 그 대신에 하나님께서 보내신 악한 영이 사울을 괴롭혔다(14절). 그러자 사울의 신하들이 그에게 말했다. "하나님이 보낸 악령이 왕을 괴롭히고 있습니다. 명령만 내리십시오. 우리가 수금 잘 타는 사람을 구해 오겠습니다. 악령이 왕을 괴롭힐 때마다 수금을 타면 대왕께서 곧 낫게 될 것입니다."(15, 16절) '수금'(harp, lyre)은 가장 오래된 현악기 중 하나로, 하나님을 찬양할 때 비파와 함께 사용되었다. 수금 소리를 들을 때 마음이 편안해져 통증이 낮아지는 효과를 볼 수 있을 것으로 생각한 것이다. 여기서는 하나님께서 다윗을 사울에게 소개시키는 과정으로 사용되었다.

그 말을 듣고 사울이 잘 수금 타는 사람을 데려오도록 하자 신하 중 한 사람이 대답했다. "베들레헴에 이새의 아들이 있는데 그는 수금을 잘 탈 뿐만 아니라 용기와 무용과 구변이 있는 준수한 자인데다가 여호와께서 그와 함께 계십니다."(17, 18절) 씩씩하고 날랜 용사로서 말도 잘하고 풍채도 좋은 데다 하나님께서 함께 해 주시는 사람이다. 이것은 다윗이 지도자로서 면모를 갖추고 있음을 보여준다. '준수한 자'(*is toar*, handsome person)는 용모가 뛰어난 사람이라는 말이다. 그를 용사(warrior)라 한 것은 다윗이 맹수들과 싸워 승리했기 때문에 붙여진 이름으로 보인다(17:34, 35).

그래서 사울은 전령들(심부름꾼)을 이새에게 보내 양치는 그의 아들 다윗을 보내라고 했다. 그러자 이새는 당나귀 한 마리에, 빵과 가죽부대에 담은 포도주 한 자루와 염소 새끼 한 마리를 실어서 사울에게 보냈다(19, 20절).

사울은 다윗을 보는 순간 그를 대견스럽게 여겨 사랑하고 그를 자기의 무기를 드는 자로 삼았다(21절). '무기를 드는 자'(armorbearer)는 병기를 관리하는 자, 호위병을 말한다. 부하 가운데 가장 신임할 수 있는 자에게 맡겼다. 하나님은 다윗으로 하여금 왕의 직책을 수행할 수 있도록 훈련의 기회를 주셨다. 자신이 기름부음 받은 사실은 비밀리 해두었다. 그것을 안다면 그를 중용 할 이유가 없다. 그런 다음 사울은 사람을 이새에게 보내 "다윗을 내 곁에 있게 하라. 그가 내게 은총을 얻었느니라(내가 그를 무척 좋아한다.)"고 했다(22절).

그 후로부터 하나님이 보낸 악령이 괴롭힐 때마다 다윗이 수금을 타면 사울은 상쾌하여 낫고 악령은 그에게서 떠나갔다(23절). 수금을 탈 때 악령이 물러난 것은 수금에 신비한 힘이 있다기보다 하나님께서 나음을 허락하신 것이다. 이로써 하나님은 다윗을 사울에게 소개시킴과 동시에 이스라엘 역사에 등장하는 발판을 마련해 주셨다.

제 17장

골리앗의 도전, 다윗의 의분, 골리앗을 죽인 다윗

1. 골리앗의 도전(1-22절)

블레셋 사람들이 또 전쟁을 일으키려고 군인을 모두 모아, 유다의 소고에 집결시키고, 소고와 아세가 사이에 있는 에베스담밈에 진을 쳤다(1절). '소고' (*Shochoh*, Socoh)는 베들레헴 서쪽 블레셋 경계 근처에 있다. '에베스담밈' (Ephes-dammim)은 소고와 아세가 사이에 있으며 '바스람빔'이라고도 한다.

그러자 사울과 이스라엘 사람도 모여서 엘라 골짜기에 진을 치고 블레셋군과 대치하였다(2절) '엘라 골짜기' (Valley of Elah)는 '상수리나무의 골짜기' 라는 뜻으로, 유다 중심부에서 블레셋으로 뻗은 협곡이다. 예루살렘과 베들레헴 서쪽에 있다. 협곡 사이로 엘라 강이 바다로 흘러들어간다. 이곳에 돌들이 많았기 때문에 다윗은 이곳에서 쉽게 물매 돌을 구할 수 있었을 것이다.

그리하여 블레셋과 이스라엘이 골짜기를 사이에 두고, 이쪽저쪽 산 위에서 맞서서 버티고 있었다. 블레셋 진에서 가드 사람 골리앗(Goliath)이라는 장수가 싸움을 걸려고 나섰다. 그는 키가 여섯 규빗 하고도 한 뼘이나 더 되었다(3, 4절). '규빗' (cubit)은 손끝에서 팔꿈치까지의 길이로. 약45cm이다. 골리앗의 키는 약 2m 93cm 정도이다.

머리에는 놋으로 만든 투구를 쓰고, 몸에는 비늘 갑옷을 입었는데, 그 갑옷의 무게는 놋 오천 세겔이나 되었다(5절). 놋으로 만든 투구를 쓰고 무게가 57킬로그램이나 되는 놋 갑옷을 입었다.

'비늘 갑옷' (scale armor)은 철로 고기비늘 같이 만든 갑옷을 말한다. 화살이나 무기로부터 몸을 보호하는 갑옷이다. '세겔' (shekel)은 중량의 단위로, 시대에 따라 일정하지 않지만 약 11.42g 정도이다.

다리에는 놋으로 만든 각반을 차고, 어깨에는 놋으로 만든 단창(javelin)을 메고 있었다(6절). '놋 각반' (bronze armors, greaves)은 정강이를 보호하기 위해 놋으로 만든 각반을 말한다.

그런데 그 창 자루는 베틀 채(beam of weaver)만큼 두꺼웠고 또 그 창날의 쇠 무게는 육백 세겔(약 7킬로그램)이나 되었으며 호위병 하나가 그의 큰 방패를 들고 그 거인 앞에서 걸어 나오고 있었다(7절).

골리앗은 서서 이스라엘군을 향하여 이렇게 외쳤다. "너희가 왜 나와서 전열을 갖추고 있느냐? 나는 블레셋 사람이며 너희는 사울의 부하가 아니냐? 이제 너희는 한 사람을 택하여 나에게 보내라. 만일 너희가 보낸 자가 나를 죽일 수 있으면 우리가 너희 종이 되겠다. 그러나 내가 그를 죽이면 너희가 우리 종이 되어야 한다. 내가 오늘 너희 이스라엘군을 이렇게 모욕한다. 자, 나와 싸울 자를 어서 보내라." (8-10절)

사울과 이스라엘군은 이 소리를 듣고 무서워서 벌벌 떨고 있었다(11절).

2. 다윗의 의분(12-40절)

다윗은 유다 베들레헴에 살고 있는 에브랏 사람 이새라는 노인의 아들이었으며 그에게는 일곱 형들이 있었다(12절). 에브랏(Ephrath)은 '곡물' 이라는 뜻을 가지고 있다. 훌의 어머니 에브랏이 정착한 성읍으로, 베들레헴의 다른 이름이다. 유다 지방의 한 독립된 성읍이었으나 후에 베들레헴에 병합되었다는 주장도 있고, 베들레헴의 원 이름이라는 주장도 있다. 라헬의 매장지로 소개되기도 한다.

그 중에서 맏형 엘리압과 둘째 형 아비나답과 셋째 형 삼마는 블레셋군과 싸우기 위해서 사울을 따라 전쟁터에 나가 있었고 막내아들 다윗은 사울의 왕궁을 드나들면서 베들레헴에서 아버지의 양을 치고 있었다(13-15절). 다윗은 사울 왕을 위해 노래하는 일과 집에서 양치는 일을 맡고 있었다. 이 두 가지 일을 감당하기 위해 다윗은 사울의 거처와 자기 집 사이를 왕래하였다.

그 블레셋 사람은 아침저녁으로 나와서 계속 싸움을 걸어 왔고, 그런 지가 벌써 사십 일이나 되었다(16절)

어느 날 이새가 다윗에게 이렇게 말하였다. "이 볶은 곡식 한 에바(한 말)와 빵 열덩이는 네 형들에게 갖다 주고 이 치즈 열 덩이는 그들의 천부장(지휘관)에게 갖다 주어라. 그리고 네 형들이 어떻게 지내는지 알아보고 그들이 살아 있다는 증표(증거물)을 가져오너라." (17, 18절)

'에바' (ephah)는 곡물 부피의 단위로, 1에바는 약 22리터이고, 10분의 1 호멜에 해당한다. 아버지 이새는 전쟁 중에 아들의 무사함을 알고자 한 것이다. 아버지로서 그만큼 초조한 마음을 가졌음을 보여준다.

그 무렵 사울은, 다윗의 형들을 비롯하여 이스라엘 군인을 모두 거느리고, 엘라 골짜기에서 블레셋 사람과 싸우고 있었다(19절).

그래서 다윗은 다음 날 아침 일찍 일어나 양을 다른 목동에게 맡기고 아버지가 주신 음식을 가지고 이스라엘 진지를 향해 출발하였다. 그가 목적지에 도착했을 때 이스라엘군이 함성을 지르며 진지에서 막 전쟁터로 달려 나오고 있었다(20절). 이스라엘과 블레셋 군은 전열을 지어 서로 맞서 있었다(21절).

다윗은, 가지고 온 짐을 짐 지키는 자(군수품 담당자)에게 맡기고, 전선으로 달려가, 자기의 형들을 만나 안부를 물었다(22절). 다윗이 형들과 이야기하고 있는 동안에, 마침 블레셋 사람 쪽에서 가드 사람 골리앗이라는 장수가 그 대열에서 나와서, 전과 똑같은 말로 싸움을 걸어왔다. 다윗도 그 소리를 들었다(23절).

이스라엘군은 골리앗을 보자 무서워서 도망하며 서로 이런 말을 주고받았다. "자네 저런 거인을 본 적이 있나? 저 녀석이 이스라엘군을 모욕하려고 나왔다네. 사울 왕은 저 거인을 죽이는 자에게 어마어마한 재산을 줄 걸세. 어디 이뿐이겠는가! 왕은 또 자기 딸을 그에게 주어 아내로 삼게 하고 그의 가족에게는 세금을 면제해 주기로 했다네."(24, 25절) 사울 왕은 골리앗을 죽이는 자에게 왕에 대한 백성의 의무, 곧 징세나 부역에서 면제받게 될 것이며, 이러한 특권과 함께 재물과 자기의 딸을 주기로 약속했다는 것이다.

다윗이 곁에 서 있는 사람들에게 물었다. "저 블레셋 사람을 죽이고 이스라엘이 받는 치욕을 씻어내는 사람에게는, 어떻게 해준다고요? 저 할례도 받지 않은 블레셋 녀석이 무엇이기에, 살아 계시는 하나님의 군대(하나님을 섬기는 군인들)을 이렇게 모욕하는 것입니까?"(26절) '살아계시는 하나님'(*hayyim elohim*, the living God)은 하나님만이 참 신이시고, 다른 신은 거짓 신임을 뜻하는 말이다. 그들은 골리앗을 죽이는 자에게 사울이 건 상금을 그대로 말해 주었다(27절).

다윗이 군인들과 이렇게 이야기하는 것을 맏형 엘리압이 듣고, 다윗에게 화를 내며 꾸짖었다. "너는 어쩌자고 여기까지 내려왔느냐? 들판에 있는, 몇 마리도 안 되는 양은 누구에게 떠맡겨 놓았느냐? 이 건방지고 고집 센 녀석아, 네가 전쟁 구경을 하려고 내려온 것을, 누가 모를 줄 아느냐?"(28절) 다윗이 아직 어리기 때문에 전쟁터는 다윗이 있어야 할 곳이 아니라는 뜻이다.

다윗이 대들었다. "내가 무엇을 잘못하였다는 겁니까? 어찌 이유가 없겠습니까(물어 보지도 못합니까?)"(29절) '내가 무엇을 잘못했다는 겁니까?' 는 자신의 언행에 무슨 잘못된 점이 있느냐는 말이다. 할례 받지 않은 사람이 하나님과 하나님의 백성을 모욕하는 데 어찌 보고만 있어야 되느냐는 다윗의 반론이다. '어찌 이유가 없겠습니까' 는 문자적으로 '그것은 물어 본 것뿐이지 않느냐' 라는 말이다. 엘리압의 꾸중에 대해 다윗은 겸손하면서도 은근히 항변했다. 엘리압의 책망은 하나님의 뜻을 전혀 모르는 무지의 소치로 하나님을 대적하는 행위이다. 왜냐하면 아버지 이새가 이곳에 보내기는 했지만 하나님의 보이지 않는 섭리로 다윗이 이 자리에 있게 되었기 때문이다. 다윗의 용맹함을 익히 아는 엘리압이 시기심을 보인 것은 그가 왕으로서 부적격함을 스스로 보여준다.

그리고서 다윗이 또 다른 사람들에게 가서 전과 같이 물었는데 그들도 똑같은 대답을 했다(30절). 어떤 사람이 다윗의 말을 듣고 사울에게 보고하자 사울은 사람을 보내 그를 불렀다. 그때 다윗이 사울에게 말하였다. "왕이시여, 저 블레셋 거인 때문에 두려워하실 필요는 없습니다. 내가 가서 저 블레셋 사람과 싸우겠습니다."(31, 32절)

그러나 사울은 다윗을 말렸다. "그만두어라. 네가 어떻게 저 자와 싸운단 말이냐? 저 자는 평생 군대에서 뼈가 굵은 자이지만, 너는 아직 어린 소년이 아니냐?"(33절) 다윗은 군인이 아니지만 골리앗은 어려서부터 군인체질을 타고나 지금까지 사람 죽이는 것을 업으로 살아온 사람이라는 말이다. 다윗이 골리앗에 대항해 싸움터에 나간다는 것은 있을 수 없다는 것이다.

그러자 다윗이 사울에게 말했다. "내가 아버지의 양을 칠 때 사자나 곰이 와서 양 새끼를 움켜 가면 곧바로 뒤쫓아 가서 그 입에서 새끼를 구해 내었으며 또 그 사자나 곰이 나에게 덤벼들면 내가 그 수염을 잡고 쳐서 죽였습니다."(34, 35절). "내가 사자와 곰도 죽였는데 살아 계신 하나님을 모욕하는 저 이방 블레셋 사람을 못 죽이겠습니까? 사자나 곰처럼 내가 반드시 그를 죽이고 말겠습니다!"(36절) "나를 사자와 곰의 발톱에서 구원하신 여호와께서는 저 블레셋 사람에게서도 나를 건져내실(구원하실) 것입니다!"(37a절) '건져내실 것입니다'는 사울이 준 갑옷마저 벗어버린 사건(39절)과 함께 다윗의 확고하며 뚜렷한 신앙을 보여준다. 다윗은 평소에도 하나님과 그의 능력을 경험하며 살았던 사람이다. 그는 골리앗과의 싸움에서도 하나님께서 함께 하실 것을 굳게 믿었다

40일 동안 골리앗은 소리치고, 이스라엘은 그 앞에서 떨고만 있었다. 하지만 그 40일은 다윗의 등장을 위한 하나님의 계획아래 있었다. 마침내 하나님의 때가 되었다. 다윗은 이 일에 대해 관객(spectator)이 되지 않고 적극적인 참여자(active player)가 되고자 했다. 다윗은 비록 군인으로 훈련받은 사람은 아니었지만 매일의 삶 속에서 하나님과 그의 능력을 통해 훈련을 받은 사람이었다. 그 보기를 이 말 속에서 읽을 수 있다. 다윗은 사울을 설득하는 과정에서 자신은 비록 어리지만 사자나 곰이 새끼 양을 움키면 따라가 그 입에서 새끼를 건져 내었고 그 자리에서 사자나 곰을 쳐 죽였다고 말한다. 이 사건들은 어린 사람으로 불가능한 일이다. 이것은 하나님을 경험하는 사건일 뿐 아니라 하나님이 오래전부터 준비케 하셨음을 의미한다.

다윗은 작은 일에도 이렇듯 최선을 다하는 신실한 삶을 살았고, 그 삶을 통해서 하나님의 영광을 나타내도록 훈련되었다. 따라서 사람들은 다윗을 군인으로 보지 않았지만 하나님은 이미 그를 하나님의 군사로 훈련시키셨다.

그제서야 사울이 다윗에게 허락했다. "그렇다면, 나가도 좋다. 하나님께서 너와 함께 계시길 바란다."(37b절)

사울은 자기 군복을 다윗에게 입히고, 자기가 착용하고 있던 놋투구와 갑옷을 벗어 다윗에게 주었다. 다윗은 투구를 쓰고 갑옷을 입은 다음 사울의 칼

을 차고 시험 삼아 몇 걸음 걸어 보았으나 거추장스러워서 도저히 활동할 수 가 없었다. 그래서 그는 사울에게 이대로는 움직일 수도 없다고 하면서 그것들을 다 벗어 버렸다(38, 39절).

그리고서 그는 시냇가로 가서 매끄러운 돌 다섯 개를 골라 그의 목양 주머니에 넣고 그가 양을 칠 때 사용하던 막대기(stick)와 물매만 가지고 블레셋 거인 골리앗을 향해 나아갔다(40절).

'물매' (sling)는 한 개 또는 여러 개의 질긴 가죽이나 천을 꼬아 만든 도구이다. 양끝을 잡고 돌리다가 한쪽 끝을 갑자기 놓으면 돌이 날아간다. 이것은 동물을 보호하기 위한 투석기로, 목자의 호신용 또는 군사의 병기로 사용되었다. 목자들은 물매 외에도 막대기(동물을 쫓아낼 때 사용), 지팡이(양을 구덩이에서 구할 때 사용), 주머니나 보따리(양식이나 구급품 담기 위한 것) 등을 가지고 다녔다.

3. 골리앗을 죽인 다윗(41-58절)

그러자 방패 든 자를 앞세우고 다윗을 향해 걸어 나오던 골리앗은 얼굴이 불그스름하고 예쁜 이 꼬마 소년을 보더니 "네가 나를 개로 알고 막대기를 가지고 나왔느냐?" 하고 비웃으며 또 그의 신들의 이름으로 다윗을 저주하였다(41-43절). 골리앗의 저주는 다윗에게 조금도 두려움을 주지 못했다. 다윗은 여호와께서 유일하신 하나님이심을 믿었기 때문이다.

골리앗이 다윗에게 소리쳤다. "어서 내 앞으로 오너라. 내가 너의 살점을 공중의 새와 들짐승의 밥으로 만들어 주마." 그러자 다윗이 그에게 말했다. "너는 칼을 차고 창을 메고 단창을 들고 나에게로 나왔으나 나는 만군의 여호와의 이름 곧 네가 모욕하는 이스라엘 군대의 하나님의 이름으로 네게 나아가

노라."(44, 45절)

'하나님의 이름으로 네게 가노라.' 다윗은 하나님을 전적으로 신뢰(total confidence)했다. 50%도 아니고 99%도 아니고 100% 신뢰이다. 다윗은 '하가탄,' 곧 '별 볼일 없는 사람'으로 취급을 받았다. 그는 형제 중 '하가탄'으로 취급받으며 살았으나 참았다. 그러나 하나님이 모욕당하는 것은 참을 수 없었다. 다윗은 45절을 통해 거룩한 분노를 나타냈다.

"오늘 여호와께서 너를 내 손에 넘기시리니 내가 너를 쳐서 네 목을 베고 블레셋 군대의 시체를 오늘 공중의 새와 땅의 들짐승에게 주어 온 땅으로 이스라엘에 하나님이 계신 줄 알게 하겠고"(46절) '온 땅으로 이스라엘에 하나님이 계신 줄 알게 하겠고' 이 말씀은 다윗과 골리앗 사건에 있어서 가장 주제(theme)가 되는 부분이다. 골리앗을 죽임으로써 하나님이 살아계신다는 사실 보여주겠다는 말이다. 우리는 하나님이 왜 다윗으로 이기게 했는지를 인식해야 한다. 하나님은 지금도 우리 삶의 굽이굽이마다 우리를 구원하시고, 우리를 사용하고 계신다. 하나님의 성품은 말이 아니라 삶으로 드러내야 한다.

"또 여호와의 구원하심이 칼과 창에 있지 아니함을 이 무리에게 알게 하리라 전쟁은 여호와께 속한 것인즉 그가 너희를 우리 손에 넘기시리라."(47절) '전쟁은 여호와께 속한 것인즉.' 다윗은 하나님이 어떤 분이시며 이 전쟁을 어떻게 끝내게 하실 것인가에 대해 확실한 비전을 가지고 있었다. 전쟁은 하나님의 손에 달려 있으므로 골리앗과의 싸움도 별 볼일 없는 싸움이 될 것이라는 말이다. '너희를 우리 손에 넘기시리라'는 말은 너희 모두를 우리 손에 넘겨 줘 승리하게 하신다는 뜻이다. 승리에 대한 확신은 그가 얼마나 하나님을 신뢰했는가를 보여준다.

골리앗이 다윗의 정면으로 걸어 나오자 다윗은 그를 향해 달려가며 주머니에서 돌 하나를 끄집어내어 물매로 그에게 던졌다. 그러자 그 돌은 골리앗의 이마에 정통으로 맞아 꽂히고 그는 땅바닥에 쓰러졌다. 이와 같이 다윗은 칼 하나 없이 물매와 돌 하나만 가지고서 그 블레셋 거인을 쓰러뜨렸다(48-50절).

다윗이 오직 하나님만을 의지하고 물매를 활용했을 때 그 물매는 골리앗의 무기를 능가하는 힘을 발휘했다. 다윗은 원래 돌을 다섯 개 가지고 있었다. 그러나 그는 다섯 개 모두를 사용하지 않았다. 오직 하나만 사용해 골리앗을 단 번에 무너뜨렸다. 이것은 그가 얼마나 세련된 팔매질(skillful shot)이었는가를 보여준다. 이 정도 되기에는 평소 훈련이 필요하다. 하이테크로 중무장한 골리앗을 로우테크로 무장한 다윗이 이긴 사건이다. 세상에서는 하이테크가 로우테크를 이긴다. 하지만 로우테크가 하이테크를 이길 수 있는 것은 오직 그것을 뛰어넘는 하나님이 함께 하기 때문이다. 하나님이 함께 하시면 하이테크도 겁낼 것 없다.

다윗이 달려가서 그 블레셋 사람을 밟고 서서, 그의 칼집에서 칼을 빼어 그의 목을 잘라 죽였다. 블레셋 군인들은 자기들의 장수가 이렇게 죽는 것을 보자 모두 달아나기 시작했다(51절). 하나님께서 다윗과 함께 하신 것을 보고 더 이상 싸울 용기를 내지 못한 것이다.

하나님은 다윗을 통해 전쟁을 승리로 이끄셨고 영광을 받으셨다. 다윗을 '내 마음에 합한' 사람으로 보신 하나님, 자신의 뜻을 그를 통해 이루겠다고 하신 하나님께서 그를 통해 이스라엘에 승리를 안겨 주셨다. 하나님은 다음과 같이 말씀하신다. "나는 여호와니 이는 내 이름이라 나는 내 영광을 다른 자에게 내 찬송을 우상에게 주지 아니하리라"(사 42:8). 하나님의 사람은 어떤 어려움이 와도 하나님을 신뢰하며 이겨내야 한다. 그 고난을 이김으로써 하나님께 영광을 돌릴 수 있어야 한다.

이때 이스라엘과 유다 사람들은 승리의 환호성을 올리며 달려가 블레셋 군을 가이(가드)와 에그론 성문까지 추격했다. 블레셋군의 사상자들은 가드와 에그론으로 가는 사아라임 길에 즐비하게 쓰러졌다(52절). '가이' (*gay*, the valley)는 블레셋의 5대 도시 중 하나인 가드를 가리킨다. 거인 족인 아낙 자손이 살던 곳이자 골리앗의 출신지이다. 에그론(Ekron)은 블레셋의 5대 성읍 가운데 하나이다.

블레셋군을 쫓던 이스라엘군은 추격을 중단하고 돌아와 그들의 진지를 약탈하였다(53절). 후에 다윗은 그 블레셋 사람의 머리는 예루살렘으로 가지고 갔으나, 그의 갑주(*kelaw*, armor, 갑옷과 투기 등 무기들)은 자기 장막에 간직하였다(54절). 당시 예루살렘은 여부스 사람들이 차지하고 있었다. 그들은 이스라엘과 블레셋 사이에 중립적인 태도를 취했다. 다윗이 골리앗의 머리를 여부스 인들에게 보인 것은 그들에 대한 이스라엘의 주도권을 보여주기 위함이었을 것이다. 다윗은 즉위 후 예루살렘을 정복한다.

55-58절은 다윗이 골리앗과 싸우러 나갈 때 정확히 누구인지는 몰랐으나 나중에 알게 되었음을 말해주고 있다.

사울은 다윗이 골리앗과 싸우러 나가는 것을 보았을 때 그의 군사령관 아브넬에게 "아브넬아, 이 소년(젊은이)이 누구의 아들이냐?" 하고 물었으나 아브넬은 "왕이어, 황공하오나 저도 잘 모릅니다." 하고 대답하였다(55절). 아브넬은 사울의 아버지 기스와 형제 되는 넬의 아들로, 사울과는 사촌이다. 사울의 군사령관이었다.

그러자 왕이 명령을 내렸다. "저 청년(젊은이)가 누구의 아들인지 직접 알아보시오."(56절) '청년' (*haalem*, young man)은 젊은 남자라는 뜻이다. 다윗의 연소함을 나타낸 말이다.

마침내 다윗이 그 블레셋 사람을 죽이고 돌아오자, 아브넬이 그를 데리고 사울 앞으로 갔다. 다윗의 손에는 여전히 그 블레셋 사람의 머리가 들려 있었다. 사울이 다윗에게 물었다. "너는 누구의 아들이냐?" 다윗이 대답하였다. "나는 주의 종 베들레헴 사람 이새의 아들입니다."(56절) 사울이 전에 다윗을 수금을 타고 병기를 맡는 자로 삼기는 했지만 그간 건성으로 보다가 이번 사건을 계기로 다윗이 누구인지 확실히 알게 되었다.

제18장

다윗과 요나단의 우정, 다윗에 대한 사울의 질투, 딸을 미끼로 한 사울의 계략

1. 다윗과 요나단의 우정(1-5절)

사울 왕과 다윗의 대화가 끝난 후 요나단의 마음이 다윗의 마음과 하나가 되어 그를 자기 생명처럼 사랑하게 되었다(1절). '하나가 되어' (*niqserah*, was knitted)는 문자적으로 '강하게 묶이다', '뜨개질하다' 는 뜻이다. 맹장이었던 요나단은 다윗의 용맹과 신앙에 반했을 것이다.

그 날부터 사울은 다윗을 계속 자기 곁에 머물게 하고 집으로 돌아가지 못하게 하였다(2절). 이것은 사울이 다윗을 군사요직에 임명했음을 뜻한다.

요나단은 다윗을 무척 사랑하여 그와 더불어 언약(*berit*, a covenant)을 맺었으며(영원한 우정을 약속하고) 자기가 입고 있던 겉옷을 벗어 그에게 주었으며 또 자기 갑옷과 칼과 활과 띠도 주었다(3, 4절). 요나단이 다윗과 의형제를 맺었음을 의미한다. 이로써 이들의 관계는 친형제 이상의 것으로 발전하였다.

다윗은 사울이 보내는 곳마다 가서 지혜롭게 행하매 사울이 그를 군대의 장(사령관 중 한 사람)으로 삼았다. 그랬더니 온 백성이나 사울의 신하들도 좋게 여겼다(5절). '지혜롭게 행하매' (*yaskil*, behaved wisely)는 '성공적으로 임무를 수행하고 돌아왔다' 는 뜻이다. 다윗은 사울이 부여한 어떤 임무도 완벽하게 해냈음을 말해준다.

2. 다윗에 대한 사울의 질투(6-16절)

다윗이 골리앗을 죽인 다음 승리한 이스라엘군이 돌아올 때 이스라엘의 모든 성에서 여자들이 승전을 축하하여 소고와 경쇠를 가지고 나와 노래하고 춤추며 사울 왕을 환영했다. 그들은 이렇게 노래했다. "사울이 죽인 자는 천천(수천 명)이요 다윗이 죽인 자는 만만(수만 명)이라네."(6, 7절) 소고(tambourines)는 작은 북으로, 승전축하나 종교의식, 종교 행사에 사용되었다. 타악기로 노래나 춤의 반주 때 사용되었다. 경쇠(musical instruments, lyres)는 경석으로 만든 고대 악기로, 고대 이집트에서 사용된 삼현금(three-stringed instruments) 또는 히브리 민족이 사용한 트라이앵글의 한 종류이다.

사울은 이 노래를 듣고 대단히 불쾌하여 혼잣말로 중얼거렸다. "저들이 다윗에게는 만만(수만)을 돌리고 나에게는 천천(수천)을 돌리다니! 이제 그에게 더 돌아갈 것은 이 왕의 자리밖에 없겠구나."(8절) 사울의 질투는 여기서 시작되었다. 질투는 사울의 눈을 어둡게 했으며, 행동을 야비하게 하도록 만들었으며, 결국 파멸에 이르게 했다. 그 날 후로 사울은 다윗을 주목하였다(9절). 그 날부터 사울은 계속 다윗을 질투의 눈으로 바라보았다. '주목했다' (*owyen*, eyed)는 것은 의심과 불안과 시기에 가득 찬 눈으로 살폈다는 말이다.

바로 그 다음날 하나님이 보낸 악령이 강하게 사울을 사로잡자 그는 마치 정신없이(미친 사람처럼) 소리를 지르고 떠들어대기 시작하였다. 그래서 다윗은 평소 때와 같이 그를 진정시키려고 수금을 타고 있었는데 사울은 자기 손에 있는 창을 만지작거리며 '내가 저놈을 벽에 박아 버려야지' 하고 혼잣말로 중얼거리다가 갑자기 창을 다윗에게 던졌다. 그러나 다윗은 그 창을 두 번이나 피해 도망하였다(10, 11절).

'정신없이 떠들어대므로' (*nabbe*, prophesied)는 예언자의 흉내를 내면서 발광적으로 횡설수설 하는 것을 말한다. 이것은 사울이 성령에 붙들려 예언하는 것이 아니라 악신에 사로잡혀 있음을 보여주는 것으로 정상적인 판단력과 이성이 결여되어, 왕으로서 자질 회복이 불가능함을 보여주고 있다. 사울의 질투심이 그의 전인격을 지배하고 만 것이다. '손에 있는 창' (*hahanit*, spear, javelin)은 왕권을 상징하는 홀과 같은 것이었다.

하나님께서 자기를 떠나 다윗과 함께 계시는 것을 안 사울은, 다윗이 두려워졌다(12절). 그리하여 사울은 다윗을 천부장으로 임명하여 자기 곁에서 떠나게 하였다. 다윗은 백성 앞에 출입하였다(13절). 시기심에 눈이 어두운 사울은 사령관인 다윗을 천부장으로 강등시켰다. 그래도 다윗이 '백성 앞에 출입했다' 는 것은 부대를 이끌고 출전했다는 말이다.

여호와께서 다윗과 함께 하셨으므로 그는 모든 일을 지혜롭게(성공적으로) 수행해 나갔다(13절) 하나님께서 그와 함께 계셨기 때문에, 어디를 가든지 그는 항상 이겼다. 사울은 이것을 보고 다윗을 더욱더 두려워하였다(14절).

그러나 온 이스라엘과 유다는 다윗을 사랑하게 되었다. 그가 자기들 앞에 출입하기 때문이었다(15절) '자기들 앞에 출입했다' 는 것은 늘 앞장서서 싸움터에 나갔음을 말한다. 다윗이 솔선수범하는 지도력을 발휘하자 백성들은 더욱 그를 믿게 되었다는 말이다.

3. 딸을 미끼로 한 사울의 계략(17-30절)

어느 날 사울이 다윗에게 말했다. "내가 너에게 내 맏딸 메랍을 아내로 주겠다. 하지만 너는 먼저 여호와의 싸움을 싸워 네가 정말 용감한 군인임을 입증해야 한다." 사울이 이렇게 말한 것은 '내 손으로 직접 다윗을 죽이지 않고 블레셋 사람의 손에 죽게 해야지' 하고 생각했기 때문이었다(17절). 이것은 사울의 계략이었다. '메랍' (Merab)은 사울의 장녀이다.

그때 다윗은 사울에게 "내가 누군데 감히 왕의 사위가 되겠습니까? 내 아버지의 집안은 보잘 것 없습니다." 하고 대답했다. 그러나 메랍을 다윗에게 줄 때가 되었을 때 사울은 자기 딸을 므홀랏 사람인 아드리엘(Adriel)에게 시집 보내고 말았다(18, 19절). 다윗과 결혼하도록 약속되어 있었으나 사울은 다윗과의 약속을 깨뜨리고 아드리엘에게 아내로 주었다. 사울은 처음부터 딸을 그에게 줄 생각이 없었고, 다윗이 전쟁에 나가 죽기를 바랐던 것이다. 훗날 아드리엘과 메랍 사이에 난 5명의 아들은 기브온 족속을 학살한 사울 왕의 죄에 대한 대가로 처형되었다(삼하 21:8). '므홀랏 사람' (the Meholathite)은 요단 동편 아벨 므홀라 출신이라는 말이다.

한편 사울의 딸 미갈(Michal)이 다윗을 사랑하자 사울은 이것을 듣고 기뻐하며 "또 한 번의 기회가 왔구나! 내가 미갈을 다윗에게 주고 딸을 이용해서 그를 함정에 빠뜨려 블레셋 사람의 손에 죽게 해야지" 하고 생각하였다. 그러나 그는 다윗에게 "이제 너는 내 사위가 될 수 있다. 내가 작은 딸을 너에게 줄 테니까." 하고 말했다(20, 21절). 이것은 사울이 속으로는 전쟁에 나가 죽기를 바라면서 겉으로는 아닌 척 하는 이중인격자임을 보여주고 있다.

그런 다음 사울은 자기 신하들에게 왕이 정말 다윗을 사랑할 뿐만 아니라 모든 신하들도 그를 사랑하므로 왕의 제안을 받아들여 그의 사위가 되는 것이 좋을 것이라는 말을 다윗에게 일러 주라고 지시하였다(22절). 양면작전을 사용해 다윗이 자기가 계획한 올무에 빠지도록 했다.

사울의 신하들이 부탁받은 대로 그런 말을 다윗의 귀에 들어가게 하니, 다윗은 "나는 가난하고 천한 사람인데, 어떻게 내가 임금님의 사위가 될 수 있겠는가? 그것이 그렇게 작은 일(쉬운 일)로 보이는가?" 하고 말했다(23절).

'가난하고' 는 왕에게 상당한 결혼 지참금을 낼 능력이 없음을 의미한다. '작은 일' (*hanqallah*, light thing)은 '가벼운 일' 이란 뜻이다. 왕의 사위가 되는 것은 결코 아무나 할 수 있는 일이 아니라는 말이다.

사울의 신하들은 다윗이 한 말을 사울에게 전하였다(24절). 이 말을 들은 사울은 "당신들은 다윗에게 내가 (결혼 선물로) 아무 것도 바라지 않으며, 다만 나의 원수 블레셋 남자의 포피 백 개를 가져와서 나의 원수를 갚아 주는 것만을 바라더라고 하시오." 하고 시켰다. 사울은 이렇게 하여, 다윗을 블레셋 사람의 손에 죽게 할 셈이었다(25절).

'아무 것' (*bemohar*, any dowry)을 개역한글에서는 '폐백' (bride-price)이라 번역했다. 폐백(幣帛)은 예의로서 비단을 선물로 올림을 뜻한다. 이것은 신랑이 신부의 몸값으로 신부의 아버지께 드리는 선물을 가리킨다. '포피(foreskins) 백 개'는 할례를 받지 않은 블레셋 남자 생식기 겉가죽 수를 말하는 것으로, 이것은 블레셋 남자 100명의 죽음을 의미한다. 사울은 다윗을 블레셋 사람의 손에 죽게 하려고 블레셋 사람들의 포피를 요구한 것이다.

사울의 신하들이 이 말을 다윗에게 전하자 다윗은 왕의 사위가 되는 것을 좋게(기쁘게) 여기고 결혼할 날(기한)이 차기도 전에 부하들을 데리고 나가서 블레셋 사람 200명을 죽여 그들의 포피를 잘라 왕에게 갖다 바쳤다. 그래서 사울은 미갈을 다윗에게 아내로 주었다(26, 27절). 다윗이 사울이 요구한 포피의 수보다 배를 더 가져옴으로 결혼시키지 않을 수 없게 되었다. 사울의 계략이 여지없이 무너진 것이다. 사울은 자기가 꾸민 계략에 스스로 빠진 셈이다.

사울은 하나님께서 다윗과 함께 계시다는 것을 알았고, 자기 딸 미갈마저도 다윗을 사랑하는 것을 보고서, 다윗을 더욱 더 두려워하게 되었고, 마침내 다윗과 평생 대적(원수)이 되었다(28, 29절).

그 무렵에 블레셋 지휘관들이 군대를 이끌고 침입해 와서 싸움을 걸곤 하였는데, 그 때마다 다윗이 사울의 장군들보다 더 큰 전과를 올렸기 때문에, 다윗은 아주 큰 명성을 얻게 되었다(30절). 하나님이 함께 하시는 자를 어떻게 이길 수 있겠는가. 사울도 블레셋 군대도 맞수가 될 수 없다.

제 19장

다윗을 죽이지 않도록 사울을 설득한 요나단, 다윗을 죽이려는 사울과 다윗을 피하게 한 미갈, 사무엘에게 도피한 다윗

1. 다윗을 죽이지 않도록 사울을 설득한 요나단(1-7절)

사울은, 자기의 아들 요나단과 자기의 모든 신하들에게 다윗을 죽이라고 지시하였다. 사울의 아들 요나단은 다윗을 매우 좋아하고 있었으므로, 다윗에게 이것을 귀띔하여 주었다.

"나의 아버지 사울이 자네를 죽이려 하니, 나의 말을 듣게. 자네는 내일 아침 일찍 몸을 피하여 외진 곳으로 가서 숨어 있게. 내가 아버지와 함께 네가 숨어 있는 들로 나가서 너에 대해 이야기하고 내가 알릴 것이 있으면 모두 너에게 말해 주겠네." (1-3절)

요나단은 실제로 사울이 다윗을 죽이려 하는지 그 심중을 알아보고 말해주겠다는 것이다.

다음 날 아침 요나단은 자기 아버지와 이야기를 하는 중에 다윗을 칭찬하면서 이렇게 말하였다.

"아버지께서는 아버지의 신하 다윗을 해치려고 하십니다만, 이런 죄를 지으시면 안 됩니다. 다윗은 아버지께 죄를 지은 일이 없습니다. 오히려 다윗은 아버지를 도와서, 아주 좋은 일들만 했습니다.

그가 자기 생명을 아끼지 않고 나가서 골리앗을 죽인 것과 그리고 그 결과로 여호와께서 이스라엘에 큰 승리를 주셨던 일을 잊으셨습니까? 아버지는 그 때 무척 기뻐하셨습니다. 그런데 어째서 아버지는 이제 와서 그처럼 죄 없는 사람을 죽여 범죄하려고 하십니까? 그럴 만한 이유가 전혀 없지 않습니까?" (4-5절)

요나단은 다윗이 사울 왕에게 지금까지 한 일에 대해 칭찬하면서 그를 죽여서는 안 된다고 설득했다. 하나님께서 요나단을 통해 경고하신 것이다.

사울은 요나단의 말을 듣고 "여호와께서 살아 계시는 한 내가 그를 죽이지 않겠다." 하고 맹세하였다(6절). 요나단의 타당한 설득에 다윗에 대한 사울의 적개심이 잠시 누그러졌다.

그래서 요나단은 다윗을 불러 그 모든 일을 그에게 말하고 그를 사울에게 데리고 갔으며 다윗은 전과 같이 다시 왕을 섬기게 되었다(7절). 사울이 다윗을 다시 용납한 것은 일시적인 것이지 진정으로 돌이킨 것은 아니다. 사울은 왕권에 대한 집념이 강했기 때문이다.

2. 다윗을 죽이려는 사울과 다윗을 피하게 한 미갈(8-17절)

그 후에 다시 전쟁이 일어나자 다윗은 병력을 이끌고 나가 블레셋 군과 싸워서 수많은 적을 죽였다. 그러자 그들은 모두 도주하고 말았다(8절)

사울이 자기 집에 앉아 있을 때 여호와께서 보낸 악령이 그를 사로잡았다. 그래서 다윗이 수금을 타고 있는데 사울이 다윗을 죽이려고 손에 들고 있던 단창을 그에게 던졌다. 그러나 다윗이 피하자 그 창은 벽에 꽂혔다. 그 날 밤 다윗은 그 곳에서 피하여 달아났다(9, 10절)

이 사건 이후로 다윗은 사울이 살아있는 동안 계속해서 도피 생활을 해야 했다. 다윗은 라마, 놉, 블레셋 가드, 아둘람 굴, 모압 왕, 남쪽 유다, 엔게디,

십, 마온, 블레셋 등을 전전했다. 이에 대한 기록은 30장까지 계속되며 그의 도피생활은 사울이 죽고 나서야 끝이 났다.

사울은 다윗의 집으로 부하들을 보내어 그를 지키고 있다가 아침에 죽이라고 시켰다. 그러나 다윗의 아내 미갈이 그에게 경고했다. "당신은 오늘 밤에 피하지 않으면, 내일 틀림없이 죽습니다." 그리고서 미갈은 창문으로 다윗을 달아내려 도망치게 한 다음 우상을 가져다가 침대에 눕히고 염소 털로 엮은 것을 그 머리에 씌워 옷으로 덮어 두었다(11-13절).

'우상' (*terapim*, household idol)은 '드라빔' 으로, 고대 근동지역에서 가정 수호신으로 섬겼던 것으로, 사람의 형상으로 만들었다. 그 모양이나 크기도 다양하다. 우상숭배가 엄격히 금지되었음에도 불구하고 사울 왕가에서 발견된 것은 이스라엘에 우상 숭배가 편만했음을 보여준다.

사울이 보낸 사람들이 다윗을 잡으러 왔을 때 미갈은 그들에게 다윗이 병들어 일어날 수 없다고 말하였다(14절). 그러나 사울은 다윗을 확인해 오라고 사람을 다시 보내며 명령했다. "그를 침대 째 이리 들고 오너라. 내가 그를 죽여 버리겠다." (15절) 이것은 사울이 얼마나 포악해졌는가를 보여준다.

그러나 그들이 방 안에 들어가 보았을 때 침대에는 우상이 있었고 그 머리에는 염소 털로 엮은 것이 있었다(16절). 사울이 미갈에게 "너는 어째서 나를 속이고 내 원수를 도망가게 하였느냐?" 하고 물었다. 이것은 사울이 다윗을 적으로 취급했음을 보여준다. 그러자 미갈은 도와주지 않으면 그가 나를 죽이겠다고 위협했기 때문에 어쩔 수 없었다고 했다(17절).

3. 사무엘에게 도피한 다윗(18-24절)

그 길로 다윗은 도망하여 라마로 가서 사무엘을 만나 사울이 자기에게 한 일을 모두 이야기하였다. 그래서 사무엘은 다윗을 나욧으로 데리고 가서 함께 살았다(18절). 라마의 '나욧' (Naioth)은 '거처', '거주지' 를 뜻한다. 선지자들의 무리가 거주했던 곳으로, 공동체 기숙사가 있었다. 사무엘이 이곳에서 선지자 학교를 시작한 것으로 보인다. 사무엘은 이곳에서 다윗을 보호하고, 멘토 역할을 하며 다윗에게 비전을 심어주었다.

다윗이 라마의 나욧에 있다는 소식이 사울에게 전해지자 그는 다윗을 잡아오라고 사람을 보냈다. 그러나 그들이 그 곳에 도착하여 사무엘과 다른 예언자들이 예언하는 것을 보는 순간 하나님의 성령께서 그들을 감동시키시므로 그들도 예언하기 시작했다(19, 20절). 다윗을 체포하려는 사람들마저 함께 예언의 은사를 받은 것이다. 사울이 이 말을 듣고 다른 사람들을 보냈으나 그들도 역시 예언하였다. 그래서 사울은 세 번째로 사람들을 보냈는데 그들도 역시 마찬가지였다(21절).

그래서 이번에는 사울이 직접 라마로 갔다. 그는 세구(Sechu)에 있는 큰 우물에 이르러, 사무엘과 다윗이 어디에 있는지를 물었다. 사람들은, 그 두 사람이 라마의 나욧에 있다고 대답했다(22절). 그러나 사울이 나욧으로 가는 도중에 하나님의 성령이 그를 사로잡자 그가 나욧에 도착하기까지 줄곧 예언하였다(23절). 사울도 성령에 사로잡혀 나욧까지 걸어가며 예언을 한 것이다.

사무엘 앞에 이르러서는 옷까지 벗어 버리고 춤추고 소리치면서 예언을 하고 나서 그 날 하루 밤낮을 벗은 몸으로 쓰러져 있었다. 사울은 극도로 열광적인 상태에 도달하자 하루 동안이나 옷을 벗는 추태까지 보인 것이다. 그 일이 있자 '사울도 선지자 중에 있느냐', 즉 '사울도 선지자가 되었는가?' 라는 말이 나오게 되었다(24절). '사울도 선지자 중에 있느냐' 는 말은 사울에 대한 부정적인 말이다. 사울은 선지자가 아니라 미친 사람이라는 말이다.

제20장

다윗에 대한 요나단의 맹세, 사울의 의도를 알아보는 요나단, 다윗과 요나단의 이별

1. 다윗에 대한 요나단의 맹세(1-23절)

그때 다윗이 라마의 나욧에서 도망하여 요나단을 찾아가 그에게 물었다. "내가 무엇을 했느냐? 내 죄가 무엇인데 너의 아버지는 그처럼 내 생명을 찾느냐(나를 죽이려고 하느냐?)" (1절) '찾다' (*baqqes*, seek)는 '요구하다' 는 뜻으로, 사울이 다윗의 목숨을 빼앗으려 하는 것을 말한다.

그러자 요나단은 "결단코 아니야, 너는 죽지 않아. 내 아버지는 큰일이든 작은 일이든 모두 내게 말해주는데 이런 일을 나에게 숨길 리 없다. 그렇지 않아." 라고 말했다(2절).

그러나 다윗은 맹세까지 하면서 말했다. "물론 네가 그것을 알 리가 없지. 너의 아버지는 내가 네게 은혜 받은 줄(우리가 의형제 맺은 것)을 너무나 잘 알고 있거든. 그래서 그는 네 마음을 상하게 할까 봐 이 사실을 너에게 알리지 않은 것뿐이야. 내가 살아 계신 여호와의 이름으로 맹세하지만 나와 죽음의 사이는 한 걸음 뿐(나는 죽음 일보 직전)이야." (3절)

'내가 네게 은혜 받은 줄' 은 요나단이 다윗을 사랑하여 그와 언약(의형제)을 맺고 우정을 나눈 일을 말한다. '나와 죽음의 사이는 한 걸음 뿐이라' 는 말은 죽음이 매우 가까움을 말하는 것으로, 다윗은 언제, 어디서 죽을지 모르는 생사의 불확실함을 환유적으로 표현한 것이다. 이것은 다윗의 도피 생활이 생사를 넘나드는 위기의 연속임을 뜻한다.

요나단이 다윗에게 제안했다. "자네의 소원을 말해 보게. 자네를 돕는 일이면, 무엇이든지 하겠네." (4절)

다윗이 요나단에게 대답했다. "내일은 초하루일세. 내가 왕을 모시고 식사를 해야 하는 날일세. 그러나 내가 외출을 할 수 있도록 주선하여 주게. 나가서 셋째 날(모레) 저녁때까지 들에 숨어 있겠네." (5절) 이스라엘에서 매월 '초하루' (월삭, *hodes,* the New Moon)는 종교행사가 열리는 축제의 날이다. 안식일처럼 중시되는 정기 의식이다. 이 날에 특별한 제사(상번제와 속죄제)를 드려 이스라엘을 성별케 하고 나팔을 불며 온 백성이 즐거워한다. 음식도 같이 나누었다. 특별히 7월 월삭에는 노동이 금지되었는데, 사울 왕은 월삭 이후 3일 동안 잔치를 베풀었다. 보통 같으면 다윗이 궁에서 열리는 월삭 축제에 참여해야 했다.

"네 아버지께서 만일 나에 대하여 자세히 묻거든 그 때에 너는 말하기를 다윗이 자기 성읍 베들레헴으로 급히 가기를 내게 허락하라 간청하였사오니 이는 온 가족을 위하여 거기서 매년제를 드릴 때가 됨이니이다 하라." (6절) 왕이 자기를 찾게 되면 식구들과 매년제를 드리기 위해 베들레헴으로 가야 하니 급히 허락해줄 것을 요구했다고 왕에게 말해주라는 것이다.

'매년제' (the yearly sacrifice)는 매년 흩어져 있던 온 가족이 한 데 모여 하나님께 드리는 종교의식이다. 안식일과 월삭 버금가는 중요행사로, 다윗이 궁중 행사에 불참석하는 좋은 구실이 되었다.

"그 때에 자네의 아버님이 '좋다' (잘 했다)고 말씀하시면, 나에게 아무런 화가 미치지 않겠지만, 자네의 아버님이 화를 내시면, 나를 해치려고 결심하신 것으로 알겠네." (7절)

"그런즉 바라건대 네 종에게 인자하게 행하라 네가 네 종에게 여호와 앞에서 너와 맹약하게 하였음이니라 그러나 내게 죄악이 있으면 네가 친히 나를 죽이라 나를 네 아버지에게로 데려갈 이유가 무엇이냐 하니라."(8절) 너는 언약으로 맺은 나의 형제이니 내가 만일 너의 아버지께 범죄한 것이 있거든 네가 직접 나를 죽여라. 구태여 너의 아버지에게까지 데리고 가서 죽일 필요는 없다는 말이다.

'네 종에게 인자하게 행하라.' 다윗이 친구인 요나단을 높이고 자신을 낮춘 표현이다. 요나단은 왕자였고 다윗은 목동출신이었다. 따라서 그들 사이에 언약의 주도권은 요나단에게 있었고, 다윗은 다만 요나단의 선한 뜻을 따를 뿐이었다. 이런 관계 때문에 다윗은 자신을 '종'으로 표시했다. '인자하게(*ḥesed*, kindly, faithfully) 행하라'는 '서로 맺은 언약을 사랑으로 지키라'는 것으로, 다윗은 언약한 대로(의형제를 맺은 대로) 자신에게 우정을 성실히 지켜달라는 말이다.

요나단이 대답했다. "결코 그런 일은 없을 걸세. 내 아버지가 자네를 해치려는 결심을 한 줄을 알고서야, 내가 어찌 그것을 자네에게 곧 알려 주지 않겠는가?"(9절) 그러나 다윗은 요나단에게 물었다. "혹시 자네 아버님이 자네에게 화를 내면서 대답하시면, 누가 그것을 나에게 알려 주겠는가?"(10절)

그러자 요나단이 다윗에게 함께 들로 나가자 했다. 그들은 같이 들로 나갔다(11절). 그리고 요나단은 다윗에게 약속했다.

"이스라엘의 하나님이 우리의 증인이시네. 내가 내일이나 모레 이맘때에 아버지의 뜻을 살펴보고, 자네에게 대하여 좋게 생각하신다면, 사람을 보내어 알리겠네. 만일 아버지가 화를 내시고 너를 죽이려고 하는데도 내가 이것을 알려 네가 도망할 수 있도록 하지 않으면 여호와께서 나를 죽이시기 원한다. 여호와께서 내 아버지와 함께 하셨던 것처럼 너와 함께 하시기를 바란다."(12, 13절)

"그 대신 너는 내가 살아 있는 동안은 여호와의 인자하심을 네게 베풀어서 나를 죽지 않게 할 뿐 아니라 여호와께서 너의 모든 원수들을 완전히 멸망시키신 다음에도 너는 네 인자함을 내 집에서 영원히 끊어 버리지 말라(내 가족에게 사랑과 친절을 베풀 것을 잊어서는 안 된다.)"(14, 15절) '인자하심'(*hesed*, kindness)은 하나님의 영원불변한 자비를 말한다. 이 말 속에는 하나님의 무한하신 사랑과 이스라엘과 맺은 언약의 근거가 내포되어 있다. 요나단은 이 언약에 기초한 사랑과 친절을 다윗에게 구했다.

그런 다음에 요나단은 다윗의 집안과 언약을 맺고 말했다. "여호와께서는 다윗의 대적들을 치실지어다."(16절) 하나님께서 다윗의 원수들에게 보복하여 주시기를 바란 것이다. 요나단은 다윗을 자기 생명(제 몸)처럼 사랑하는(아끼는) 터라, 다윗에게 다시 맹세하였다(17절).

그런 다음 요나단이 다윗에게 말했다. "내일은 초하루이기 때문에 네 자리가 비면 네가 없는 이유를 나에게 자세히 물으실 것이다."(18절) 고대에 왕이 주관하는 행사보다 우선하는 일은 없었다. 가족이 1년에 한 번씩 모이는 매년제도 왕의 행사보다 우선할 수 없으므로 다윗의 불참은 왕을 화나게 할 것이 분명하였다.

"너는 사흘 동안 있다가 빨리 내려가서 그 일이 있던 날에 숨었던 곳에 이르러 에셀 바위 곁에 있으라."(19절) 모레까지 기다리다가, 저번 일이 있었을 때에 숨었던 그 곳으로 내려가서, 에셀 바위 곁에 숨어 있으라는 말이다. '빨리'(*meod*, quickly)는 '멀리'로도 해석된다. 다윗은 신속하게 눈에 띄지 않는 먼 곳으로 피해야 했다. '에셀 바위'(the stone Ezel)는 땅의 경계를 나타내는 표지 석으로, '에셀'(Ezel)은 '출발'이라는 뜻을 가지고 있다.

"그러면 내가 나가서 마치 과녁을 보고 쏘듯이 그 바위 곁에 화살 셋을 쏘겠다. 그런 다음 내가 아이 하나를 보내 그 화살들을 주워 오도록 하겠다. 만일 내가 '화살이 이쪽에 있다(on this side of you). 가져오너라!' 하거든 너는 돌아오너라. 여호와께서 살아 계시는 한 네가 안전하고 무사할 것이다. 그러나 내가 그에게 '화살이 네 앞쪽에 있다(beyond you).' 하면 너는 즉시 떠나라. 이것은 여호와께서 너를 보내는 표이다. 그리고 너와 내가 한 말에 대해서는 여호와께서 우리 사이에 영원히 증인이 되심을 기억하여라."(20-23절)

2. 사울의 의도를 알아보는 요나단(24-34절)

그래서 다윗은 들에 가서 숨었다. 초하룻날 축제가 시작되었을 때 왕은 평소 때와 같이 벽을 등지고 자기 자리에 앉았고 요나단은 그의 맞은편에 앉았으며, 아브넬은 사울의 곁에 앉았다. 그러나 다윗의 자리는 비어 있었다. 그날 사울은 아무 말도 하지 않았다. 이것은 다윗에게 무슨 일이 일어나 그가 의식상 부정하게 된 것으로(ceremonially unclean, 율법적으로 부정하게 여기는 무슨 부정한 것이 있은 것으로) 생각했기 때문이었다(24-26절).

그러나 그 다음 날에도 여전히 다윗의 자리가 비자 사울은 요나단에게 "어째서 다윗이 어제와 오늘 식사하러 오지 않느냐?" 하고 물었다. 그때 요나단이 대답하였다. "다윗이 나에게 베들레헴으로 가게 해 달라고 간청했습니다. 자기 가족이 모여서 제사 드릴 일이 있다고 그 곳으로 오라는 형의 명령을 받았다기에 내가 보내 주었습니다. 그래서 그가 왕의 식탁에 나오지 못했습니다."(27-29절)

그러자 사울이 요나단에게 아주 화를 내며 말했다. "패역무도한 계집의 소생아 네가 이새의 아들을 택한 것이 네 수치와 네 어미의 벌거벗은 수치 됨을 내가 어찌 알지 못하랴."(30절) "이 패역무도한 계집의 자식아, 네가 이새의 아들과 단짝이 된 것을 내가 모를 줄 알았더냐? 그런 녀석과 단짝이 되다니, 너에게도 부끄러운 일이고 너를 낳은 네 어미를 발가벗기는 망신이 될 뿐이다."

'패역무도한 계집의 소생아' (you son of a perverse and rebellious woman)는 '패역하고 반항하는 계집의 새끼' 라는 뜻으로 요나단을 낳은 어머니까지 싸잡아 욕한 것이다. 사울은 다윗을 죽이려는 자신의 계획에 요나단이 협력하지 않자 이처럼 극악한 욕을 퍼부었다. 자기를 낳은 어머니에 대한 욕은 아들에게 큰 모욕감을 준다. '네 수치와 네 어미의 벌거벗은 수치 됨' (your own shame and the shame of thy mother's nakedness)은 '너를 낳은 어머니의 불명예나 수치가 될 것' 을 말한다.

"이새의 아들이 이 세상에 살아 있는 한은, 너도 안전하지 못하고, 너의 나라도 안전하지 못할 줄 알아라. 빨리 가서 그 녀석을 당장에 끌어 오너라. 그 녀석은 반드시 죽어야 한다."(31절) 요나단은 사울의 장자였으므로 이스라엘의 차기 왕이 될 인물이었다. 그래서 사울은 요나단에게 다윗이 없어야 네가 왕이 된다는 말로 다윗과 요나단 사이를 떼 놓으려 했다.

그러자 요나단은 아버지에게 "어째서 그가 죽어야 합니까? 그가 잘못한 것이 무엇입니까?" 하고 따졌다(32절). 그때 사울은 요나단을 죽이려고 그에게 단창을 던졌다. 그제서야 요나단은 자기 아버지가 다윗을 정말 죽이기로 결심한 것을 알게 되었다(33절).

요나단도 심히 노하여(화가 치밀어) 식탁에서 일어섰다. 그리고 요나단은 자기 아버지가 다윗을 모욕한 것이 슬퍼서(가슴 아파서), 그 달의 이틀째가 되던 그 날은 하루 종일 아무것도 먹지 않았다(34절). '심히 노하여' (*bahori ap*, in fierce anger)는 문자적으로 '타오르는 분노로' 이다. 이것은 요나단의 감정까지 다윗에게 기울어져 있음을 보여준다.

3. 다윗과 요나단의 이별(35-42절)

다음 날 아침 약속한 대로 요나단은 아이 하나를 데리고 들로 나가 그에게 "너는 달려가서 내가 쏘는 화살을 찾아오너라." 하였다. 그 아이가 달려가자 요나단은 그의 위로 지나가도록 화살을 쏘았다(35, 36절). '아침에'는 제3일 아침이다. 그 날에 요나단은 들에서 다윗과 만나기로 약속되어 있었다. 제2일에는 금식하며 비탄의 기도를 드리며 보냈다(34절).

그 아이가 화살이 떨어진 곳까지 거의 갔을 때 요나단은 "화살이 네 앞쪽에(beyond you) 있다. 어물어물하지 말고 빨리 주워 오너라." 하고 외쳤다. 그래서 그 아이는 재빠르게 화살을 주워 주인에게 돌아왔다(37, 38절). 물론 그 아이는 요나단이 그렇게 하는 이유를 알지 못했으며 단지 요나단과 다윗만 알 뿐이었다. 그때 요나단은 자기 무기(활과 화살)을 그 아이에게 주면서 그것을 가지고 성으로 돌아가라고 하였다(39, 40절)

그 아이가 떠난 후에 다윗은 바위 남쪽(숨어 있던 돌 뒤)에서 일어나 요나단 앞에 무릎을 꿇고 땅에 엎드려 세 번이나 절하였다. 그런 다음 다윗과 요나단은 서로 붙들고 입을 맞추며 흐느껴 울기 시작했는데 다윗이 더욱 심하게 울었다(41절). 세 번 절한 것은 고대에 왕이나 왕자에 대한 예우였다. 여기서 다윗은 생명의 은인에게 진심어린 감사를 표했다.

그러자 요나단이 다윗에게 말했다. "평안히 가게. 우리 두 사람이 서로 여호와의 이름을 걸고 맹세한 것은 잊지 않도록 하세. 하나님께서 나와 자네 사이에, 그리고 나의 자손과 자네의 자손 사이에도 영원히(길이길이) 그 증인이 되실 걸세." 다윗은 일어나 길을 떠났고, 요나단은 성 안으로 들어갔다(42절). 두 사람은 모두 위급한 상황에 처해 있었으나 여호와를 의지하는 신앙 안에서 미래의 평안을 확신했다. '평안히 가라.' (*lek lesalowm*, go in peace) 요나단은 다윗에게 하나님만이 줄 수 있는 평안, 환경을 뛰어넘는 평안을 빌었다. 다윗은 그로부터 10년간 사울에게 쫓기는 삶을 살았다. 20대를 불안과 초조 속에서 살았지만 그 때마다 하나님의 임재를 느끼며 살았다.

제21장

놉으로 도망간 다윗, 가드로 도망간 다윗

1. 놉으로 도망간 다윗(1-9절)

다윗은 놉으로 가서 제사장 아히멜렉에게 이르렀다. 아히멜렉이 떨면서 나와서, 다윗을 맞으며 물었다. "동행자도 없이 어떻게 혼자 오셨습니까?"(1절) 다윗은 놉 성을 찾아갔다. 다윗이 숨지 않고 공개적 장소를 찾아간 것은 하나님을 신뢰했기 때문이다. 궁지에 몰린 다윗이 아히멜렉을 찾은 것은 신변의 위협을 느껴서기도 하지만 대제사장을 통해 하나님의 뜻을 알고자 함이었을 것이다. 하나님의 인도하심을 구하려 한 것이다. 그러나 아히멜렉은 다윗이 혼자 나타난 것을 보며 일이 심상치 않음을 느꼈을 것이다.

'놉'(Nob)은 베냐민 지파에 속한 성읍으로, 실로의 성소가 파괴된 후 성막은 이곳으로 옮겨졌다. 예루살렘 북동쪽, 기브아 남쪽에 자리하고 있으며 엘리 제사장의 후손들이 살고 있었다.

'아히멜렉'(Ahimelech)은 엘리 제사장의 증손자로, 이가봇의 형제인 아히둡의 아들이다. 아히멜렉은 다윗과 사울의 사이가 좋지 못한 것을 알지 못하고 다윗에게 먹을 것을 주고 숨겨준 사실 때문에 사울에게 죽임을 당한다. 엘리 제사장의 다른 후손들도 죽임을 당하게 된다. 이것은 엘리 제사장의 가계가 멸절되리라는 예언이 이루어진 것이기도 하다.

다윗이 제사장 아히멜렉에게 대답했다. "나는 왕의 명령을 띠고 길을 떠났습니다. 왕이 나에게 임무를 맡기면서 부탁하시기를, 나에게 맡기신 임무를 어느 누구에게도 알리지 말라고 하셨습니다. 그래서 부하들과는 약속된 곳에서 만나기로 하였습니다."(2절) 다윗은 순간적으로 기지를 발휘하여 홀로 오게 된 경위에 대해 변명했다. 사실은 아니지만 아히멜렉을 안심시키기 위한 어쩔 수 없는 조치였다.

"그런데 지금 제사장님이 혹시 무엇이든 가까이 가지신 것이 좀 없습니까? 빵 다섯 덩이가 있으면 저에게 주십시오. 그렇게 안 되면, 있는 대로라도 주십시오."(3절) 다윗은 식량조차 가져오지 못했으니 있는 대로 좀 달라 했다. 그러자 제사장이 다윗에게 말했다. "지금 보통 빵(떡)은 내게 없고, 있는 것은 거룩한 빵뿐입니다. 그 젊은이들이 여자만 가까이하지 않았다면, 줄 수가 있습니다."(4절) '여자를 가까이만 하지 않았다면 줄 수 있다.' 여인과의 동침은 율법에서 부정한 것이었다(레 15:18).

'보통 빵'(common bread)은 보통 때 먹을 수 있는 빵을 말한다. '거룩한 빵'(consecrated, holy bread)은 성소 안에 놓여있는 12개의 진설병을 가리킨다. 12은 이스라엘의 12지파를 상징한다. 진설병(陳設餠, Bread of the presence)은 '하나님의 임재의 빵' 이라는 뜻이다. 진설병은 각각 2.5킬로그램의 밀가루로 구워서 그 위에 유향을 뿌린 떡을 여섯 덩이씩 두 줄로 쌓아놓았다. 안식일마다 새 떡으로 갈고, 묵은 떡은 제사장들이 성소에서 먹었다. 이 빵은 제사장들만 먹을 수 있는 빵이었기 때문에 예수님은 제자들이 안식일을 범한 사건에 대해 이 사건을 비유로 들어 당신의 절대적인 권위를 가르치셨다(마 12:3, 4, 7).

다윗이 제사장에게 말했다. "우리가 참으로 삼 일 동안이나 여자를 가까이하지 아니하였습니다. 내가 떠난 길이 보통 여행이라도 소년들(부하들)의 그릇이 성결하겠거든 하물며 오늘 그들의 그릇이 성결하지 아니하겠나이까."(5절) 물론 그들은 여자를 가까이하지 않았다. 보통 임무를 띠고 나올 때도 부하들이 난잡하게 굴도록 내버려 둔 적이 없는데 하물며 이처럼 특수 임무를 띠고 나온 우리가 어떻게 여자 문제를 생각할 수 있겠는가. 출정할 때 이미 부하들의 몸은 정결했으니 오늘쯤은 어떠하겠는가. 그들의 몸은 더 정결하다는 것이다. '삼 일 동안'은 율법에 규정된 성적 절제 기간이다(출 19:15). '그릇' (*kele*, vessels)은 몸을 의미하는 은유적 표현이다.

제사장은 그에게 거룩한 빵을 주었다. 하나님 앞에 차려 놓은 진설병(빵) 말고는, 다른 빵이 달리 더 없었기 때문이다. 그 빵은 더운 빵(떡)을 드리는 날에, 하나님 앞에서 물려 낸 것이었다(6절). 다윗에게 준 것은 하나님께 새로 만든 뜨거운 빵을 차려 놓으면서 그 날 새 것으로 갈고 끄집어내 놓은 묵은 빵이었다. 묵은 빵은 원래 제사장들이 성소에게 먹게 되어 있다.

공교롭게도 그 때 사울의 목자 장(목자들 가운데 우두머리)인 에돔 사람 도엑이 종교적인 의식 때문에 여호와 앞에 머물러 있었다(그 곳에 와 있었다.)(7절) '도엑' (Doeg)은 사울이 에돔과의 전투에서 사로잡아 온 사울의 종이다. 그도 기도할 일이 있어 성소에 왔을 것이다. 다윗은 이미 도엑이 사울에게 모든 일을 고해바칠 인물이라는 것을 알고 있었다(삼상 22:22, 시 52편)

다윗이 아히멜렉에게 또 한 가지를 물었다. "제사장님은 지금 혹시 창이나 칼을 가지고 계신 것이 없습니까? 저는 왕의 명령이 너무도 급하여서, 나의 칼이나 무기를 가져오지 못했습니다."(8절) 다윗은 먹을 것도 없고, 무기도 없는 처지였음을 보여준다. 게다가 그와 함께 할 사람도 없다. 인간적으로 극한상황에서 오직 하나님만 그의 편이다.

제사장이 대답했다. "그대가 엘라 골짜기에서 죽인 블레셋 사람 골리앗의 칼을, 보자기에 싸서 여기 에봇 뒤에 두었소. 여기에는 이것 말고는 다른 칼이 없으니, 이 칼을 가지고 싶으면 가지십시오." 다윗이 말하였다. "그만한 것이 어디에 또 있겠습니까? 그것을 나에게 주십시오."(9절)

제사장은 골리앗을 죽인 칼 내놨다. 이것은 기적의 칼, 하나님의 임재를 입증하는 칼이 아니던가. 이제 다윗은 먹을 것 조금과 골리앗의 칼을 얻게 되었다. '엘라 골짜기' (the valley of Elah)는 '상수리나무의 골짜기' 라는 뜻으로, 다윗이 골리앗과 싸워 이긴 곳이다. 하나님은 사울의 엄청난 질시 속에서도 궁극적 승리를 다윗에게 안겨주실 것이다.

2. 가드로 도망간 다윗(10-15절)

그 날 다윗은 사울을 두려워하여 급히 그 곳을 떠나 가드 왕 아기스에게로 갔다(10절). '가드' (Gath)는 '포도 짜는 들' 이라는 뜻으로, 블레셋의 5대 성읍 가운데 하나이다. 아스글론 동남쪽에 있고, 거인 족 아낙 사람들의 남은 자들이 이곳에 살고 있었다. '아기스' (Achish)는 블레셋의 가드 왕이다. 다윗이 블레셋으로 도망한 이유는 사울의 추격이 미치지 못하며, 골리앗과의 싸움이 벌써 4년이 지난 뒤라 자신을 기억하지 못할 것이라 생각한 것으로 추정된다.

그러나 아기스의 신하들은 다윗이 그 곳에 온 것을 기쁘게 여기지 않고 이렇게 말했다. "이 자가 그 땅의 왕 다윗이 아닙니까? 이 사람은 그 곳 백성들이 사울이 죽인 자는 수천 명이요 다윗이 죽인 자는 수만 명이라네 하고 노래하며 춤추고 영예를 돌리던 바로 그 자입니다." 다윗은 이들이 하는 말을 듣고 아기스 왕을 두려워하여 그들 앞에서 갑자기 미친 척하였다. 그가 대문짝을 긁적거리며 수염에 침을 질질 흘렸다(11-13절).

그러자 아기스가 신하들에게 소리쳤다. "아니, 미친 녀석이 아니냐? 왜 저런 자를 나에게 끌어 왔느냐? 나에게 미치광이가 부족해서 저런 자까지 데려다가 내 앞에서 미친 짓을 하게 하느냐? 왕궁에 저런 자까지 들어와 있어야 하느냐?"(14, 15절) 다윗은 이 사건을 배경으로 시편 34편을 썼다. 그 시에서

'아비멜렉' 은 블레셋 왕들을 통칭하는 말이다. 이 시편은 미친 사람을 가장하여 블레셋을 탈출할 때 여호와의 보호와 구원의 은혜를 노래한 것이다. 시56편도 미치광이로 행세하면서 하나님의 도우심과 구원을 간구한 내용을 담고 있다. 다윗은 하나님의 도우심으로 위기에서 벗어날 수 있었다.

제22장

아둘람 굴로 도망한 다윗, 놉 제사장들을 죽인 사울

1. 아둘람 굴로 도망한 다윗(1-5절)

다윗이 가드를 떠나 아둘람 굴로 도망치자 그의 형제들과 친척들이 그 소식을 듣고 그 곳으로 찾아갔다(1절). 가드도 피난처가 되지 못하자 다윗은 아둘람 굴에 숨었다. 아둘람(Adullam)은 '피난처'라는 뜻으로, 블레셋 경계 가까운 유다 지파의 땅이다. 가드 남동쪽, 베들레헴 남쪽에 있는 (가드와 베들레헴 중간에 위치한) 산간지방으로 구릉 지대여서 요새지와 은신처로 적합했다. 다윗은 이곳 지리를 잘 알았던 것으로 보인다.

그때 환난(고통)을 당하는 자와 빚진 자와 마음이 원통한 자(불만을 가진 자)들이 다 그에게로 모여들었다. 그들은 약 400명 정도 되었으며 다윗이 그들의 지도자가 되었다(2절). 환난 당한 자, 빚진 자, 마음이 원통한 자 모두가 다윗에게 모여들었다. 이렇게 해서 다윗에게 모여든 사람만 약 400명으로, 다윗과 뜻을 같이 한 사람들이 되었다. 그들이 다윗 왕국을 세운 사람들이 되었다.

빚진 자는 사울의 착취 행위로 인해 경제적으로 곤궁에 빠진 자들을 말한다. 마음이 원통한 자는 하나님의 뜻에 반대되는 사울의 통치에 영적 고통을 느끼던 자들로, 많은 용사와 선지자들이 포함되었다(대상 12:1-18). 이것은 사울의 태만과 폭정으로 온 백성이 도탄에 빠졌고, 이스라엘의 민심이 흉흉했음을 보여준다.

그 후에 다윗은 모압의 미스베(Mizpeh, 미스바)로 가서 모압 왕에게 하나님이 자기를 위해 무엇을 하실 것인가를 알 때까지 자기 부모가 왕궁의 보호를 받도록 해 달라고 간청하였다(3절). 그리하여 다윗은 자기의 부모를 모압 왕에게 부탁하였다. 다윗이 요새(산성)에 머물러 있는 동안에, 다윗의 부모는 모압 왕과 함께 살았다(4절). 다윗의 증조모 룻이 모압 사람이었으며, 모압은 사울의 추격이 미치지 못하는 곳이기에 다윗은 모압 왕에게 피신하여 가족들의 보호를 요청한 것이다.

그 때에 갓이라는 선지자가 다윗에게, 그 요새(산성)에 머물러 있지 말고 어서 유다 땅으로 들어가라고 재촉하였다. 그래서 다윗은 그 곳을 떠나서, 헤렛 숲(the forest of Hereth)으로 들어갔다(5절).

선지자 갓(Gad)은 사울의 보복을 두려워하지 않고 다윗에게 합류했다. 아마도 그는 사무엘의 선지학교에 있다가 다윗에게 왔을 것이다. 그는 다윗에게 서슴지 않고 직언을 한 충실한 선지자였으며(삼하 24:11-19, 대상 21:9-17), 다윗의 행적을 기록했고(대상 29:29), 예배를 체계화했다(대하 29:25).

2. 놉 제사장들을 죽인 사울(6-23절)

하루는 사울이 기브아 높은 곳(산등성이)의 에셀 나무 아래에서 단창을 들고 앉아 있었다. 그의 신하들은 모두 그의 곁에 둘러 서 있었다. 거기에서 사울은 다윗이 부하들을 거느리고 나타났다는 말을 들었다(6절).

'기브아' (Gibeah)는 사울 통치 시에 이스라엘의 수도였다. 예루살렘 북쪽에 있고, 베냐민 지파에 할당된 땅이다. 이스라엘 모든 영토 가운데 가장 사악한 곳으로 사사시대에 성적인 타락 때문에 멸망당한 바 있다. 사울의 고향이다.

사울은 자기의 왕권을 과시하기 위해 기브아 높은 곳에 거했다. 에셀(*esel*, tamarisk) 나무는 사막이나 해변 또는 강변에 서식하는 희귀종이다. 푸르스름

한 포엽 잎을 갖고 있고, 이 잎은 길고 가느다란 가지를 덮고 있어서 약간의 그늘을 제공해준다. 분홍색 꽃이 피었을 때 아름답게 보인다. 이 나무를 심은 곳은 신성시되었다. 사울은 이 나무 그늘에서 왕권을 과시했다.

사울이 둘러 서 있는 신하들에게 호통을 쳤다. "너희 베냐민 사람들아, 똑똑히 들어라. 이새의 아들이 너희 모두에게 밭과 포도원을 나누어 주고, 너희를 모두 천부장이나 백부장으로 삼을 줄 아느냐?"(7절)

"어째서 너희가 공모하여 다 나를 대적하느냐? 내 아들(요나단)이 다윗 편에 가담했는데도 그 사실을 나에게 말해 주는 자가 아무도 없었다. 너희 가운데는 나를 염려하는 자도 없고 내 아들이 다윗을 선동하여 그가 나를 죽일 기회만 노리고 있는데도 나에게 고발하는 자가 하나도 없었다."(8절)

그때 사울의 신하들과 함께 서 있던 에돔 사람 도엑이 말했다. "내가 놉에 있을 때 다윗이 제사장 아히멜렉과 이야기하는 것을 보았습니다. 아히멜렉은 다윗이 해야 할 일이 무엇인지 여호와께 묻고 그에게 음식도 주고 또 블레셋 사람 골리앗의 칼도 그에게 주었습니다."(9, 10절)

'도엑'(Doeg)은 '겁장이'라는 뜻으로, 에돔 사람으로 사울의 목자 장이었다. 사울이 놉의 제사장들을 죽이도록 명령했을 때 도엑은 아히멜렉을 비롯해 85명의 제사장들을 모두 죽였다.

그래서 사울 왕은 즉시 사람을 보내 아히멜렉과 그의 모든 가족과 그리고 놉에 있는 다른 제사장들도 다 불러오게 하였다. 그들이 모두 도착했을 때 사울이 아히멜렉을 보고 "너 아히둡의 아들아, 똑똑히 들어라." 하고 소리치자 "내 주여 내가 여기 있나이다."(말씀하십시오.) 하고 아히멜렉이 떨리는 목소리로 대답했다(11, 12절).

그때 사울이 그에게 물었다. "어째서 네가 다윗과 공모하여 나를 대적하느냐? 네가 무엇 때문에 그에게 음식과 칼을 주고 그를 위해 하나님께 물어 보았느냐? 도대체 네가 그를 선동하여 그가 나를 반역하고 이 곳까지 와서 나를 칠 기회만 노리도록 한 이유가 무엇이냐?"(13절)

그러자 아히멜렉이 왕에게 대답했다. "왕의 모든 신하들 가운데서 다윗만큼 믿을 만한 사람이 누구입니까? 더구나 그는 왕의 사위인 동시에 호위대장(경호실장)이며, 이 왕실에서 매우 존귀한 사람이 아닙니까?"(14절) "내가 그를 위하여 하나님께 물은 것이 오늘이 처음입니까? 결단코 그렇지 않습니다. 원하건대 왕은 종과 종의 아비의 온 집에 아무 허물도 돌리지 말아주십시오. 왕의 종은 이 모든 크고 작은 일에 관하여 아는 것이 없습니다."(15절)

그런데도 사울 왕은 이런 선언을 내렸다. "아히멜렉은 들어라. 너는 어쨌든 너의 온 집안과 함께 죽어 마땅하다."(16절) 시기심에 눈이 먼 사울은 에돔 사람 도엑 한 사람의 말만 듣고 일족을 몰살하는 그릇된 판결을 하게 되었다. 율법에서는 반드시 두 사람 이상의 증인이 요구된다(신 19:15).

그리고 왕은 자기 곁에 둘러 서 있던 호위병들에게 명령하였다. "너희는 당장 달려들어 여호와의 제사장들을 죽여라. 그들은 다윗과 손을 잡고 공모하였으며, 다윗이 도망하는 줄 알았으면서도 나에게 귀띔해 주지 않았기 때문이다." 그러나 왕의 신하들은 손을 들어 여호와의 제사장들을 살해하기를 꺼렸다(17절). 그 이유는 왕의 판정이 그릇되었음에 공감했고, 제사장들은 기름부음을 받은 자들이었기 때문이다.

그러자 왕이 도엑에게 명했다. "네가 달려들어 저 제사장들을 죽여라." 그러자 에돔 사람 도엑이 서슴없이 달려들어서 그 제사장들을 죽였는데, 그가 그 날 죽인 사람은 세마포 에봇을 입은 제사장만도 85명이나 되었다(18절).

사울은 제사장들이 살던 성읍 놉에까지 가서, 주민을 다 칼로 죽였다. 그는 남자와 여자, 어린이와 젖먹이, 소 떼나 나귀 떼나 양 떼를 가리지 않고, 모두 칼로 쳐서 죽였다(19절).

그런 가운데 아히둡의 손자이자 아히멜렉의 아들인 아비아달이 그곳을 피하여 다윗에게로 도망했다(20절). 아비아달은 다윗에게, 사울이 여호와의 제사장들을 몰살시켰다는 소식을 전하였다(21절).

다윗이 아비아달에게 말했다. "그 날 내가 에돔 사람 도엑을 거기에서 보고서, 그가 틀림없이 사울에게 고자질하겠다는 것을 그 때에 이미 짐작하였소. 제사장의 집안이 몰살당한 것은, 바로 내가 책임져야 하오. 이제 두려워하지 말고, 나와 함께 지냅시다. 이제 나의 생명(목숨)을 노리는 사람이 바로 당신의 목숨을 노리는 사람이기도 하니, 나와 함께 있으면 안전할 것이오."(22, 23절) '안전할 것이다' (*attah mismeret*, shall be safe)는 '가시로 울타리를 치다', '지키다', '파수보다' 라는 뜻을 가지고 있다. 보초가 망을 보듯이 한 치의 허점도 없이 보호할 것을 의미한다.

제23장

그일라를 구원한 다윗, 하나님께 기도하는 다윗, 십 광야에서 살아나온 다윗

1. 그일라를 구원한 다윗(1-5절)

다윗은, 블레셋 사람이 그일라를 치고, 타작마당의 곡식을 마구 약탈하여 간다는 소식을 들었다(1절). 블레셋이 그일라 사람의 타작마당을 탈취했다. 농부들이 애써 수고한 양식을 강탈당한 것이다. 다윗은 자기 민족이 이런 일을 당했다는 소식을 보고받게 되었다.

'그일라' (Keilah)는 예루살렘 남서쪽 블레셋 경계에 가까운 지역으로, 아둘람 남쪽에 있는 곡창지대이다. 유다의 저지대로, 쉽게 블레셋의 공격 목표가 되었다. 블레셋의 침략은 추수기에 식량을 약탈해 가기 위한 것이었다. '타작마당' (threshing floors)은 추수한 곡식을 모아놓고 타작하는 장소를 가리킨다. 추수기에는 한 해 동안의 마을 곡식이 이곳에 모여 있었다.

그래서 다윗은 하나님께 여쭈었다. "내가 출전하여 이 블레셋 사람을 쳐도 되겠습니까?" 그러자 하나님께서 다윗에게 허락하셨다. "가서 블레셋 족속을 치고, 그일라를 구원하라."(2절) 이에 대해 다윗은 감정적 대응을 하기에 앞서 하나님께 물었다. 하나님은 가서 블레셋을 치고 그일라를 구원하라 하셨다.

그러나 다윗의 부하들은 "우리가 여기 유다에 있기도 두려운데 그일라까지 가서 어떻게 전 블레셋군과 싸울 수 있겠습니까?" 하였다(3절). 다윗과 함께 한 군사들은 두려워했다. 지금 유다에 있는 것도 힘든데 어떻게 블레셋과 맞서 싸울 수 있겠느냐는 것이다.

다윗은 여호와께 다시 물었다. 그러자 하나님께서는 "그일라로 내려가거라. 내가 블레셋군을 네 손에 넘겨주겠다."고 하셨다(4절). 다윗은 다시 하나님을 찾아 기도했다. 문제에 앞서 하나님을 찾는 모습이 귀하다. 이에 하나님은 더 분명하게, 구체적으로 말씀하셨다. 첫 번 기도에서는 '가서 구원하라.' 하셨지만 두 번째 기도에는 '블레셋 사람을 네 손에 넘겨주겠다.' 하심으로 승리할 것을 확신케 하셨다. '넘겨주겠다' (*noten*, will deliver)는 '허락하다', '주다'라는 뜻으로, 모든 만물과 역사를 주관하시는 하나님께서 주실 것을 허락하신 것을 의미한다.

다윗과 그의 부하들은 그일라로 가서 블레셋 군과 싸워 그들을 수없이 죽였으며 그들의 가축을 빼앗아 끌어오고 그일라 주민들을 구출하였다(5절).

2. 하나님께 기도하는 다윗(6-12절)

아히멜렉의 아들 아비아달이 그일라에 있는 다윗에게 도망갔을 때 그는 자기 에봇(ephod)을 가지고 갔다(6절).

한편 다윗이 그일라에 들어왔다는 소식이 사울에게 전해지자 사울이 외쳤다. "이제는 하나님이 그 자를 나의 손에 넘겨주셨다. 성문과 빗장이 있는 성읍으로 들어갔으니, 독 안에 든 쥐다."(7절) 사울은 군대를 소집하여, 그일라로 내려가서 다윗과 그의 부하들을 포위하게 하였다(8절).

다윗은 사울이 자기를 해치려고 음모를 꾸미고 있다는 사실을 알고서, 제사장 아비아달에게 에봇을 가져오게 하였다(9절). 대제사장의 에봇에는 하나님의 뜻을 분별해주는 우림과 둠밈이 부착되어 있다.

다윗이 하나님께 아뢰었다. "이스라엘의 하나님 여호와여, 사울이 나를 잡으려고 그일라로 와서 이 성읍을 멸망시키기로 결심하였다는 소식을, 이 종이 확실하게 들었습니다."(10절) 다윗은 하나님을 향해 '이스라엘의 하나님 여호와' 라 했다. 민족적 차원의 기도다. 다윗은 하나님께 위급함을 호소했다.

"그일라 주민이 나를 사울의 손에 넘겨주겠습니까? 이 종이 들은 소문 그대로 사울이 내려오겠습니까? 이스라엘의 하나님 여호와여, 주의 종에게 대답하여 주십시오." 하나님께서 대답하셨다. "그가 내려올 것이다."(11절)

다윗이 다시 한 번 여쭈었다. "그일라 주민이 정말로 나를 나의 부하들과 함께 사울의 손에 넘겨주겠습니까?" 하나님께서 대답하셨다. "넘겨 줄 것이다."(12절) 비록 다윗이 그일라 사람들을 블레셋에서 구원해 주었지만 그일라 사람들은 사울의 보복이 두려워 다윗을 결국 사울에게 넘겨줄 것이라 하신 것이다. 다윗이 그들을 위해 선한 일을 했지만 그들도 인간인지라 사울이 두려운 것이다. 이것은, 인간이 언제든 상황에 따라 배반할 수 있는 연약한 존재임을 보여준다.

3. 십 광야에서 살아나온 다윗(13-29절)

그래서 다윗은 육백 명쯤 되는 부하를 거느리고, 그일라에서 벗어나 갈 수 있는 곳으로 갔다(떠돌아다녔다.) 다윗이 그일라에서 빠져 나갔다는 소식이 사울에게 알려지자 사울은 출동하려다가 그만두었다(13절). 전에 약 400명이었던 다윗의 세력이 약 600명으로 늘어났다. 그러나 이 수자로는 사울의 군대를 대항할 수 없었다. '갈 수 있는 곳으로 갔더니' 는 '갈 수 있는 곳이면 어디든 갔다' 는 말이다.

그리하여 다윗은 십 광야의 요새(산성)를 찾아다니며 숨어서 살았다. 그는 바로 십 광야의 산골(산간지역)에서 살았다. 그 동안 사울은 날마다 다윗을 찾았지만, 하나님이 다윗을 사울의 손에 넘겨주지 않으셨다(14절). '십 광야' (the Wilderness of Ziph)는 그일라 남동쪽에 있는 곳으로, 유다와 사해 사이에 위치한 불모 고원지대이다. 다윗은 '십 광야의 요새' 에도 있었고 '십 광야 산골' 에도 있었다. 이곳은 산간지대로 인적이 드물고 거주하기에 부적당한 곳이다. 오히려 하나님은 그곳에서 다윗의 일행을 보호하셨다.

다윗은 사울이 자기의 생명을 빼앗으려고 나온 것을 보았기 때문에 그가 십 광야 수풀(*horesah*, the woods, Horesh, '호레스' 로도 번역)에 있었다(15절). 사울이 다윗의 목숨을 노리고 출동할 때마다 다윗은 그것을 다 알고서 피했다.

다윗이 십 광야의 호레스(수풀)에 있을 때에 요나단이 다윗을 찾아왔다. 요나단은 다윗을 수풀에서 만나 그에게 하나님을 더욱 힘 있게(신실하게) 의지하라고 격려하면서 말했다. "두려워하지 말라. 우리 아버지가 절대로 너를 찾지 못할 것이다. 네가 이스라엘의 왕이 되고 나는 네 다음이 될 것이다. 우리 아버지도 이 사실을 알고 있다." (16, 17절). '힘 있게' (*hazzeq*, strengthened)의 원문은 '그의 손을 강하게 하다' 이다. 요나단이 계속된 도피생활로 지칠 대로 지친 다윗을 위로하고 용기를 북돋아주어 하나님을 전적으로 의지하며 이겨내도록 한 것을 말한다.

이리하여 이 두 사람은 다시 하나님 앞에서 우정의 언약을 맺었다. 그리고 다윗은 계속 호레스(수풀)에 머물렀으나, 요나단은 다시 집으로 돌아갔다(18절).

그 때에 십 사람들이 기브아에 있는 사울을 찾아가 밀고했다. "다윗이 우리가 사는 광야 남쪽 하길라 산 하레스(수풀) 요새에 숨어있습니다." (19절) 십 사람들은 놉 성읍이 사울에 의해 진멸되었던 사건을 기억했다. 그들은 다윗을 도울 경우 사울 왕이 그들에게 보복할 것을 두려워해 다윗의 은신처를 밀고했다. '광야'는 헤브론 남동쪽의 사막지대 또는 불모지다. 하길라(Hachilah) 산은 십 광야의 일부분으로 광야 동편에 자리하고 있다.

"그러므로 왕께서 우리 지방에 내려오십시오. 우리가 그를 잡아 왕의 손에 넘겨 드리는 것이 우리의 의무입니다."(20절)

그러자 사울이 대답했다. "너희가 나를 긍휼히 여겼으니(친절을 보였으니) 여호와께 복 받기를 원하노라."(21절) 그들의 정성어린 밀고에 감사 표시를 했다. 이것은 사울의 이기적이고 형식적인 신앙을 단면적으로 보여준다. 경건의 모양은 있지만 그 능력은 사라진 지 오래다.

사울의 말은 계속된다. "너희는 가서 좀 더 자세히 살펴보고 그가 어디에 숨어 있으며 또 누가 그를 보았는지 알아보고 오너라. 그는 대단히 지혜롭게(약삭빠르게) 행동한다는 말을 들었다. 너희는 그가 숨어 있는 곳을 정확하게 정탐(확인)하고 돌아와서 나에게 좀 더 상세히 보고하라. 그러면 내가 너희와 함께 내려가겠다. 만일 그가 그 지역에 있다면 내가 유다 몇 천 명 중에서라도(그 땅을 샅샅이 뒤져서라도) 그를 반드시 찾아내고야 말겠다."(22, 23절) 사울은 다윗에 대해 좀 더 상세한 정보를 요청했다. 이번엔 기필코 다윗을 죽이겠다는 말이다.

이리하여 십 사람들은 일어나 사울보다 먼저 십 광야로 떠나갔다. 이 때에 다윗과 그의 부하들은, 광야 남쪽 마온 광야 아라바에 있었다(24절). '광야 남쪽 마온 광야 아라바'는 여시몬(Jeshimon) 남쪽의 아라바에 있는 마온 광야를 말한다. '마온 광야'(the Wilderness of Maon)는 십 광야 남쪽에 있는 산악지대이다. 시편 63편은 여기서 당한 곤경과 하나님의 구원을 노래하고 있다. '아라바'(Arabah)는 사해 주변의 저지대를 가리킨다. 그 경계는 갈릴리 호수에서 요단 계곡을 따라 사해를 끼고 아카바 만까지 이른다.

사울도 부하들을 거느리고 다윗을 찾아 나섰다. 누가 이 사실을 다윗에게 알려 주자, 그는 마온 광야에 있는 바위로 내려갔다. 사울이 이 소식을 듣고, 곧 마온 광야로 가서 다윗을 추격하였다(25절). '바위'는 마온 광야의 암석을 가리킨다.

이리하여 사울은 산 이쪽에서 쫓아가고, 다윗과 그의 부하들은 산 저쪽에서 도망하게 되었다. 이렇게 다윗은 사울을 피하여 급히 도망하고, 사울과 그의 부하들은 다윗과 그의 부하들을 잡으려고 포위를 하는데, 갑자기 전령 한 사람이 사울에게 와서, 블레셋 족속이 쳐들어왔으니, 어서 돌아가야 한다고 보고하였다(26, 27절). 사울과 그의 사람들이 다윗과 그의 사람들을 에워싸고 잡으려는 순간 블레셋 침공을 보고했다. 위기일발에 하나님께서 다윗을 보호하신 것이다.

사울은 더 이상 다윗을 추격할 수 없게 되었다. 사울은 포기하고 블레셋 군과 싸우러 갔다. 그래서 그때 이후로 그 곳을 '셀라하마느곳'(분리의 바위)이라 불렀다(28절). '셀라하마느곳'(*Sela-hammalekoth*, the Rock of Division, Escape)은 '분리의 바위'라는 뜻으로, 하나님의 구원을 기념하는 이름이다. '셀라'(Sela)는 '바위'이고, '하마느곳'(*hammalekoth*)은 '분리하다', '나누어지다'는 뜻이다.

그 후에 다윗은 그 곳을 떠나 엔게디 요새로 가서 머물러 있었다(29절). '엔게디'(En Gedi)는 '염소의 샘'이라는 뜻이다. 사해 서쪽 해안 중간에 있으며 마온 광야에서 20km 지점에 있다. 유다 광야의 동쪽 끝, 사해 연안의 헤브론 동쪽에 자리한 오아시스 지역이다. 석회석으로 된 동굴이 많아 피신하기에 좋다. '요새'(*mesadowt*, strongholds)는 복수형으로, 다윗이 이리저리 옮겨 다녔음을 암시하고 있다. 현대인의성경은 '동굴'로 번역했다.

제24장

사울을 살려준 다윗, 다윗의 인격에 감복한 사울

1. 사울을 살려준 다윗(1-15절)

사울이 블레셋 군과 싸우고 돌아왔을 때 어떤 사람이 그에게 다윗이 엔게디 광야에 있다는 말을 했다(1절). 밀고한 것이다. 다윗은 잦은 밀고로 인해 입지가 좁아질 수밖에 없었다.

그래서 사울은 정예병 3천명을 이끌고 다윗과 그의 부하들을 찾으러 '들염소 바위'가 있는 곳으로 갔다(2절). '들 염소 바위' 는 엔게디의 바위로, 엔게디에는 풍부한 물과 초원 그리고 가파른 바위가 있어 들 염소들이 많이 야생했다.

사울이 길 옆에 양 우리가 많은 곳에 이르렀는데, 그 곳에 굴이 하나 있었다. 사울이 뒤를 보려고 그리로 들어갔는데, 그 굴의 안쪽 깊은 곳에 다윗과 그의 부하들이 숨어 있었다(3절). '뒤를 보러' (attend to his needs)는 용변을 보러 들어갔다(relieve himself)는 말이다. '발을 가리우러' (cover his feets, KJB, 개역한글) 들어간 것으로 번역한 것도 있다. 이것을 놓고 뒤를 보러 갔다, 잠을 자러 갔다 등 여러 해석을 했다. 지금은 뒤를 보러 간 것으로 해석한 역본이 많다.

이때 다윗의 부하들은 그에게 속삭였다. "이제 당신의 때가 왔습니다. 여호와께서는 원수들을 당신에게 넘겨 줄 테니 좋을 대로 하라고 하시지 않았습니까? 지금이 바로 그때입니다." 그래서 다윗은 살금살금 사울에게 다가가서 그의 옷자락을 살며시 잘랐다(4절). 다윗은 사울을 죽일 수 있었지만 그렇게 하지 않았다. 다만 옷자락만 잘랐다. '겉옷' (*meil*, robe)은 왕이 입은 예복을 말한다.

다윗은 자기가 사울의 겉옷자락만을 자른 것뿐인데도 마음에 찔림을 받게 되었다(5절). 다윗은 왕의 권위를 나타내는 왕의 옷자락을 베어낸 것으로 양심의 가책을 받았다. 사울이 비록 하나님으로부터 버림을 받기는 했어도 왕의 권위를 하나님으로부터 받았기 때문이다.

그래서 다윗은 자기 부하들에게 타일렀다. "내가 감히 손을 들어, 하나님께서 기름 부어 세우신 우리의 왕을 치겠느냐? 내 주(왕)를 치는 것은 하나님께서 금하는 것이다. 왕은 바로 하나님께서 기름 부어 세우신 자이기 때문이다." (6절)

'기름 부은 자' (*mesiah*, the anointed)는 히브리어로 '메시야' 이다. 구약에서는 왕, 선지자, 제사장이 기름부음을 받는다. 이 때 사용된 기름은 감람유, 몰약, 육계, 창포 등을 사용하여 하나님께서 지시하신 특별한 방법에 따라 제조된다.

다윗은 이런 말로 자기의 부하들을 타이르고, 그들이 일어나 사울을 치지 못하게 하였다. 마침내 사울이 일어나서 굴속에서 나가 길을 걸어갔다(7절). 다윗도 일어나 굴밖으로 나가서, 사울의 뒤에다 대고 외쳤다. "내 주 왕이여!" (임금님, 임금님!) 사울이 뒤를 돌아다보자, 다윗이 땅에 엎드려 절을 하였다(8절). '내 주 왕이여.' 다윗은 여전히 신하의 위치에서 사울을 왕이라 불렀다.

그리고 그는 사울에게 말했다. "어째서 왕은 내가 왕을 해치려고 한다는 말을 들으십니까? 왕은 바로 오늘 그것이 사실이 아님을 보셨습니다. 여호와께서 왕을 굴에서 내 손에 넘겨주셨을 때 내 부하들이 나에게 왕을 죽이라고 하였으나 '내가 왕을 아껴 나는 그를 죽이지 않겠다. 그는 여호와께서 기름 부으신(택하신) 왕이시다.' 하며 왕을 죽이지 않았습니다."(9, 10절)

"내 아버지여 보소서. 내 손에 있는 왕의 옷자락을 보소서. 내가 왕을 죽이지 아니하고 겉옷 자락만 베었기 때문에 내 손에 악이나 죄과가 없는 줄을 오늘 아실 것입니다. 왕은 내 생명을 찾아 해하려 하시지만 나는 왕에게 죄를 범한 일이 없습니다."(11절) '나의 아버지여.' 다윗은 자신의 장인이었으며 한 나라의 왕이기도 한 사울에 대한 존대의 뜻으로 이 말을 사용했다.

"여호와께서는 나와 왕 사이를 판단하사 여호와께서 나를 위하여 왕에게 보복하시려니와 내 손으로는 왕을 해하지 않겠습니다. 옛 속담에 말하기를 '악은 악인에게서 난다' 하였으니 내 손이 왕을 해하지 않겠습니다."(12, 13절) '악은 악인에게서 난다'는 속담은 '열매를 보아 그 사람을 알 수 있다'는 뜻이다. 이 속담을 통해 다윗은 사울에게 자신의 선한 행위가 결국 자신의 결백을 입증하는 것이라 말하고 있다.

"이스라엘의 왕이 누구를 잡으려고 이렇게 나오셨습니까? 왕이 누구를 잡으려고 쫓아다니십니까? 어찌 왕은 죽은 개나 벼룩 같은 자를 쫓아다니십니까?"(14절) '죽은 개나 벼룩'은 아무 힘도 없고 세력도 없는 다윗 자신을 비유한 말이다. '죽은 개'는 히브리어의 관용적인 표현으로, 가장 모욕적인 멸시를 의미한다.

"그러므로 하나님께서 재판관이 되셔서, 나와 왕 사이를 심판하사 나의 사정을 살펴 나의 억울함을 풀어 주시고, 나를 왕의 손에서 건져 주시기를 빌겠습니다."(15절) '억울함을 풀어'(*reb*, plead, contend)는 '변론하다', '논쟁하다'는 단어 '루브'(*rib*, rub)에서 파생한 것으로, 재판 과정에서 변호인이 변론하는 것을 의미하는 법적 용어이다. 의로우신 하나님께서 자신의 무고함과 억울함을 밝혀주시고 변호해주실 것을 바라는 다윗의 기원을 잘 나타내고 있다.

2. 다윗의 인격에 감복한 사울(16-22절)

다윗이 말을 끝마치자, 사울은 "나의 아들 다윗아, 이것이 정말 너의 목소리냐?" 하고 말하면서, 소리 높여(목 놓아) 울었다(16절). 소리를 높여 운 것은, 정권욕과 시기심에 눈 먼 사울이 다윗의 신앙적인 말에 일시적으로 양심의 가책을 받았음을 보여주고 있다.

사울이 다윗에게 말했다. "나는 너를 괴롭혔는데, 너는 내게 이렇게 선대하니(잘 해주었으니), 네가 나보다 의로운 사람이다."(17절)

"여호와께서 나를 네 손에 넘겨주셨으나 네가 나를 죽이지 않았으니 과연 오늘 너는 나를 선대했다(나에게 자비를 베풀었다.)"(18절)

"사람이 그의 원수를 만나면 그를 평안히 가게 하겠느냐 네가 오늘 내게 행한 일로 말미암아 여호와께서 네게 선으로 갚으시기를 원하노라."(19절) 이 세상에서 자기 원수를 손아귀에 넣고도 그냥 놓아 줄 자가 어디 있겠느냐. 네가 오늘 나에게 보인 친절에 대하여 여호와께서 선하게 갚아 주시기를 원한다.

"보라 나는 네가 반드시 왕이 될 것을 알고 이스라엘 나라가 네 손에 견고히 설 것을 아노니 그런즉 너는 내 후손을 끊지 아니하며 내 아버지의 집에서 내 이름을 멸하지 아니할 것을 이제 여호와의 이름으로 내게 맹세하라."(20, 21절) 사울은 다윗이 반드시 왕이 되고 이스라엘을 다스릴 것이라 했다. 그리고 다윗이 왕이 되면 자기 가족을 죽이지 않고 자기 후손들의 혈통을 끊어 버리지 않겠다는 것을 맹세하도록 요구했다. 고대에는 왕조가 바뀔 경우 새로운 왕이 전 왕과 그의 가족을 모두 죽이는 전례가 있었다. 사울은 다윗의 왕권을 인정하는 대신 식구들의 안전을 요구했다.

그래서 다윗은 그렇게 하겠다고 맹세하였다. 그 후에 사울은 집으로 돌아가고 다윗과 그의 부하들은 요새(그들의 은신처)로 돌아갔다(22절).

제25장

사무엘의 죽음, 악독한 부자 나발, 아비가일의 지혜, 다윗과 아비가일의 결혼

1. 사무엘의 죽음(1절)

사무엘이 죽자 모든 이스라엘 사람들은 모여 그의 죽음을 슬퍼하고 그를 라마에 있는 그의 집에 장사하였다. 그 후에 다윗은 바란 광야로 내려갔다(1절). '바란 광야' (Desert of Paran)는 팔레스타인 남쪽에서 멀리 떨어진 시내 반도의 사막 지역이다. 다윗은 사울의 가장 강력한 견제자였던 사무엘이 죽자 더욱 신변에 위험을 느낀 것으로 보인다.

2. 악독한 부자 나발(2-17절)

그 무렵에 마온에 어떤 사람이 살았는데, 갈멜에 목장을 가지고 있었고, 아주 잘 사는 사람이었다. 그가 가진 가축은 양 떼가 삼천 마리, 염소 떼가 천 마리였다. 그는 마침 갈멜에 와서 양털을 깎고 있었다(2절). '마온' (Maon)은 유다 산지에 있는 성읍으로, 십 광야 남쪽에 있다. '갈멜' (Carmel)은 갈릴리 가까이에 있는 갈멜 산이 아니라 마온과 십 광야 중간에 있는 유다 지파의 성읍으로, 헤브론 남쪽에 있다. 사울이 아말렉 전투에서 승리한 후 기념비를 세운 곳으로, 사울의 인기가 높은 곳이었다.

그 사람의 이름은 나발이며, 그 아내의 이름은 아비가일이었다. 이 여인은 이해심도 많고 용모도 아름다웠으나, 그 남편은 고집이 세고 행실이 포악하였다. 나발은 갈렙 족속이었다(3절). '나발' (Nabal)은 '어리석은' 이란 뜻이다. '아비가일' (Abigail)은 '기쁘게 하는 자' 라는 뜻을 가지고 있다. '갈렙 족속' (Calebite)은 가나안 정복 후 헤브론에 정착한 갈렙의 후손들 가리킨다.

그런데 나발이 양털을 깎는다는 소식을 다윗이 광야에서 듣고, 자기 부하들 가운데서 소년(젊은이) 열 사람에게 임무를 주어서 그에게 보냈다. "너희는 갈멜로 올라가 나발을 찾아가서, 나의 이름으로 안부를 전하여라."(4, 5절) '소년' (*nearim*, the young men)은 다윗을 따르는 젊은이를 가리키는 말이다. '나아르' (*near*)는 나이와 상관없이 노예를 지칭하는 말로 사용되기도 한다. 이런 경우 나이 든 충복일 수도 있다.

"너희는 부하게 사는 그에게 이렇게 나의 말을 전하여라. '어른도 평안하시고, 집안이 모두 평안하시기를 빕니다. 어른의 모든 소유도 번창하기를 빕니다. 지금 일꾼들을 데리고 양털을 깎고 계시다는 소식을 들었습니다. 어른의 목자들이 우리와 함께 있었는데, 우리는 그들을 괴롭힌 일도 없으며, 그들이 갈멜에 있는 동안에 양 한 마리도 잃어버린 것이 없었습니다.

일꾼들에게 물어 보시면, 그들이 사실대로 대답할 것입니다. 그리고 우리들이, 잔치를 벌이는 좋은 날에 어른을 찾아왔으니, 제가 보낸 젊은이들을 너그럽게 보시고, 부디 어른의 종들이나 다름이 없는 저의 부하들과, 아들이나 다름이 없는 이 다윗을 생각하셔서, 먹거리를 좀 들려 보내 주십시오.' "(6-8절)

그래서 다윗의 부하들은 나발에게 가서 다윗의 말을 전하고 대답을 기다렸다. 그러나 나발은 그들의 요구를 거절하며 이렇게 말하였다. "다윗이란 사람은 누구고, 이새의 아들은 도대체 누구요? 나는 그에 대해서 들어 본 적이 없소. 요즈음은 종들이 모두 저마다 주인에게서 도망쳐 나가는 세상이 되었소."(10절) 나발은 다윗과 그의 부하들을 주인에게서 도망 나온 종들로 비하고 모욕했다. 다윗 쪽으로서는 결코 참을 수 없는 말이다.

"내가 내 빵과 물과 내 양털 깎는 자를 위해 잡은 고기를 가져다가 어디서 왔는지 알지도 못하는 사람들에게 주어야 한단 말이오? 나는 절대로 그렇게 할 수가 없소."(11절) 어디서 굴러왔는지 출신 내력도 모르겠는 사람들에게 결코 줄 수 없다는 말이다. '떡과 물과 고기'는 당시의 생활필수품을 가리킨다. 정치적 망명객이었던 다윗은 자기를 따르는 사람들을 위해 많은 생활필수품이 필요했다.

그래서 다윗의 부하들은 돌아가서 나발이 말한 것을 그대로 전했다. 그러자 다윗은 "모두 칼을 차라." 명령하고 자기도 칼을 찼다. 그들 중에 400명은 칼을 차고 다윗과 함께 떠나고, 200명은 남아서 그들의 소유물을 지키고 있었다(12, 13절).

한편 나발의 종들 중에 한 사람이 아비가일에게 가서 말했다. "다윗이 우리 주인에게 문안하러 광야에서 그의 부하들을 보냈으나 주인이 그들을 모욕했습니다. 하지만 다윗의 부하들은 우리에게 정말 잘해 주었습니다. 우리는 그들에게 아무런 피해도 입지 않았으며 사실 밤낮으로 그들은 우리에게 담이 되었을 뿐만 아니라 그들이 우리와 함께 있는 동안 양은 물론 아무것도 잃어버린 것이 없습니다."(14-16절) '담'(*homah*, wall)은 '성벽'으로, 확실한 보호를 뜻하는 은유적 표현이다. 블레셋이나 아말렉의 약탈로부터 보호해주었다는 말이다.

"이제 당신은 이 일을 어떻게 처리해야 할지 빨리 생각해야 합니다. 다윗은 주인과 주인의 전 가족을 해하기로 이미 작정하였습니다. 주인은 불량한 사람(막돼먹은 사람)이라 말을 붙여 볼 수도 없습니다."(17절) '불량한 사람'(*beliyaal*, scoundrel)은 '가치 없는 자'라는 뜻이다. 이 말은 엘리의 두 아들 홉니와 비느하스에게도 적용되었다.

3. 아비가일의 지혜(18-35절)

그러자 아비가일은 급히 빵 200덩이와 포도주 두 가죽 부대와 잡아서 요리한 양 다섯 마리와 볶은 곡식 다섯 세아(두 말)과 건포도 100송이와 무화과 200뭉치를 여러 마리의 나귀에 싣고 자기 종들에게 "먼저 가거라. 나는 뒤따라가겠다." 하였다. 그러나 그는 자기 남편에게 그 일을 말하지 않았다(18, 19절). '세아'(seah)는 곡식 등의 부피를 측정하는 단위로, 에바의 3분의 1에 해당하며, 약 7.3리터이다. 현대인의성경은 '다섯 세아'를 '두 말'로 번역했다.

아비가일은 나귀를 타고 산 호젓한 곳(오솔길)을 따라 내려가다가 다윗과 그의 부하들이 자기 쪽으로 오고 있는 것을 보았다(20절). '산 호젓한 곳'은 깊고 은밀한 산간벽지를 말한다.

다윗은 단단히 벼르고 있었다. "내가 저 광야에서 그에게 속한 것은 무엇이든지 지켜 주어, 그의 모든 재산 가운데서 아무것도 잃어버리지 않도록 하였으나, 그것이 모두 헛일이었다. 그는 나에게 선을 악으로 갚았다. 만일 내가 내일 아침까지 그들을 모조리 죽이지 않고 한 사람이라도 남겨 둔다면 하나님이 나를 저주하시기 원한다." (21, 22절)

아비가일은 다윗을 보고 급히 나귀에서 내려 그의 발 앞에 엎드려 절하고 이렇게 말하였다. "내 주여 원하건대 이 죄악을 나 곧 내게로 돌리시고 여종에게 주의 귀에 말하게 하시고 이 여종의 말을 들으소서. 원하옵나니 내 주는 이 불량한 사람 나발을 개의치 마옵소서 그의 이름이 그에게 적당하니 그의 이름이 나발이라 그는 미련한 자니이다 여종은 내 주께서 보내신 소년들을 보지 못하였나이다." (23-25절) 여기서 '내 주'(*adoni*, my lord)는 다윗을 높여서 부른 말이다. 아비가일은 자신을 철저히 낮추어 '여종'이라 한 뒤, 모든 것이 자기 잘못이니 성질이 못된 남편 나발의 어리석은 말에 개의치 말아 달라 부탁했다. 그 사건이 일어날 때 다윗의 부하들을 만났어야 했는데, 그러지 못한 것을 자신의 잘못으로 보았다.

"내 주여 여호와께서 살아 계심을 두고 맹세하노니 내 주도 살아 계시거니와 내 주의 손으로 피를 흘려 친히 보복하시는 일을 여호와께서 막으셨으니 내 주의 원수들과 내 주를 해하려 하는 자들은 나발과 같이 되기를 원하나이다."(26절) 아비가일은 다윗이 직접 손으로 사람을 죽여 보복하는 것을 여호와께서는 금하셨다 사실을 일깨워주고, 다윗을 해하려는 자들은 나발처럼 벌을 받게 될 것이라 했다.

"여종이 여기에 가져온 이 예물은 내 주를 따르는 소년들(젊은이들)에게 나누어 주십시오."(27절) '예물'은 아비가일이 다윗 공동체를 위해 가져온 양식을 말한다.

"주의 여종의 허물을 용서하여 주옵소서 여호와께서 반드시 내 주를 위하여 든든한 집을 세우시리니 이는 내 주께서 여호와의 싸움을 싸우심이요 내 주의 일생에 내 주에게서 악한 일을 찾을 수 없음이니이다."(28절) 여종의 '허물'(*lepesa*, trespass)은 아비가일이 자신이 직접 다윗의 보낸 부하들을 만나지 못한 것으로 보기도 하고, 감히 이 곳까지 찾아온 것을 가리키는 것으로 보기도 한다. 그는 자기 허물에 대한 용서를 구하며 중요한 말을 했다. 하나님께서는 다윗과 그 후손들을 위해서 든든한 집, 곧 영구한 왕국을 세우실 것이라 한 것이다. 그 근거로, 다윗이 여호와를 위해 싸우고 있을 뿐 아니라 다윗의 생활에서 악을 찾아볼 수 없기 때문이라 했다. 다윗이 도대체 누구냐며 모욕을 준 나발과는 판이하게 다르다.

"사람이 일어나서 내 주를 쫓아 내 주의 생명을 찾을지라도 내 주의 생명은 내 주의 하나님 여호와와 함께 생명 싸개 속에 싸였을 것이요 내 주의 원수들의 생명은 물매로 던지듯 여호와께서 그것을 던지시리이다."(29절) 하나님께서는 다윗을 생명의 주머니 속에 안전하게 지키시겠지만 다윗의 원수들 생명은 하나님께서 물맷돌을 던지듯이 던져버릴 것이라는 말이다.

'생명 싸개' (*tsrowr*, bag, bundle)는 '생명의 주머니' 라는 뜻이다. 이 꾸러미는 귀중품에 상처를 입히지 않기 위해 담아두는 귀중품 꾸러미를 말한다. 이것은 귀중한 것들을 천한 것들로부터 보호하기 위해 고이 싸두었던 히브리인들의 전통적인 관습에서 나온 비유적인 표현이다. 아비가일은 이 용어를 사용해 사람이 귀중품을 꾸러미에 보관하듯이 하나님이 다윗을 안전하게 보호하고 계심을 증거 했다.

"여호와께서 내 주에 대하여 하신 말씀대로 모든 선을 내 주에게 행하사 내 주를 이스라엘의 지도자로 세우실 때에 내 주께서 무죄한 피를 흘리셨다든지 내 주께서 친히 보복하셨다든지 함으로 말미암아 슬퍼하실 것도 없고 내 주의 마음에 걸리는 것도 없으시리니 다만 여호와께서 내 주를 후대하실 때에 원하건대 내 주의 여종을 생각하소서." (30, 31절) 그러므로 하나님께서 다윗에게 약속하신 모든 선한 일을 행하시고 이스라엘의 왕이 될 때 이유 없이 사람을 죽였다든지 복수했다는 일로 후회하거나 양심에 가책을 받는 일이 없을 것이다. 그러니 나발과 같은 문제로 지금 사람을 죽여 후회할 일은 제발 하지 말아달라는 것이다. 그리고 하나님께서 다윗을 위해 이런 큰일을 행하실 때 제발 자신을 기억해 달라 했다. '후대' (*hetib*, dealt well)는 '선히 대하다', '대접을 잘하다' 로, 후하게 대접하는 것을 말한다.

그러자 다윗이 아비가일에게 말했다. "오늘 당신을 보내 나를 영접하도록 한 이스라엘의 하나님 여호와를 찬양합니다. 그리고 내가 사람을 직접 죽여 원수를 갚지 않도록 한 당신의 지혜를 고맙게 여기며 또 당신에게 하나님의 축복이 내리기를 바랍니다. 당신을 해치지 못하도록 한 이스라엘의 하나님 여호와의 이름으로 분명히 말하지만 만일 당신이 나를 맞으러 나오지 않았더라면 나발의 집안 사람 중 내일 아침까지 살아남을 자는 한 사람도 없을 것입니다."(32-34절) 다윗은 아비가일의 분별력이 경의를 표하고 축복했다. 한 여인의 분별력과 슬기로움으로 온 집안을 구했기 때문에 다윗이 감탄하여 복을 빌어준 것이다.

그런 다음 다윗은 아비가일의 선물을 받고 그녀에게 말했다. "네 집으로 평안히 올라가라 내가 네 말을 듣고 네 청을 허락하노라."(35절) 요구를 들어주겠으니 염려하지 말고 집으로 돌아가라는 말이다.

4. 다윗과 아비가일의 결혼(36-44절)

아비가일이 집으로 돌아왔을 때 나발은 왕의 잔치와 같은 잔치(큰 잔치)를 배설하고(벌여놓고) 있었다. 그는 술을 잔뜩 먹고 취해 있었으므로 아비가일은 다음날 아침까지 다윗을 만난 일에 대해서 그에게 아무것도 말하지 않았다(36절). '배설' 은 잔치에 여러 음식 그릇을 베풀어놓은 것을 말한다.

나발이 아침에 포도주에서 깨어났을 때 그의 아내가 일어난 일을 그에게 말하자 그는 낙담하여 몸이 돌처럼 굳어졌다. 그는 약 10일 동안 전신이 마비된 채로 누워 있다가 여호와께서 치시므로 결국 죽고 말았다(37, 38절). '낙담하여' (his heart died)는 문자적으로 '그의 마음이 죽었다' 이다. 이것은 나발이 실제적으로 정신을 잃었음을 말해준다. 심장마비가 온 것으로 해석하기도 한다. '몸이 돌과 같이 되었다' 는 것은 나발이 급성질환으로 전신마비 증세를 보였음(paralyzed)을 말한다. 나발의 마비증세가 열흘이나 지속되다 결국 죽게 되었다.

다윗은 나발이 죽었다는 말을 듣고 이렇게 말했다. "나발에게 당한 나의 모욕을 갚아 주사 종으로 악한 일을 하지 않게 하신 여호와를 찬송할지로다."

그런 다음 다윗은 아비가일을 아내로 삼고자 그에게 사람을 보내 자기의 뜻을 전하도록 했다(39절) 다윗은 자신이 악한 일(나발에게 보복을 하는 일)을 하지 않도록 하시고 한을 풀어 주신 것에 대해 하나님께 감사했다. '모욕' (*rib*, rub, plead, contend)은 문자적으로 '송사' 를 말한다. '모욕을 갚아준다' 는 말은 의로운 재판장이 억울한 송사를 해결해준다는 뜻이다.

다윗의 전령들이 갈멜로 아비가일을 찾아가서 그 뜻을 전하였다. "다윗이 당신을 모셔다가 아내로 삼으려고 우리를 보내셨습니다." 그러자 아비가일은 일어나 몸을 굽혀 얼굴을 땅에 대고 말했다. "내 주의 여종은 내 주의 전령들의 발 씻길 종입니다."(40, 41절) 다윗의 청혼을 기꺼이 받아들이고, 자신은 기꺼이 그분의 종이 되어, 그를 섬기는 종들의 발을 씻겠다는 말이다. '주의 종들의 발 씻길 종' (your servant, to wash the feet of my lord' s servants)은 종 가운데 가장 비천한 종이라는 말이다. 이것은 아비가일의 총명하고 겸손한 인격을 보여준다.

아비가일이 급히 일어나서, 나귀를 타고 길을 떠나자 그 뒤로 그 여인의 몸종 다섯이 따라나섰다. 아비가일은 이렇게 다윗의 전령들을 따라가서, 다윗의 아내가 되었다(42절). '아비가일' 은 나발의 아내였으나 나발이 죽은 후 다윗의 아내가 되어 시글락에 거주했다. 시글락에서 아말렉 사람에게 납치되어 갔으나 후에 다윗에 의해 구출되었다.

다윗은 또 이스르엘 사람 아히노암을 자기 아내로 삼았다(43절). 이스르엘 사람 아히노암은 다윗이 맞은 또 다른 아내이다. 이스르엘은 마온, 십, 갈멜 등 산지 마을 지명이고, 아히노암은 인명이다. 다윗과 아히노암 사이에서 장자 암논이 태어났다. 다윗의 족보에 아히노암이 아비가일보다 먼저 기록된 것으로 보아(삼상 27:3, 30:5) 아히노암이 아비가일보다 먼저 다윗과 결혼했을 가능성이 있다.

한편 사울은 자기 딸이자 다윗의 아내인 미갈을 갈림에 사는 라이스의 아들 발디(Palti)와 강제 결혼을 시켰다(44절). '갈림' (Gallim)은 예루살렘 북동쪽, 기브아 동쪽에 있다.

제26장

사울을 다시 살려주는 다윗, 사울에게 호소하는 다윗, 자신의 범죄를 깨닫는 사울

1. 사울을 다시 살려주는 다윗(1-16절)

십 사람들이 기브아에 있는 사울에게 가서 다윗이 광야로 돌아와 하길라산에 숨어 있다고 말하자 사울은 3천명의 정예병을 이끌고 그를 찾으러 나섰다(1, 2절). '광야 앞 하길라 산' 은 십 광야의 남동쪽에 있다. 마온 땅 동쪽으로 뻗은 산맥이다.

사울은 다윗이 숨어 있는 유다 광야 맞은편 하길라산 길가에 진을 쳤으나 다윗은 사울이 도착한 것을 알고 정탐꾼(정찰병들)을 보내 그의 동향을 살피도록 하였다(3, 4절).

그 날 밤 다윗은 사울의 진지에 몰래 접근하여 사방을 살펴보았다. 그랬더니 사울 왕과 그의 군사령관 아브넬은 진지 안에서 자고 있었다. 그 주변에는 그의 부하들이 졸고 있었다(5절).

'아브넬' 은 '빛의 아버지' 라는 뜻이다. 사울의 사촌으로, 사울아래서 군대장관(군 총사령관)을 했다. 사울 사후에는 사울의 아들 이스보셋을 옹위해 북이스라엘의 실권자로 군림했으나(삼하 2:8-11) 다윗 왕 때의 장군 요압에게 살해되었다.

그래서 다윗이 헷 사람 아히멜렉과 스루야의 아들 요압의 아우인 아비새에게, 누가 자기와 함께 사울의 진으로 내려가겠느냐고 물으니, 아비새

(Abishai)가 나서서, 자기가 다윗과 함께 내려가겠다고 했다(6절). '헷 사람'(the Hittite)은 원래 철기문화를 받아들여 팔레스타인 북쪽의 넓은 영토를 소유한 제국이었으나 다윗 당시는 군소국가로 전락했다. 팔레스타인에 잔존한 이방 민족이다. '스루야' (Zeruiah)는 다윗의 자매로, 그의 아들은 요압, 아비새, 아사헬로 다윗의 충성된 군대장관이었다.

이리하여 다윗이 아비새를 데리고 밤에 군인들이 있는 곳으로 가 보니, 사울이 진의 한가운데서 누워 자고, 그의 머리맡에는 그의 창이 땅바닥에 꽂혀 있고, 아브넬과 군인들은 그의 둘레에 사방으로 누워 있었다(7절). 사울의 군대는 기브아에서 십까지 황급히 내려오느라 모두 지쳐있었다. 따라서 그들은 밤에 곯아 떨어졌다.

이때 아비새가 다윗에게 조용히 말했다. "하나님이 오늘 당신의 원수를 당신에게 넘겨주셨습니다. 그러므로 내가 가서 저 창으로 그를 찔러 땅에 꽂겠습니다. 두 번 찌를 것도 없이 단번에 해치우겠습니다."(8절)

그러나 다윗은 아비새에게 말했다. "그건 안 된다. 그를 죽이지 말라. 여호와께서 기름 부은(택하신) 왕을 해하는 자가 어찌 죄가 없겠느냐? 분명히 말하지만 여호와께서 그를 치실 것이니 그는 죽을 때가 되어 죽거나 전쟁에서 죽게 될 것이다."(9, 10절)

"여호와께서는 자기가 왕으로 택한 자를 내가 죽이지 못하도록 하셨다. 우리는 그의 머리 곁에 있는 창과 물병만 가지고 여기서 나가자."(11절) 창은 전쟁에 나선 군인에게는 생명과도 같고, 물병은 더운 곳에서 싸울 때 생명 유지를 위해 절대적으로 필요한 것이다.

다윗이 사울의 머리맡에서 창과 물병을 가지고 나와 아비새와 함께 떠났으나 아무도 보거나 깨는 자가 없었다. 이것은 여호와께서 그들을 깊이 잠들게 하셨기 때문이었다(12절). 그들은 그 진지 맞은편에 멀리 떨어져 있는 산꼭대기로 올라갔다. 그리고 다윗이 사울의 군대와 아브넬을 향하여 소리쳤다. "아브넬아, 내 말 들리느냐?" 그러자 아브넬은 "왕을 부르는 너는 누구냐?" 하고 물었다(13, 14절). '왕을 부르는 너는 누구냐'는 '왕이 주무시는 데 누가 감히 소란을 피우느냐'는 말이다. 아브넬은 왕을 지켜야 할 군대장관이다. 그런 그가 깊이 잠든 것은 자신의 신분과 처지, 사명을 망각했음을 보여준다.

그래서 다윗이 다시 외쳤다. "아브넬아, 너는 이스라엘에서 제일 강한 자가 아니냐? 그런데 어째서 너는 네 주 왕을 죽이려고 들어갔는데도 그를 경호하지 않았느냐? 아브넬, 너는 네 임무를 충실히 이행하지 않았다. 살아 계신 여호와의 이름으로 맹세하지만 너희는 여호와께서 왕으로 기름 부은(세우신) 너희 주를 보호하지 않았으므로 마땅히 죽어야 한다. 왕의 머리맡에 있던 왕의 창과 물병이 어디 있는지 찾아보아라."(15, 16절) 아브넬은 할 말을 잃었을 것이다.

2. 사울에게 호소하는 다윗(17-20절)

이때 사울은 다윗의 목소리를 알아듣고 물었다. "내 아들 다윗아, 이것이 네 음성이냐?" 그러자 다윗이 대답했다. "내 주 왕이여 내 음성이니이다."(17절) 이 때는 밤중이었으므로, 사울은 음성만으로 다윗을 알아보았다.

"그렇습니다. 왕은 어째서 나를 쫓고 있습니까? 내가 무엇을 했으며 또 내 손에 무슨 악(죄)가 있습니까?"(18절) 그리고 계속해서 말했다. "원하건대 내 주 왕은 이제 종의 말을 들으소서. 만일 왕을 충동시켜 나를 해하려 하는 이가 여호와시면 여호와께서는 제물을 받으시기를 원합니다. 그러나 만일 사람들이면 그들이 여호와 앞에 저주를 받을 것입니다. 이는 그들이 이르기를 너는 가서 다른 신들을 섬기라 하고 오늘 나를 쫓아내어 여호와의 기업에 참여

하지 못하게 하기 때문입니다."(19절) '왕을 충동시켜' 는 '왕을 선동하여' 라는 말이다. 여기서 '제물' 은 다윗 자신을 스스로 비유한 말이다. 만일 자신이 죽을 만한 죄를 지었다면 기꺼이 하나님 앞에 드려지는 제물이 되겠다는 말이다. '사람들' 은 '그 사람의 아들들' 로, 사울의 심복이나 측근들을 가리킨다. 그들의 짓이라면 하나님으로부터 저주를 받을 것이라는 경고의 말이다.

"그런즉 청하건대 여호와 앞에서 먼 이 곳에서 이제 나의 피가 땅에 흐르지 말게 하옵소서. 이는 산에서 메추라기를 사냥하는 자와 같이 이스라엘 왕이 한 벼룩을 수색하러 나오셨음이니이다."(20절) '여호와 앞에서 먼 이 곳' 은 다윗의 망명지를 말한다. '메추라기' 는 광야나 바위 등 험한 곳에서 사는 꿩과에 속한 새로, 다윗 자신의 신세를 비유한 말이다. '한 벼룩' 은 다윗 자신의 보잘 것 없음을 나타낸 것이다. 따라서 자신의 생명을 찾으려는 사울의 추적행위는 산에서 메추라기를 사냥하는 자처럼 왕의 위엄을 손상시키는 어리석은 행위라는 것이다.

3. 자신의 범죄를 깨닫는 사울(21-25절)

그러자 사울이 답했다. "'내가 범죄하였다. 내 아들 다윗아, 왕궁으로 돌아오너라. 네가 오늘 내 생명을 구했으니 내가 다시는 너를 해치려고 하지 않겠다. 내가 어리석게도 큰 잘못을 범했구나."(21절) 사울은 자신의 잘못을 시인했다.

다윗이 대답했다. "여기 왕의 창이 있습니다. 왕의 신하 중 한 사람을 이리로 보내 이것을 가져가십시오. 여호와께서는 선을 행하는 신실한 자에게 그대로 갚아주십니다. 그래서 오늘 여호와께서 왕을 나에게 넘겨주셨을 때에도 나는 왕을 죽이려고 하지 않았습니다. 오늘 내가 왕의 생명을 소중히 여긴 것처럼 여호와께서 내 생명도 소중히 여기셔서 모든 환난에서 나를 구출해 주시기 원합니다."(22-24절) 다윗은 자신의 선행에 하나님께서 보답해주시기를 바랐다.

사울이 다윗에게 말했다. "내 아들 다윗아, 네가 복 받기를 원한다. 너는 큰일을 할 것이고 반드시 승리할 것이다." 그런 다음에 다윗은 갈 길을 가고 사울은 왕궁으로 돌아갔다(25절).

제27장

블레셋 땅 가드에 피신한 다윗, 시글락을 다윗에게 준 아기스

1. 블레셋 땅 가드에 피신한 다윗(1-4절)

다윗은 속으로 이렇게 생각했다. "언젠가는 사울의 손에 붙잡힐 것이다(붙잡혀 죽을 것이다). 지금 내가 할 수 있는 최선의 일은 블레셋 사람의 땅으로 피신하는 길밖에 없다. 사울이 이스라엘 땅에서 나를 찾다가 없으면 포기할 것이며 내가 그의 손에서 벗어나게 될 것이다."(1절) '그의 손'은 사울의 세력 범위를 상징한다.

그래서 다윗은 600명의 부하들과 그들의 가족을 데리고 가드 왕 아기스와 함께 살았다. 다윗의 두 아내, 곧 이스르엘 여자 아히노암과 나발의 아내였던 갈멜 여자 아비가일도 그와 함께 했다(2, 3절). 가드(Gath)는 블레셋 5대 도시가운데 하나로, 골리앗의 출신지이다. 다윗이 사울의 추적을 피해 두 번이나 도피한 곳으로, 훗날 다윗이 점령하였다. 다윗이 가드로 도망했다는 말이 사울에게 전해지자 그는 두 번 다시 다윗을 추적하지 않았다(3절)

2. 시글락을 다윗에게 준 아기스(5-12절)

어느 날 다윗이 아기스에게 말했다. "만일 내가 당신께 은혜를 입었다면(만일 왕이 나를 좋게 보신다면) 우리가 살 수 있도록 지방의 작은 성을 하나

주십시오. 당신의 종이 어찌 왕과 함께 왕도에서 살 수 있겠습니까?"(5절) '내가 당신께 은혜를 입었다면'은 문자적으로 '내가 당신 눈에서 은혜를 발견했다면'이다. 이것은 상대에게 무엇을 요청할 때 말하는 겸양과 간절함을 나타내는 말로, '은혜를 베풀어 달라'는 말이다.

그러자 아기스는 그 날 시글락을 다윗에게 주었다. 그래서 시글락이 오늘날까지 유다 왕들의 소유가 되었다(6절). 시글락(Ziklag)은 이스라엘 최남단의 성읍으로, 시므온 지파에 할당되었으나 유다의 성읍으로 편입되었다. 브엘세바 북쪽, 가사 동쪽에 있으며 블레셋과 경계지역에 있다. 다윗이 차지한 이후 줄곧 유다 왕국의 영토가 되었다.

그렇게 해서 다윗은 블레셋 땅에서 16개월 동안 살았다(7절). 다윗과 그의 부하들은 블레셋 땅에 사는 동안 그술 사람과 기르스 사람과 아말렉 사람을 침략했는데 이들은 옛날부터 이집트로 가는 길을 따라 술(Shur) 부근에 살고 있던 사람들이었다(8절). '그술 사람'(the Geshurites)은 블레셋 남쪽 지방에 살고 있던 종족이다. '기르스 사람'(the Girzites)은 이집트와 술 사이에 거주했던 종족이다. 다윗은 그 땅을 공격할 때마다 그 곳 사람들을 하나도 살려두지 않고 모조리 죽였으며 양과 소와 나귀와 낙타와 의복을 약탈하고 돌아와 아기스에게 가곤 했다(9절). 그들이 돌아오면 아기스는 "너희가 오늘은 어디를 침략했느냐?" 하고 묻곤 했으며 이때 다윗은 "유다 네겝 지방과 여라무엘 사람들의 땅과 겐 사람들의 땅입니다." 하고 대답했다(10절). 다윗은 아기스의 심기를 건드리지 않기 위해 유다 족속 및 이스라엘과 친분이 있는 족속을 쳤다고 허위보고를 했다. '유다 네겝'은 유다 남방 네게브, 브엘세바 인근 지역이다.

다윗이 남녀를 가리지 않고 모조리 죽인 것은 아무도 가드에 가서 그와 자기 부하들이 실제로 행한 일을 폭로하지 못하도록 하기 위해서였다. 이런 일은 다윗이 블레셋 땅에 사는 동안 되풀이 되었다(11절). 아기스는 다윗의 말만 믿고서, 다윗이 자기 백성 이스라엘에게서 그토록 미움 받을 짓을 하였으니, 그가 영영 자기의 부하(*ebed*, servant)가 될 것이라고 생각했다(12절).

제 28장

블레셋과 이스라엘의 전쟁, 신접한 여인을 찾은 사울, 사울의 근심

1. 블레셋과 이스라엘의 전쟁(1, 2절)

얼마 후에 블레셋 사람들이 이스라엘과 싸우려고 병력을 모집하였다. 그때 아기스는 다윗에게 말했다. "귀관이 나와 함께 출정하여야 한다는 것을 알고 있을 줄 아오. 귀관은 부하들을 거느리고 직접 출정하시오." (1절) 그래서 다윗은 말했다. "그렇게 하겠습니다. 이 종이 무엇을 할 수 있는지(우리가 왕에게 얼마큼 도움이 되는지), 왕이 아시게 될 것입니다." 그러자 아기스는 다윗에게 "좋다. 내가 너를 평생 동안 내 머리 지키는 자(경호대장)으로 삼겠다." 하고 말했다(2절). '내 머리 지키는 자' 는 병기든 자와 마찬가지로 경호를 맡는 '경호대장' 을 뜻한다.

2. 신접한 여인을 찾은 사울(3-14절)

그 때는 사무엘이 이미 죽어서 온 이스라엘 백성이 그의 죽음을 슬퍼하며, 그를 그의 고향 라마에 장사지낸 뒤였다. 그리고 사울이 나라 안에서 신접한 자와 박수를 모조리 쫓아낸 때였다(3절). '신접한 자' (the mediums, 영매)는 주술로 죽은 자의 영을 불러내어 그 뜻을 알아내는 사람이다. 율법은 이런 자와 접하는 것을 금하고 있다. '박수' (the spiritists)는 미래 일에 대해 알아맞히는 점쟁이를 말한다. 미래는 하나님께 속한 것인데, 그것을 억지로 알아보려고 하는 것은 하나님을 모욕하는 우상숭배 행위이다.

바로 그 때에 블레셋 군대가 모여서 수넴에 진을 쳤다. 사울도 온 이스라엘 군을 집결시켜, 길보아 산에 진을 쳤다(4절). '수넴' (Shunem)은 '술람미' 와 같은 곳으로 갈릴리 남쪽 지역이다. 길보아 산 북서쪽, 므깃도 동쪽에 있다. 이스르엘 평지에서의 전투를 앞두고 블레셋 군대가 진을 쳤던 장소이다. 블레셋은 요단 동편까지 진군하여 이곳에 진을 쳤다. '길보아' (Gilboa)는 갈릴리 남서쪽에 있는 산지이다. 사울은 이곳에서 블레셋의 동태를 살폈다.

사울은 블레셋 군의 진을 보고, 두려워서 마음이 몹시 떨렸다(5절). 사울은 하나님께 물어 보았다. 그러나 하나님께서는 꿈으로나 우림(Urim, 제사장의 에봇 흉패에 있는 것)으로나 선지자를 통해서도 그에게 대답하지 않으셨다(6절). 다윗의 기도에 응답하시는 하나님에 비해, 사울의 기도에 응답하지 않으시는 하나님과 대비된다. 하나님과 사울사이에는 그만큼 벽이 쌓인 것이다.

그래서 사울은 자기의 신하들에게 명령하였다. "나를 위해 신접한 여인을 찾아보라. 내가 그 여인을 찾아가서 물어 보겠다." 그러자 사울의 신하들이 엔돌에 신접한 여인이 있다고 했다(7절). '엔돌' (Em Dor)은 므낫세 지파의 성읍으로, 다볼 산 남쪽에 있다.

그래서 사울은 평복으로 변장하고 날이 어두워진 다음에 신하 두 사람을 데리고 그 여자의 집으로 찾아갔다. 사울은 그 여자에게 "내가 죽은 자와 이야기를 나누고 싶은데 그의 영을 좀 불러 달라." 하고 부탁했다(8절) 그러나 그 여자는 "당신도 알다시피 사울 왕은 신접한 자와 모조리 추방시켰습니다. 그런데 어째서 당신은 나를 함정에 빠뜨려 죽게 하려고 합니까?" 하였다(9절).

그래서 사울은 여호와의 이름으로 맹세하며 말하였다. "여호와께서 확실히 살아 계심을 두고 맹세합니다. 당신은 이 일로 아무런 처벌을 받지 않을 것이오."(10절) 신접한 자에게 율법으로 엄격히 금지된 초혼 행위를 부탁하기 위해 거룩하신 하나님의 이름을 망령되이 일컫는 사울의 영적 타락상을 보여준다. 이것은 사울이 죽게 된 이유가 되었다(대상 10:13, 14).

그 여인이 물었다. "내가 당신에게 누구를 불러올릴까요?" 사울이 대답하였다. "사무엘을 불러올리시오."(11절) 그 여인은 사무엘이 올라온 것을 보고, 놀라서 큰소리를 질렀다. 그런 다음에, 그 여인은 사울에게 항의하였다. "당신은 어째서 나를 속였습니까? 당신은 사울 왕이 아니십니까?"(12절). 초혼 행위를 통해 사무엘을 보고나서 사울에게 소리 친 말이다.

왕이 그 여인에게 말하였다. "무서워하지 말라. 네가 무엇을 보고 있느냐?" 여인이 사울에게 대답하였다. "땅 속에서 영이 올라오는 것을 보았습니다."(13절) 초혼술은 악령의 역사이므로 초혼술로 나타난 사무엘은 사단의 변장이라는 주장도 있고, 라마에서 쫓겨난 신접한 여인이(3절) 이미 사울임을 알아보고 복수하기 위해 짐짓 가장하여 행한 것이라는 주장도 있다.

사울이 그 여인에게 물었다. "그 모습이 어떠하냐?" 여인이 대답하였다. "한 노인이 올라오는데, 겉옷을 입었습니다." 사울은 그가 사무엘인 줄 알고, 얼굴이 땅에 닿도록 엎드려 절을 했다(14절). 겉옷은 발목까지 내려오는 옷으로 고위층이 주로 입었으며 사무엘도 선지자 직을 수행할 때 이 옷을 입었다. 사울은 겉옷을 입었다는 말을 듣고 확인도 하지 않은 채 유령 앞에 절했다.

3. 사울의 근심(15-25절)

그러자 사무엘이 사울에게 물었다. "네가 어째서 나를 불러 올려 성가시게(번거롭게) 하느냐?" 사울이 대답했다. "아주 다급하게 되었습니다. 블레셋 사람과 전쟁이 붙었는데 하나님은 나를 떠나서 선지자를 통해서나 꿈으로도 나에게 대답해 주지 않으십니다. 그래서 어떻게 해야 좋을지 몰라 당신에게 물어 보려고 당신을 불러 올렸습니다."(15절) '나를 성가시게 하느냐.'(disturbed me)는 말은 고대의 사후 개념을 보여준다. 고대 사람들은 사후에 지하세계인 음부에서 무의식의 상태로 휴식한다고 믿었다. 이 같은 사후 개념은 신약의 사후 개념과 다르다(눅 16:19-31).

사무엘이 책망하며 말했다. "여호와께서 너를 떠나 너의 대적이 되었다면 어째서 네가 나에게 묻느냐? 여호와께서는 나를 통해 예언하신 대로 나라를 너에게서 빼앗아 대신 다윗에게 주셨다. 네가 여호와의 명령에 불순종하여 아말렉 사람과 그들의 소유물을 완전히 없애지 않았기 때문에 여호와께서 너에게 이 일을 행하신 것이다. 여호와께서 너와 이스라엘군을 블레셋 사람에게 넘겨 줄 것이며 너와 네 아들들은 내일 나와 함께 있을 것이다."(16-19절) 사울에게는 절망적인 예언이었다. 이 말을 듣는 순간 사울은 몸이 뻣뻣한 채 땅바닥에 그대로 쓰러졌다. 이것은 그가 하루 종일 먹지 못하여 기진한 탓도 있었지만 사무엘의 말을 듣고 너무 두려웠기 때문이었다(20절).

그 여인은 사울이 고통당함(아주 괴로워하는 것)을 보고 말했다. "이 여종은 목숨을 아끼지 않고 왕의 명령에 순종하였습니다. 이제 이 여종이 하는 말을 들으십시오. 제가 왕을 위해서 먹을 것을 준비해 오겠습니다. 잡수시고 돌아가실 때 기력(힘)을 얻으십시오."(21절) '고통당함을 보고'(*nibhal*, troubled)는 '내부적으로 떨다', '동요하다'는 뜻으로, 육체적인 아픔보다 정신적, 영적 고뇌가 컸음을 보여준다. 사울의 상태가 위험 수준인 것을 알아챈 여인은 사울에게 식사하고 가도록 했다.

사울은 처음에 거절하며 아무것도 먹지 않겠다고 했으나 그의 신하들까지 강권하자 그는 결국 그들의 권유에 못 이겨 땅에서 일어나 침상에 앉았다. 여인은 자기 집에 있는 살진 송아지 한 마리를 급히 잡고 또 밀가루를 반죽하여 누룩을 넣지 않고 빵(무교병)을 만들어 그것을 왕과 그의 신하들 앞에 갖다 놓았다. 그러자 그들은 그 음식을 먹고 그 날 밤으로 떠났다(24-25절). 무교병은 누룩을 넣지 않고 구운 둥글고 얇은 빵으로, 발효시킬 시간이 없거나 갑자기 손님이 찾아왔을 때 밀가루를 반죽해서 그대로 구운 것이다.

제29장

다윗을 견제하는 블레셋 수령들

그때 블레셋군은 아벡에 집결하였고 이스라엘군은 이스르엘 계곡 샘 곁에 진을 쳤다(1절). '아벡' (Aphek)은 갈릴리 바다 동쪽에 있는 잇사갈 지파의 땅으로, 블레셋은 이곳을 이스라엘 침략의 전초기지로 삼았다.

블레셋 수령들(*sarne*, the lords, 왕들)은 그들의 군대를 수백 또는 수천 명의 단위로 부대를 편성하여 나왔고 다윗과 그의 부하들은 뒤에서 아기스 왕과 함께 나아갔다(2절). 블레셋 수령들은 블레셋 5대 성읍 의 실권자들을 가리킨다.

그러나 블레셋 다른 왕들이 아기스에게 "이 히브리 사람들은 여기서 무엇을 하고 있는 겁니까?" 하고 물었다. 아기스는 말했다. "이 사람은 이스라엘의 왕 사울의 신하 다윗이오. 그가 망명하여 나와 함께 여러 해를 있었지만 나는 그가 여기에 온 날부터 지금까지 그에게서 아무 허물도 찾지 못하였소." (3절) '히브리 사람들' 은 다윗을 중심으로 한 공동체를 일컫는 말로, 다윗 일행을 비하하며 경계심을 드러내는 말이다. 하지만 아기스 왕은 다른 블레셋 수령들을 설득시키려 했다.

그러자 그들은 화를 내며 이렇게 말하였다. "이 사람들을 돌려보내시오! 이들은 전쟁터에 우리와 함께 갈 수 없소. 싸움 도중에 이들이 우리의 대적이 될지 누가 알겠소? 다윗이 자기 주인과 다시 화해하는 데 있어서 우리를 대적하여 죽이는 것만큼 더 좋은 기회가 어디 있겠소?"(4절) 다윗이 사울의 편이 되어 블레셋 군의 목을 잘라 가지고 갈지 모른다는 말이다. 역대상 12:19에 따르면 "그가 그의 왕 사울에게로 돌아가리니 우리 머리가 위태할까 하노라 함이라." 했다.

"그가 바로, 이스라엘 백성이 춤을 추면서, '사울이 죽인 자는 천천이요 다윗은 만만이로다.' 하고 추켜세우던 그 다윗이 아닙니까?"(5절) 이런 인물이 어떻게 우리와 함께 싸운다는 말이냐는 것이다.

그래서 아기스는 다윗과 그의 부하들을 불러 놓고 말하였다. "내가 여호와께서 살아계심을 두고 맹세하지만 너는 정직하여 내게 온 날부터 오늘까지 네게 악이 있음을 보지 못하였다(정말 너는 성실하고 정직한 사람이었다.) 나는 네가 나와 함께 전쟁터에 나가 주었으면 좋겠는데 다른 왕들이 너를 좋아하지 않으니 하는 수 없구나. 그러므로 너는 그들의 비위를 거스리지 말고 조용히 돌아가거라."(6, 7절) 아기스는 하는 수 없이 다윗을 설득시키고자 했다. 여기서 아기스는 이방인임에도 불구하고 여호와의 살아계심을 두고 맹세하며 다윗의 정직함과 성실함을 칭찬했다.

그러자 다윗이 항의를 했다. "내가 무엇을 하였기에 이런 대접을 받아야 합니까? 왕의 말씀대로 내가 왕을 섬기기 시작한 날부터 왕이 나의 흠을 찾지 못했다면 어째서 내가 왕과 함께 가서 왕의 원수들과 싸울 수 없습니까?"(8절)

아기스는 다윗에게 말했다. "네가 내 목전에 하나님의 전령 같이 선한 것을 내가 안다(나에게는 네가 하나님의 천사와도 같았다.) 그러나 다른 왕들이 너를 전쟁터에 데리고 가는 것을 못마땅하게 여기고 있다. 그러니 너는 내일 아침 일찍 일어나 너의 부하들과 함께 날이 밝는 대로 곧 떠나거라."(9, 10절)

그리하여 다윗은 다음날 아침에 일찍 일어나, 부하들과 함께 출발하여 블레셋 사람의 땅으로 돌아오고, 블레셋 족속은 이스르엘로 올라갔다(11절). 이로 인해 다윗은 동족과의 싸움에서 빠지게 되었다. '이스르엘'(Jezreel)은 사마리아와 갈릴리 접경지역으로, 전략적 요충지이다.

제30장

시글락을 약탈한 아말렉, 아말렉을 진멸한 다윗, 전리품을 공정하게 분배하는 다윗

1. 시글락을 약탈한 아말렉(1-6절)

다윗이 부하들과 함께 사흘 만에 시글락으로 돌아왔을 때에는, 아말렉 사람이 이미 네게브(Negev, 유다 남부 지역)과 시글락을 습격하고 떠난 뒤였다. 그들은 시글락에 침입하여 성에 불을 지르고 여자를 비롯하여 그 성읍 안에 있는 모든 사람을, 어린 아이나 노인 할 것 없이 사로잡아 한 사람도 죽이지 않고 끌고 갔다(1, 2절).

다윗은 아벡에서 출발한 지 삼일 만에 시글락에 도착했다. 아벡에서 시글락까지는 120km로, 다윗의 군대는 하루에 40km 정도를 걸었다. 피곤한 몸으로 성으로 돌아온 군사들은 불태워진 마을을 보고 아연실색할 수밖에 없었다. 그 사이에 시글락이 아말렉에게 약탈당했기 때문이다.

다윗이 부하들을 거느리고 그 성읍으로 들어와 보니 성은 불타 버렸고, 아내들과 아이들이 모두 사로잡혀 갔다. 다윗과 그의 부하들은 목 아 울었다. 모두들 더 이상 울 힘이 없어 지칠 때까지 울었다. 다윗의 두 아내인 이스르엘 여인 아히노암과 나발의 아내였던 갈멜 여인 아비가일도 사로잡혀 갔다(3-5절) 다윗과 그의 부하들은 그들의 가족들에게 일어난 일을 생각하며 울고 또 울었다. 다윗의 두 아내도 잡혀갔다.

다윗은 입장이 대단히 난처하게 되었다. 왜냐하면 그의 부하들이 잃어버린 자식들 때문에 몹시 슬퍼하며 그를 돌로 쳐서 죽이려고 했기 때문이었다. 그러나 다윗은 그의 하나님 여호와를 의지하고 용기를 얻었다(6절) 가족까지 잃은 그들은 다윗을 돌로 치자는 말까지 나왔다. 더 이상 다윗에게 희망을 둘 필요가 없다고 생각한 것이다. 다급해진 상황에서도 다윗은 하나님을 생각하며 용기를 잃지 않았다. 하나님이 함께 하시면 이 모든 슬픔이 기쁨이 될 수 있으리라. 그냥 앉아 있을 수 없다. 당장이라도 아말렉을 치러 올라가고 싶은 마음이 크다. 하지만 소수의 병력으로 그 큰 수를 당해낼 수 있을까. 아니, 그 일에 하나님이 함께 하실까.

2. 아말렉을 진멸한 다윗(7-20절)

그때 다윗은 아비아달 제사장에게 "에봇을 가져오라." 했다. 아비아달이 에봇을 다윗에게 가져왔다(7절). '아비아달' 은 사울 왕 때 제사장이었던 아히멜렉의 아들이다. 다윗을 도와주었다는 이유로 사울이 모든 제사장을 죽일 때 다윗에게 도망쳐 나온 유일한 생존자이다. 그는 다윗 시대에 대제사장으로 사역했다. 아론으로부터 제10대 대제사장이다. 그는 아도니아 반란 때 모의한 죄로 솔로몬에 의해 고향 아나돗으로 쫓겨났다. '에봇' 은 제사장이 공적 임무를 수행할 때 입는 의복으로, 흉패 안에는 하나님의 뜻을 물을 때 사용되는 우림과 둠밈이 들어있다.

다윗은 여호와께 물었다. "내가 이 군대(침략자들)를 추격하면 따라잡을 수 있까요?" 그러자 여호와께서 말씀하셨다. "그를 쫓아가라 네가 반드시 따라잡고 도로 찾으리라."(8절) 하나님은 희망적인 메시지를 주셨다. 그들을 쫓아가면 네가 빼앗긴 모든 것을 도로 찾을 것이다. 얼마나 듣고 싶은 음성인가. '이 군대' (*hazzed gedud*, this troop)는 '약탈하는 무리' (raiders), 곧 아말렉

군을 말한다.

그래서 다윗과 그의 부하 600명은 아말렉 군의 추격에 나섰다. 그들이 브솔 시내에 이르렀을 때 그들 중 200명은 너무 지쳐서 그 시내를 건너지 못하고 나머지 400명만 시내를 건너갔다(9, 10절). 피곤에 지쳐 낙오자들이 생기자 200명은 그 자리에 남겨 두고, 400명만을 거느리고 계속 추격한 것이다. '브솔 시내' (the brook Besor, the Wadi Besor)는 팔레스타인 남단의 시내, 곧 시글락 남서쪽에 있는 와디(Wadi, 우기에만 물이 흐르고 건기엔 마르는 시내)로 네게브에서 흘러 가사 쪽 지중해로 흘러들어간다.

다윗의 부하들은 추격을 계속하던 중 들에서 이집트 청년 하나를 만나 그를 다윗에게 데리고 왔다. 그는 3일 동안 물 한 모금 마시지 못하고 아무 것도 먹지 못한 채 기진맥진해 있었다. 그래서 그들이 무화과 뭉치에서 뗀 덩이 하나와 건포도 두 송이와 물을 그에게 주자 그는 그것을 먹고 곧 힘을 얻어 정신을 차렸다(11, 12절). 다윗은 이곳에서 아말렉 군의 위치로 인도해줄 이집트인을 만난 것이다.

이때 다윗이 그에게 물었다. "너는 누구며 어디서 왔느냐?" "나는 이집트 사람이며 아말렉 사람의 종입니다. 내가 병이 들자 주인은 3일 전에 나를 버려두고 떠났습니다."(13절) 이 말에 다윗은 눈이 번쩍 뜨였을 것이다. 당시 노예는 주인의 소유물 중 하나에 불과했다. 따라서 이들이 쓸모가 없을 때는 버리는 것이 상례였다. 특히 전쟁 때는 더욱 그러했다. 그러나 하나님은 그 종을 요긴하게 사용하셨다.

"우리가 그렛 사람의 남방과 유다에 속한 지방과 갈렙 남방을 침노하고 시글락을 불살랐습니다."(14절) 아말렉 군이 어느 곳을 약탈했는지를 가르쳐주었다. '그렛 사람' (*kereti*, the Cherethites)은 원래 그레데 섬에서 가나안으로 이주해온 사람들로 시글락 서편, 곧 블레셋 남부 유다의 경계 지역에 살고 있었다. 그들은 블렛 족속과 함께 다윗의 용병으로 활약했다. 다윗의 친위대장이 된 브나야가 그렛 사람과 블렛 사람을 관할했다. '유다에 속한 지방'은 유다 남부, 곧 네게브 지방을 말한다.

다윗이 말했다. "네가 나를 그 군대(습격자들)가 있는 곳으로 인도해주겠느냐?" "만일 당신이 나를 죽이거나 내 주인에게 넘겨주지 않겠다고 하나님의 이름으로 맹세한다면 내가 당신을 그들에게 인도하겠습니다."(15절)

그래서 그는 다윗과 그 부하들을 아말렉 군이 있는 곳으로 인도하였다. 이때 아말렉 군은 이곳 저곳 사방에 흩어져서 먹고 마시며 춤을 추고 있었는데 이것은 그들이 블레셋 사람과 유다 사람들에게서 약탈해 온 엄청난 전리품 때문이었다(16절).

다윗과 그의 부하들은 그들을 기습하여 새벽부터 다음 날 저녁까지 계속 쳤으므로 낙타를 타고 도주한 400명의 청년들 외에는 살아남은 자가 없었다. 다윗은 아말렉 사람들이 약탈해 간 것을 모두 되찾고 그의 두 아내도 찾았으며 그의 부하들도 잃었던 그들의 가족과 소유물을 모두 도로 찾았다(17-19절).

또 그들은 모든 양떼와 소떼를 약탈하여 몰고 오면서 "이것은 다윗의 전리품(*selal*, spoil)이다!" 하고 외쳤다(20절). 이 가축 떼는 원래 다윗의 소유였던 것이 아니라 아말렉 사람들이 다른 지방에서 노략했던 것들이다. 그렇기 때문에 '전리품'이라는 용어를 사용했다.

3. 전리품을 공정하게 분배하는 다윗(21-30절)

그들이 브솔 시내까지 왔을 때 지쳐서 그 곳에 남아 있던 200명의 병력이 다윗과 그의 부하들을 환영하러 나왔다. 그래서 다윗은 그들을 따뜻이 맞아주었다(21절).

그러나 출전한 다윗의 부하들 중에 악한 자와 불량배들이 말했다. "저들은 우리와 함께 가지 않았습니다. 그러므로 저들은 전리품을 하나도 가질 자격이 없습니다. 저들에게 아내와 자식들만 주어서 떠나게 하십시오."(22절) '악한 자와 불량배들'은 '사악한 자와 사고뭉치들'로, 이들은 아마 다윗을 돌로 치자고 선동했던 사람들이었을 것이다.

그러나 다윗은 이렇게 대답하였다. "나의 형제들아, 여호와께서 우리를 보호하시고 우리를 치러 온 그 군대를 우리 손에 넘기셨기(이기게 하셨기) 때문에 가능한 것이다. 그러므로 하나님께서 우리에게 선물로 주신 것을 가지고, 우리가 그렇게 처리해서는 안 된다."(23절) '나의 형제들아' (*ehay*, my brothers)는 모두가 한 공동체임을 강조하는 말이다.

"또 너희들이 제안한 이 말을 들을 사람은 아무도 없다. 전쟁에 나갔던 사람의 분깃(몫)이나, 남아서 물건을 지킨 사람의 분깃이나, 똑같아야 한다. 모두 똑같은 몫으로 나누어야 한다."(24절) '분깃' (*heleq*, part, share)은 '몫'을 말한다.

다윗이 이 때에 이스라엘에서 정한 것이 율례와 규례가 되어, 그 때부터 오늘날까지 지켜지고 있다(25절). 모두 똑같이 분배받아야 한다는 다윗의 공평한 분배 방법이 공동체를 결속시키는 촉진제가 되었다.

다윗은 시글락에 돌아와서 전리품의 일부를 친구 유다 장로들에게 보냈는데 그는 "내가 여호와의 원수들에게서 뺏은 전리품을 여러분에게 선물로 드립니다." 라는 말과 함께 그것을 다음 지역의 장로들에게 보냈다. 벧엘, 남방(네게브)의 라못, 얏딜, 아로엘, 십못, 에스드모아, 라갈, 여라므엘 사람의 성들과 겐 사람의 성들, 홀마(호르마), 고라산(아산), 아닥, 헤브론, 그리고 다윗과 그의 부하들이 왕래하던 모든 곳이었다(26-31절).

'친구 유다 장로들'은 다윗의 도피 시절에 다윗을 돕거나 다윗과 친분을 맺은 유다 장로들을 말한다. '벧엘' (Bethel)은 예루살렘 북쪽에 있는 에브라임 성읍으로, 아브라함이 단을 쌓고 야곱이 돌기둥을 세운 곳이며 예배드리는 곳으로 유명하다. 하지만 본문은 시므온 족속의 영토에 있는 성읍 '브두엘' 을 말한다. 이곳은 시글락과 브엘세바 근처에 있었던 것으로 보인다.

'얏딜' (Jattir)은 헤브론 남쪽 지점으로, 유다 지파의 땅이다. '아로엘' (Aroer)은 유다 지파의 성읍으로, 브엘세바 남동쪽에 있다. '십못' (Siphmoth)은 유다 남부에 위치한 성읍이다. '여라므엘 사람' (the Jerahmeelites)은 시므온과 유다 남부에 살던 반유목민이다. '겐 사람' (the Kenite)은 남쪽 끝 사해 부군에 살던 족속이다. '홀마' (Hormah)는 얏딜 남쪽에 있는 시므온 지파와 유다 지파의 성읍이다. '고라산' (Chorashan)은 유다의 아산(Asan)의 다른 이름으로, 레위인의 성읍이다. 브엘세바 북쪽에 있다. '아닥' (Athach)은 유다 남부의 성읍이다. 다윗과 그의 부하들이 '왕래하던(accustomed to rove) 모든 곳' 은 다윗이 부하들을 거느리고 드나들던(*roamed*, frequented) 모든 지방, 특히 사울을 피해 숨었던 여러 곳을 말한다.

제31장

사울과 그의 아들들의 전사, 사울의 최후

1. 사울과 그의 아들들의 죽음(1-6절)

한편 블레셋 사람과 이스라엘 사람 사이에 전쟁이 있었다. 이 전투에서 이스라엘군은 블레셋 사람 앞에서 도망하다가 길보아산에서 수없이 죽어 쓰러졌다(1절). '길보아 산' 은 이스르엘 골짜기에 있는 산으로 예루살렘 북쪽, 갈릴리 호수 남서쪽에 있다. 블레셋은 그 맞은 편 수넴에 진을 쳤다. 사울의 군대가 전략상 좋은 위치를 점하고 있었다. 하지만 여지없이 패했다. 하나님께서 그들과 함께 하지 않으셨기 때문이다.

블레셋 사람들은 사울과 그의 아들들을 바싹 추격하여, 사울의 아들 요나단과 아비나답과 말기수아를 죽였다(2절). 사울이 패전하자(싸움이 치열해지면서, 전세가 사울에게 크게 불리해졌다). 활을 쏘는 군인들이 사울을 알아보고 활을 쏘자, 그가 화살을 맞고 중상을 입었다(3절). '패전하매' (*tikbad*, fierce)는 '심하다' , '맹렬하다' 는 뜻을 가진 '카바드' (*kabad*)에서 파생한 말로, 전투에서 거의 전멸에 가까울 정도로 심했음을 보여준다.

이때 사울은 무기를 든 자(경호병)에게 명령했다. "너는 칼을 뽑아 저 블레셋 이방인들이 나를 잡아 모욕하기(괴롭히기) 전에 어서 나를 죽여라." 그러나 무기를 든 자가 두려워서 감히 그를 죽이지 못하자 사울은 자기 칼을 집어 칼끝을 배에 대고 그 위에 엎드러졌다. 그러자 그 경호병은 왕이 죽은 것을 보고 자기도 칼을 배에 대고 엎드러져 그와 함께 죽었다(4, 5절).

이렇게 해서 사울과 그의 세 아들과 무기를 든 자(경호병)와 그의 모든 부하들이 다 같이 한날에 죽었다(6절). 사무엘이 이미 예언한 바대로 이루어진 것이다. 이로써 사울의 40년 통치가 막을 내렸다(행 13:21).

2. 사울의 최후(7-13절)

이스르엘 골짜기 저편과 요단강 건너편에 있는 이스라엘 사람들이 자기들의 군대가 도망한 사실과 사울과 그의 아들들이 전사했다는 말을 듣고 그들의 성을 버리고 도망하자 블레셋 사람들이 그 곳에 들어와서 살았다(7절). 사울 군대가 참패하자 이스라엘 백성들은 자기의 성을 블레셋에게 내어주고 도망자가 되었다.

전투가 끝난 그 다음 날 블레셋 사람들은 죽은 자들의 소지품을 약탈하러 왔다가 길보아산에서 사울과 그의 세 아들의 시체를 발견하였다. 그래서 그들은 사울의 머리를 베고 그의 갑옷을 벗긴 다음 전국 각처에 사람을 보내 그 소식을 그들의 우상 신전과 백성들에게 전하도록 하였다. 그리고서 그들은 사울의 갑옷을 아스다롯 신전에 두고 그의 시체는 벧산 성벽에 못 박았다(9-10절). 못 박힌 것은 사울의 머리였다. 12절에 따르면 이 때 사울의 아들들의 시체도 못 박힌 것이 분명하다. 역대상 10:10은 사울의 갑옷을 그들의 신전에 두고 그의 머리를 다곤의 신전에 달았다고 했다.

'아스다롯' (Ashtoreth)은 가나안 지역의 풍작, 다산의 여신이다. 바알 신과 짝을 이루는 신으로, 꼬리가 물고기 모양으로 되어 있다. '벧산' (Beth Shean)은 요단강 서쪽, 갈릴리 남쪽, 이스르엘과 요단 계곡이 교차하고 있는 지점에 있는 성읍으로, 길보아 산 동쪽에 있다. 블레셋 사람이 사울로부터 빼앗은 곳이다. 처음에는 잇사갈의 분깃이 되었다고 후에는 므낫세 지파에게 주어졌다.

그때 길르앗의 야베스 사람들은 블레셋 사람들이 사울에게 행한 일을 듣게 되었다. 그래서 그들 중 가장 용감한 사람들이 밤새도록 벧산까지 가서 사울과 그 아들들의 시체를 성벽에서 내려 야베스로 가지고 돌아와 화장하였다. 그런 다음 그들은 그 유해들을 야베스에 있는 에셀(상수리)나무 아래 묻고 7일 동안 금식하였다(11절). 암몬인들에 의해 죽임을 당하게 될 지경에 사울의 도움으로 목숨을 부지했던 길르앗 야베스 사람들은(삼상 11:1-11) 사울의 은혜에 보답코자 그를 장사하였다. '길르앗 야베스' 는 므낫세 지판에 속한 요단 동편에 있는 성읍이다. 에셀 나무는 상수리나무를 말한다. 이렇게 하여 사울 시대가 막을 내리게 된다.

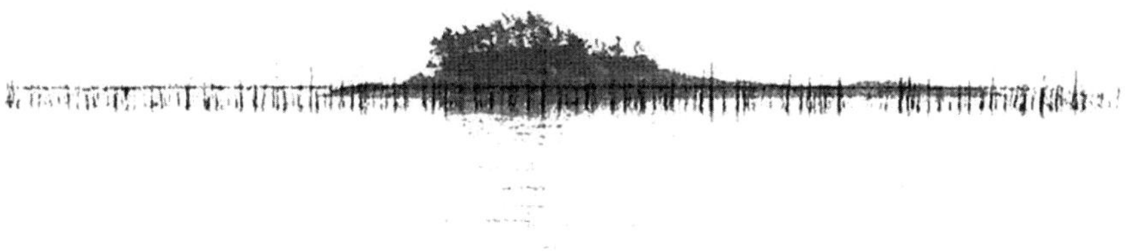

2 Samuel

사무엘하

모든 역사는
하나님과의 관계에 따라 달라진다.
하나님의 말씀을 순종하면
좋은 결과를 얻지만
불순종하면 개인도, 나라도 망한다.
왕일수록 하나님을 두려워하고,
그 앞에서 겸손해야 한다.
이것은 현대를 살아가는
각 개인에게도 마찬가지다.
이런 의미에서 역사는 교훈을 준다.

제1장

사울과 요나단의 죽음을 슬퍼하는 다윗, 사울과 요나단에 대한 다윗의 조가

1. 사울과 요나단의 죽음을 슬퍼하는 다윗(1-16절)

사울이 죽은 뒤에, 다윗이 아말렉을 치고, 시글락으로 돌아와서 이틀을 지냈다(1절). '사울이 죽은 뒤' 라는 말은 사울의 시대가 끝나고 다음 시대의 역사를 서술한다는 것을 말해준다.

사흘째 되던 날, 한 젊은 사람이 사울의 진영에서 왔다. 그의 옷은 찢어졌고, 머리에는 흙이 있었다. 이것은 애도의 표시를 하고 있었음을 말해준다. 그가 다윗에게 와서, 땅에 엎드려서 절을 했다(2절). 다윗이 그에게 물었다. "너는 어디에서 왔느냐?" 그가 다윗에게 대답했다. "저는 이스라엘 진지에서 도망쳐 나왔습니다."(3절) 가까스로 살아서 빠져 나왔다는 말이다.

그러자 다윗이 그에게 물었다. "무슨 일이 일어났는지, 어서 나에게 말하라." 그가 대답하였다. "우리의 군인들이 전쟁 중에 도망하기기도 하였고, 또 그 군인들 가운데는 쓰러져 죽은 사람도 많았습니다. 사울 왕과 요나단 왕자도 전사했습니다."(4절) 다윗이 자기에게 소식을 전하는 그 젊은이에게 다그쳐 물었다. "사울 왕과 요나단 왕자가 전사한 줄을 네가 어떻게 알았느냐?"(5절)

다윗에게 소식을 전하는 젊은이가 설명했다. "내가 우연히 길보아산에 올라갔을 때 사울 왕은 자기 창을 의지하고 있었고 적 전차와 마병은 그에게 바싹 다가오고 있었습니다. 이 순간 왕이 나를 보더니 자기에게 오라고 불렀습니다. 그래서 내가 갔더니 왕은 '네가 누구냐?' 하고 물었습니다. 그때 내가 '아말렉 사람입니다.' 하고 대답하자 왕은 나에게 '아직도 내가 목숨이 아직 내게 완전히 있어(붙어 있어) 고통스러우니 너는 이리 와서 나를 죽여라.' 하셨습니다. 그래서 나는 왕이 더 이상 살 수 없을 것 같아서 서서 죽이고(그를 죽인 후) 그의 머리에 있는 왕관을 벗기고 그의 팔에 있는 고리(팔찌)를 뽑아 내 주께로(당신에게) 이렇게 가져왔습니다." (6-10절)

'서서 죽이고'는 사울의 죽음을 자살로 본 삼상 31:4와는 완전히 모순된다. 이 청년은 평소 다윗을 죽이려던 사울을 자기가 죽였기 때문에 다윗에게 칭찬을 바랐을 것이다. '왕관과 팔에 있는 고리'는 왕권을 상징한다. 아말렉 청년은 이것들을 다윗에게 바치고 그에 상응하는 상급을 기대했을 것이다.

이 말을 듣자 다윗과 그의 부하들은 자기들의 옷을 찢고 전쟁터에서 죽은 사울과 그의 아들 요나단과 여호와의 백성과 이스라엘을 생각하며 하루 종일 슬퍼하고 금식하였다(11, 12절). 자기 옷을 찢는 것은 극심한 슬픔과 애통을 나타내는 히브리인들의 관습적인 행동이다.

다윗은 그 소식을 전한 청년에게 "너는 어디 사람이냐?" 하고 물었다. 그가 "나는 아말렉 사람 곧 외국인의 아들입니다."라 대답했다(13절). 이스라엘에 이주해 온 아말렉 사람이라는 것이다. '외국인' (*ger*, foreigner, sojourner)이란 말은 잠시 체류하는 외국인 방문객(*nokri*, foreign visitor)이 아니라, 이스라엘에 영주하여 살면서 종교적 권리까지 소유한 귀화인(alien resident)을 말한다. 이스라엘 민족과 같은 특권이 있는 것은 아니지만 여러 가지 권리 주장이 가능했다.

다윗은 "네가 어째서 하나님이 세우신 왕을 죽였느냐?" 하고 호통을 친 다음 그의 부하 하나를 불러 "이 자를 죽여라!" 하고 명령하였다. 그러자 그는 그 아말렉 사람을 단숨에 칼로 쳐서 죽여 버렸다(14, 15절).

그때 다윗이 말했다. "네 피가 네 머리로 돌아갈지어다(너는 네 죄 값으로 죽었다.) 이것은 네가 스스로 하나님이 기름 부어 세우신 왕을 죽였다고 고백했기 때문이다."(16절)

2. 사울과 요나단에 대한 다윗의 조가: 활 노래(17-27절)

다윗이 사울과 그의 아들 요나단의 죽음을 슬퍼하여, 조가(*haqqinah*, lamentation, 애가)를 지어서 부르고, 그것을 '활 노래' 라 하여, 유다 사람들에게 가르치라고 명령하였다. '야살의 책' 에 기록되어 있는 그 조가는 다음과 같다(17, 18절). '유다 족속에게 가르치라.' 당시 다윗의 영향권은 유다 지파에게만 한정되어 있었다. 따라서 다윗은 이 노래를 유다 지파에게만 보급할 수 있었다.

다윗은 이 조가를 '활 노래' (the Song of the Bow)라 했다. 이것은, 사울이 블레셋 군사의 활에 의해 죽게 되었고, 베냐민 지파에 속한 사울과 요나단은 모두 활에 능한 자들이었으며, 다윗도 요나단의 활에 의해 구출되었기 때문에 다윗이 자기의 조가를 활에 연관시켜 부른 것으로 보인다. '야살의 책' (the Book of Jasher)은 문자적으로 '의로운 자의 책' (수 10:13)이라는 뜻을 가지고 있다. 이 책은 이스라엘 역사 상 위대한 영웅들의 무용담과 공적을 찬양한 시가 문서이다.

"이스라엘아 네 영광이 산 위에서 죽임을 당하였도다 오호라 두 용사가 엎드러졌도다."(19절) 오, 이스라엘이여, 너의 영광이 산 위에서 사라졌구나. 힘센 용사들이 엎드러지고 말았네.

"이 일을 가드에도 알리지 말며 아스글론 거리에도 전파하지 말지어다 블레셋 사람들의 딸들이 즐거워할까, 할례 받지 못한 자의 딸들이 개가를 부를까 염려로다."(20절) 이 일을 블레셋 사람들에게 말하지 말라. 그들이 들으면 즐거워할 것이다. 가드와 아스글론 성에 알리지 말라. 이방 민족이 우쭐댈까 하노라.

'가드' 는 블레셋 5대 도시 중 하나로, 다윗이 두 차례나 피신해 간 곳이다. 후에 다윗에 의해 점령되었고, 솔로몬 때는 예루살렘에 예속되었다. '아스글론' 도 블레셋 5대 도시 중 하나로, 아스다롯 신전이 있다. 가드와 함께 블레셋의 정치, 종교 중심지이다.

"길보아 산들아 너희 위에 이슬과 비가 내리지 아니하며 제물 낼 밭도 없을지어다 거기서 두 용사의 방패가 버린바 됨이니라 곧 사울의 방패가 기름 부음을 받지 아니함 같이 됨이로다."(21절) 오, 길보아 산들아, 네 위에 이슬이나 비가 내리지 않을 것이며 네 땅은 언제나 황무지가 될 것이다. 거기에 용사들의 방패가 버려졌으니 사울의 방패에 기름칠을 할 수 없게 되었구나.

길보아 산을 실제로 저주한 것이 아니라 길보아 산까지도 사울과 요나단의 죽음을 애도해야 한다는 시적 표현이다.

"죽은 자의 피에서, 용사의 기름에서 요나단의 활이 뒤로 물러가지 아니하였으며 사울의 칼이 헛되이 돌아오지 아니하였도다."(22절) 요나단의 활은 반드시 적의 피와 기름을 적셨고 사울의 칼은 헛되이 돌아오는 법이 없었다.

"사울과 요나단이 생전에 사랑스럽고 아름다운 자이러니 죽을 때에도 서로 떠나지 아니하였도다 그들은 독수리보다 빠르고 사자보다 강하였도다."(23절) 사랑스럽고 아름답던 사울과 요나단, 그들은 생전에도 함께 있더니 죽을 때에도 서로 떠나지 않았구나. 그들은 독수리보다 빠르고 사자보다 강하였다.

"이스라엘 딸들아 사울을 슬퍼하여 울지어다 그가 붉은 옷으로 너희에게 화려하게 입혔고 금 노리개를 너희 옷에 채웠도다."(24절) 오, 이스라엘의 딸들아, 사울을 위해 슬피 울어라 그가 너희에게 화려한 옷을 입히고 너희 옷을 금 장식품으로 꾸몄다.

붉은 옷, 금 노리개는 사울의 전쟁 승리로 획득한 전리품을 상징하기도 하고, 사울의 통치아래 이스라엘이 번영한 것을 상징하기도 한다.

"오호라 두 용사가 전쟁 중에 엎드러졌도다 요나단이 네 산 위에서 죽임을 당하였도다."(25절) 용사들이 전쟁터에 쓰러졌구나. 요나단이 높은 산에서 죽임을 당했구나.

"내 형 요나단이여 내가 그대를 애통함은 그대는 내게 심히 아름다움이라 그대가 나를 사랑함이 기이하여 여인의 사랑보다 더하였도다."(26절) 내 형제 요나단이여, 내가 그대를 위해 슬퍼하노라. 그대는 나에게 얼마나 사랑스러웠던고! 나에 대한 그대의 사랑이 여인의 사랑보다 깊지 않았던가!

"오호라 두 용사가 엎드러졌으며 싸우는 무기가 망하였도다."(27절) 용사들이 쓰러졌으니 그들의 무기가 쓸모없게 되었구나.

제2장

유다의 왕이 된 다윗, 이스라엘의 왕이 된 이스보셋, 유다와 이스라엘 사이의 동족분쟁

1. 유다의 왕이 된 다윗(1-7절)

그 후에 다윗이 여호와께 물었다. "내가 유다 한 성으로 올라가도 되겠습니까?" 여호와께서 말씀하셨다. "올라가거라." 다윗이 "어디로 가야 합니까?" 하고 묻자 여호와께서는 "헤브론으로 가라." 하셨다(1절).

사무엘하 2:1의 기도는 기도할수록 더욱 구체적으로 응답하시는 하나님을 보게 한다. "올라가도 되겠습니까?" "올라가라." "어디로 가야 합니까?" "헤브론으로 가라." '헤브론' (Hebron)은 다윗 왕국의 수도로 유다의 중심지이다. 아브라함이 거주했던 유서 깊은 산지 성읍이다.

그래서 다윗은 그의 두 아내 이스르엘 여자 아히노암과 나발의 아내였던 갈멜 여자 아비가일과 그리고 그의 부하들과 그들의 모든 가족을 데리고 헤브론으로 갔다(2, 3절).

그러자 유다 사람들이 헤브론으로 와서 다윗에게 기름을 부어 그를 유다의 왕으로 삼았다. 다윗은 길르앗의 야베스 사람들이 사울을 장사지냈다는 말을 듣고 그들에게 전령을 보내 말했다(4, 5a절).

"여러분이 왕에게 충성하는 마음으로 그를 장사하였으니 여호와께서 여러분에게 복을 주시기 원합니다. 여러분이 행한 일에 대하여 여호와께서 갚아

주시기 원하며 나도 여러분의 선한 일에 대하여 갚아 주겠습니다. 이제 여러분은 강하고 담대하십시오. 여러분의 왕 사울은 죽었고 유다 사람들은 나를 자기들의 왕으로 삼았습니다." (5b-7절)

다윗이 왕이 되자 길르앗 야베스 사람들은 은근히 불안을 느끼고 있었다. 하지만 다윗은 오히려 그들의 공을 치하하고 축복하였다. 이것은 두 왕국의 성격이 크게 차이가 있음을 보여준다.

2. 이스라엘의 왕이 된 이스보셋(8-11절)

한편 사울의 군대 총사령관이었던 아브넬은 사울의 아들 이스보셋을 데리고 마하나님으로 건너가서 그를 길르앗과 아술과 이스르엘과 에브라임과 베냐민과 온 이스라엘의 왕으로 삼았다(8, 9절). 사울의 아들 중 요나단, 아비나답, 말기수아는 길보아 전투에서 전사했고, 이스보셋(Ishbosheth)만 생존했음을 보여준다. 이스보셋을 '온 이스라엘의 왕' 으로 삼은 것은 사울 사후라도 다윗이 완전히 권력을 장악하지 못했음을 보여준다. 이스보셋은 '부끄러운 사람', '가증한 사람' 이라는 뜻이다. 이것은 성경 저자가 당시 바알 숭배의 가증함을 지적하고자 사용한 이름이다. 원래 이름은 '이스바알' 로 '바알의 사람' 이란 뜻이다.

'마하나임' (Mahanaim)은 요단 동편 얍복 강 근처이다. 아브넬과 이스보셋은 블레셋 군대의 침공을 두려워하여 요단 동편인 마하나임에 수도를 정했다.

그의 영토는 길르앗, 아술, 이스르엘, 에브라임과 베냐민 사람의 땅, 그 밖에 이스라엘의 나머지 모든 땅이었다. '길르앗' (Gilead)은 요단 동편에 있는 땅으로, 갈릴리 바다 남쪽에서 사해 북쪽까지의 영역이다. '아술' (Ashur)은 이스르엘 동편의 아셀 성읍을 말한다. 아술과 이스르엘은 길보아 전투 때 블레셋에게 점령당했으나 이후 아브넬은 흩어진 군사를 모아 재탈환했다.

이스보셋이 왕이 되었을 때는 그의 나이 40세였다. 그는 2년 동안 마하나임에서 통치하였다. 한편 다윗은 유다의 왕으로서 7년 반 동안 헤브론에서 통치하였다(10, 11절). 다윗은 사울이 죽고 난 뒤 왕 위에 올라 7년 반 동안 유다 족속을 통치했는데 비해 이스보셋은 온 이스라엘을 2년밖에 통치하지 못했다. 이스보셋이 왕 위에 오르기까지 5년 반 동안 공백기가 있었는데, 이것은 아브넬이 섭정을 했기 때문으로 보인다. 이것은 아브넬의 위세가 막강했음을 보여준다.

3. 유다와 이스라엘 사이의 동족 분쟁(12-32절)

어느 날 아브넬 장군은 이스보셋의 부하들(일부 병력)을 데리고 마하나임에서 기브온으로 갔다(12절). '기브온' 은 예루살렘 서북쪽에 있으며, 마하나임에서 60km 떨어져 있다. 이곳에는 큰 저수지가 있었다. 그러자 스루야의 아들 요압(Joab) 장군이 다윗의 일부 병력을 이끌고 나와 기브온 연못가에서 그들을 만났다. 그들은 연못 이편저편에서 서로 마주 보고 앉았다(13절). 양쪽의 두 장군이 맞선 것이다. '스루야' (Zeruiah)는 다윗의 누이이다. 그의 세 아들 요압, 아비새, 아사헬은 다윗의 조카로 그의 군대장관들이 되었다.

그때 아브넬은 요압에게 "우리 양편에서 젊은 군인들을 뽑아 서로 겨루게 하자" 고 제안했다. 그러자 요압은 기꺼이 승낙하였다(14절). '겨루게 하자' (*sahaqu*, compete)는 것은 양군에서 대표를 선발하여 서로 싸우게 하는 것으로, 사생결단의 결투를 가리킨다.

그래서 양편에서 각각 12명씩 뽑아 세웠는데 그들은 서로 머리를 붙잡고 칼로 상대편의 옆구리를 찔렀다. 그러자 모두 그 자리에서 쓰러지고 말았다. 그래서 그때부터 그 곳을 '헬갓핫수림'이라 부르게 되었다(15, 16절). '헬갓핫수림' (*helqat hassurim*, the Field of the Swords)은 '칼들의 밭' 이라는 뜻이다. 이것은 기브온 근처의 들에서 날카로운 칼에 24명의 용사가 죽은 데서 나온 말이다.

그런 다음 양군 사이에는 치열한 싸움이 벌어졌다. 결국 아브넬과 이스라엘군이 요압과 다윗의 군대에게 패하고 말았다(17절).

그때 요압의 형제 아비새(Abishai)와 아사헬(Asahel)도 그 곳에 있었다. 아사헬은 들노루처럼 빨리 뛸 수 있었으므로 아브넬의 추격에 나섰다. 그가 한 결 같이 끈질기게 추격하자 아브넬이 뒤를 돌아보며 물었다. "네가 아사헬이냐?" "그렇다, 나다." (18-20절)

그러자 아브넬이 그를 타일렀다. "나를 그만 뒤쫓고, 돌아서서 가거라. 여기 나의 좌우에 있는 젊은이나 한 사람 붙잡아서, 그의 군복을 벗겨 가지고 가거라." 그러나 아사헬은 그가 뒤쫓던 길에서 물러가려고 하지 않았다(21절). 아브넬은 요압과의 관계를 생각하여 자신을 그만 추격하고 대신 다른 병사 하나를 잡아 군복을 전리품으로 가지고 돌아가라 했다. '군복' (*halisa*, armor, spoil)은 '전리품' 을 의미한다. 아브넬은 자기를 포기하고 다른 지휘관 하나를 붙잡아 전리품을 챙기고 공을 세우라 권했다. 하지만 아사헬은 그의 권고를 무시하고 계속 그를 추격했다.

아브넬이 다시 한 번 아사헬을 타일렀다. "너는 나를 그만 뒤쫓고, 물러가거라. 내가 너를 쳐죽여서, 너를 땅바닥에 쓰러뜨려야 할 까닭이 없지 않느냐? 내가 너를 죽이고, 어떻게 너의 형 요압을 대면하겠느냐(보겠느냐?)" (22절)

그런데도 아사헬이 물러가기를 거절하자 아브넬이 창끝으로 아사헬의 배를 찔렀다. 창이 그의 등을 뚫고 나왔다. 그는 그 자리에서 쓰러져 죽었다. 아사헬을 따르던 사람들이, 그가 쓰러진 곳에 이르러서, 모두 멈추어 섰다(23절). 아사헬은 죽고 말았다.

그러나 나머지 두 형제 요압과 아비새는 아브넬을 계속 뒤쫓았다. 그들이 기브온 광야로 들어가는 길 가의 기아 건너 쪽에 있는 암마 언덕에 이르렀을 때에, 날이 저물었다. 그 때에 아브넬을 따르는 베냐민 족속의 군인들은 산꼭대기(언덕 위)에서 아브넬을 호위하고 버티었다(24, 25절). '기아(Giah) 맞은쪽 암마 산(the hill of Ammah)' 은 기브온의 거친 골짜기나 산지로 추정된다.

거기에서 아브넬이 요압에게 휴전을 제의했다. "칼이 영원히 사람을 상하겠느냐(우리가 계속 칼로 서로를 죽여야 하느냐?) 이렇게 싸우다가는, 마침내 우리 둘 다 비참하게 망하고 말지 않겠소? 우리가 얼마나 더 기다려야, 장군이 장군의 부하들에게 형제 쫓기를 그치라(동족을 추격하지 말고 돌아가라)고 명령하겠소?" (26절) '칼이 영원히 사람을 상하겠느냐' 는 말은 '계속해서 칼로 사람을 죽여야만 하겠느냐' 는 말로, 아브넬의 휴전제의를 의미한다. '형제 쫓기' (pursuing their brothers)는 '동족상잔' (同族相殘), 곧 같은 조상의 한 형제 한민족끼리 싸움하는 것을 비유적으로 한 말이다.

그때 요압이 대답하였다. "내가 살아 계신 하나님 앞에서 맹세하지만 네가 싸움을 거는 말을 하지 않았더라면 우리가 아침에 벌써 돌아갔을 것이다." (27절) '네가 싸움을 거는 말을 하지 않았더라면' 은 '분열을 일으키는 말을 하지 않았다면' 이런 일이 벌어지지 않았을 것이라는 말이다. 양편에서 용사들을 뽑아 결판을 내자고 해서 분열만 조장하고 결국 사람을 죽게 했다는 것이다.

그리고서 요압이 나팔을 불자 그의 부하들은 더 이상 이스라엘군을 추격하지 않았고 그들은 다시 싸우지 않았다(28절). 여기서 '이스라엘 군' 은 사울의 출신 지파인 베냐민 지파를 중심으로 다윗이 속한 유다 지파를 대항하던 아브넬 무리를 가리킨다.

그 날 밤 아브넬과 그의 부하들은 아라바를 지나 요단강을 건넌 다음 비드론 온 땅을 지나 밤새도록 행군하여 다음 날 아침에 마하나임에 도착하였다(29절).

'아라바' (Arabah)는 팔레스타인 지역을 남북으로 관통하는 저지대를 말한다. 갈릴리 바다로부터 요단 계곡과 사해를 통하여 아카바만으로 이어지는 침하된 땅이다. 여기서는 얍복 강이 흘러 들어오는 요단 강 일대의 계곡을 가리킨다. '비드론' (Bithron)은 요단 강 동쪽 골짜기와 교차하는 지점의 땅이다.

한편 요압과 그의 부하들도 돌아와 인원 점검을 했는데 없어진 사람(희생자)은 19명과 아사헬이었다(30절). '없어졌다' (*paqedu*, were missing)는 '빠지다' 라는 뜻으로, 계수한 결과 수가 부족했다는 말이다. 다윗의 군사로 전사한 용사는 모두 20명이었다. 그러나 모든 베냐민 지파 출신이었던 아브넬의 부하 중에서는 360명의 병사가 전사하였다(31절).

요압과 그의 부하들은 아사헬의 시체를 베들레헴으로 메고 가서 그의 아버지가 묻혀 있는 묘실에 장사한 다음 밤새도록 걸어서 새벽에 헤브론으로 돌아왔다(32절).

제3장

헤브론에서 낳은 다윗의 여섯 아들, 아브넬이 다윗 편이 됨, 요압이 아브넬을 죽임, 아브넬의 죽음을 애통한 다윗

1. 헤브론에서 낳은 다윗의 여섯 아들(1-5절)

사울의 집과 다윗의 집 사이에 전쟁이 오랫동안 계속)되자 다윗은 점점 강해지고 사울의 집안은 점점 약해져 갔다(1절). 실제 전투라기보다 다윗 진영과 이스보셋 진영 사이의 대치상태가 길었다는 말이다. '사울의 집' 은 베냐민 족속을 비롯해 사울을 지지하는 사람들 전체를 가리킨다.

다윗은 헤브론에서 사는 동안 여섯 아들을 낳았다. 그들 중 맏아들은 이스르엘 여자 아히노암에게서 태어난 암논(Amnon, 둘째 아들은 나발의 아내였던 갈멜 사람 아비가일에게서 태어난 길르압(*Kileab*, Chileab), 세째 아들은 그술 왕 달매의 딸 마아가에게서 태어난 압살롬(Absalom), 네째 아들은 학깃에게서 태어난 아도니야(Adonijah), 다섯째 아들은 아비달에게서 태어난 스바냐(Shephatiah), 여섯째 아들은 에글라에게서 태어난 이드르암(Ithream)이었다(2-5절). '암논' 은 패륜아였다. '길르압' 은 '다니엘' 이라는 이름으로 불렸다. 다니엘은 '하나님은 나의 재판자' 이다. '압살롬' 은 '평화의 아버지' 라는 뜻이다.

2. 아브넬이 다윗 편이 되다(6-21절)

사울 집안과 다윗 집안 사이에 전쟁이 계속되는 동안에, 사울 집안에서는 아브넬이 점점 더 세력을 잡았다. 사울의 첩(concubine, 후궁) 가운데 리스바(Rizpah)라는 여인이 있는데, 아야의 딸이었다. 이스보셋이 아브넬에게 "장군은 어찌하여 나의 아버지의 첩과 통간하였소(후궁을 범하였소)?" 하고 꾸짖었다(6, 7절).

그러자 그는 격분하여 이렇게 외쳤다. "내가 유다 편을 들 개머리(개 같은 인간)로밖에 보이질 않소? 내가 오늘날까지 당신의 부친 사울의 집안과 그의 형제들과 그의 친구들에게 은혜를 베풀었을 뿐만 아니라 당신을 다윗의 손에서 건져내었는데도 당신은 이까짓 이 여인에 관한 허물로(이 여자의 그릇된 행실을 두고, 이 여자 하나로) 나를 책망한단 말입니까?" (8절) '개머리' (the head of a dog)는 형편없는 사람을 의미하는 말로, 이것은 '내가 유다 편에 선 형편없는 사람이냐' 는 뜻이다.

"하나님께서는 이미 다윗에게 약속하신 것이 있습니다. 이제 저는 다윗 편을 들어서 하나님의 뜻대로 하겠습니다. 그렇게 하지 않는다면, 하나님이 이 아브넬에게 벌을 내리시고 또 내리셔도 좋습니다. 하나님은 이 나라를 사울과 그의 자손에게서 빼앗아, 다윗에게 주실 것입니다. 하나님이 다윗을 이스라엘과 유다의 왕으로 삼으셔서, 단에서부터 브엘세바에 이르기까지 다스리게 하실 것입니다." (9, 10절) 이스보셋에게는 청천벽력 같은 말이다.

'단에서 브엘세바까지' (from Dan to Beersheba)는 일반적으로 북에서 남에 이르는 이스라엘 전 영토를 가리키는 말이다. 단(원 지명은 라이스, 삿 18:29)은 이스라엘 최북단(헤르몬 산 남쪽 기슭)에 있는 성읍이며, 브엘세바는 헤브론 남쪽에 있는 지점으로 이스라엘 최남단에 있는 성읍이다.

이 말을 듣고, 이스보셋은 아브넬이 두려워서, 그에게 다시는 말 한 마디도 하지 못하였다(11절).

아브넬은 다윗에게 사람을 보내어서, 이렇게 전하였다. "이 나라가 누구의 것입니까? 그러니 당신이 저와 언약만 맺으시면, 내 손이 당신을 도와(내가 왕의 편이 되어), 온 이스라엘이 당신에게 돌아가도록 하겠습니다."(12절) 아브넬의 마음이 이미 다윗에게 기운 것이다.

그래서 다윗은 "좋다. 하지만 한 가지 조건이 있다. 네가 사울의 딸 미갈을 나에게 데려오너라. 그렇지 않으면 내가 너와 협상하지 않겠다." 하고 아브넬에게 통보한 다음 이스보셋에게 전갈을 보냈다. "내 아내 미갈을 나에게 돌려주시오. 미갈은 내가 블레셋 사람의 포피 100개를 바치고 맞은 아내요." (13, 14절)

그러자 이스보셋이 사람을 보내어서, 미갈을 그의 남편인 라이스의 아들 발디엘에게서 빼앗아 오도록 하였다(15절). 이스보셋은 아브넬의 협박을 받아 미갈을 발디엘에게서 취하였다. 그러나 이스보셋이 이 일을 행한 것은 마지못해서였다. 미갈을 다윗에게 보내는 일은 자신을 더욱 불리하게 만드는 일이었기 때문이다.

그 때에 그 여인의 남편은 계속 울면서 바후림까지 자기 아내를 따라왔는데, 아브넬이 그에게 "당신은 그만 돌아가라." 하고 말하자 그가 돌아갔다(16절). '바후림' (Bahurim)은 예루살렘 북동쪽에 있는 베냐민 지파의 성읍이다.

아브넬이 이스라엘의 장로들과 상의했다. "여러분은 이미 전부터 다윗을 여러분의 왕으로 모시려고 애를 썼습니다. 이제 기회가 왔습니다. 하나님께서 이미 다윗을 두고 '내가 나의 종 다윗을 시켜서, 나의 백성 이스라엘을 블레셋 사람의 지배와 모든 원수의 지배에서 구하여 내겠다.' 하고 약속하여 주셨기 때문입니다."(17, 18절) 이것은 이스라엘 장로들도 다윗을 왕으로 삼고자 했음을 보여준다. 그동안 아브넬이 이를 막아왔지만 스스로 길을 터준 것이다.

아브넬은 베냐민 사람들과도 상의한 뒤에, 이스라엘과 베냐민 사람 전체가 선하게 여기는 모든 것(한데 모은 뜻)을 다윗에게 전하려고, 헤브론으로 떠났다(19절). 아브넬이 부하 20명을 데리고 헤브론에 도착하자 다윗은 잔치를 베풀어 그들을 환대하였다(20절).

아브넬은 떠날 때가 되었을 때 다윗에게 이렇게 말했다. "내가 돌아가면 모든 이스라엘 사람들을 불러 모아 그들이 당신을 왕으로 받아들일 수 있도록 하겠습니다. 그렇게 되면 당신은 원하던 것을 다 얻게 될 것이며 나라 전체를 다스리게 될 것입니다." 그래서 다윗은 그를 안전하게 돌아갈 수 있도록 하였다(21절).

3. 요압이 아브넬을 죽이다(22-30절)

바로 그때 요압과 그의 부하들은 적을 약탈하고 많은 전리품을 가지고 돌아왔다. 그러나 그는 아브넬이 왕을 찾아왔는데도 왕이 그를 안전하게 돌려보냈다는 말을 듣고 왕에게 가서 말하였다.

"이게 무슨 일입니까? 왕에게 찾아 온 아브넬을 왕은 어째서 안전하게 돌려보냈습니까? 왕도 잘 아시겠지만 그가 여기까지 온 것은 왕을 속이고 왕의 모든 동태를 살피기 위해서입니다."(22-25절)

그리고서 요압은 사람들을 보내며 아브넬을 쫓아가서 그를 데려오라고 하였다. 그들이 시라 우물가에서 그를 만나 데려왔으나 다윗은 그 일에 대해서 아무것도 알지 못하였다(26절).

'시라'(Sirah)는 헤브론 북서쪽에 있다. 아브넬은 사막의 열기를 피해 이곳 우물가에 머물면서 서늘한 저녁을 기다렸을 것이다. 요압의 전령들은 다윗의 이름으로 아브넬을 데리고 왔을 것이다. 아브넬은 이전에 요압의 아우 아사헬을 죽였기 때문에 요압을 경계했을 것이다.

아브넬이 헤브론에 도착했을 때 요압은 마치 그와 사사로운 이야기라도 하려는 듯이 그를 성문 곁으로 데리고 가서 그의 배를 찔러 죽여 자기 동생 아사헬의 원수를 갚았다(27절).

후에 다윗은 그 일을 듣고 이렇게 말하였다.

"아브넬의 피살 사건에 대해서 나와 내 백성은 조금도 죄가 없음을 여호와께서 아신다. 그 죄의 대가가 요압과 그의 모든 가족에게 돌아가기를 원하며 또 그의 자손들을 백탁병(성병)과 나병에 걸리거나 지팡이를 짚고 다니는 불구자가 되거나 굶어서 죽거나 전쟁에서 죽기를 원한다."(28, 29절) '백탁병'(running sore)는 고름을 흘리는 병, 곧 유출 병 또는 성병을 뜻한다. 유출병자나 나환자는 율법적으로 부정한 자들로서 예배에 참예할 수 없었다.

요압과 그의 동생 아비새가 아브넬을 죽인 것은 그가 기브온 전쟁에서 자기들의 동생 아사헬을 죽였기 때문이었다(30절).

4. 아브넬의 죽음을 애통한 다윗(31-39절)

다윗은 요압을 비롯하여 자기와 함께 있는 온 백성에게 명령했다. "백성은 옷을 찢고, 허리에 굵은 베 옷을 두른 뒤에, 아브넬의 상여 앞에서 걸어가면서 애도하라." 그리고 다윗 왕도 몸소 상여를 뒤따라갔다(31절). 아브넬을 헤브론에 장사하고 그 무덤가에서 소리 높여 울었다. 그러자 백성들도 함께 울었다(32절).

이때 다윗 왕은 아브넬을 위해 이런 애가를 지어 불었다. "어째서 아브넬은 바보처럼 죽어야만 했는가? 네 손이 묶이지 않았고 네 발이 차꼬(족쇄)에 채이지 않았는데 불의한 자식(악한)에게 죽은 자처럼 네가 허무하게 죽었구나." 그러자 모든 백성들은 다시 그의 죽음을 슬퍼하며 울었다(33, 34절). '차꼬'는 죄수를 가둘 때 쓰는 형틀이다. 구리로 만든 쇠고랑으로 보인다.

아브넬을 장사하는 날 다윗이 하루 종일 아무것도 먹지 않자 모든 백성이 그에게 와서 음식을 권하였다. 그러나 다윗은 해 지기 전에 아무것도 먹지 않겠다고 하나님 앞에 맹세까지 하면서 '만일 내가 해 지기 전에 떡이나 다른 모든 것을 맛보면 하나님이 내게 벌 위에 벌을 내리심이 마땅하니라.' 하며 완강히 거부하였다. 백성들은 이것을 보고 기뻐하며 왕이 하는 일이라면 무엇이든지 다 기쁘게 여겼다(35, 36절).

그제야 유다와 이스라엘의 모든 백성들은 다윗의 행동을 보고 그가 아브넬의 살해 사건에 조금도 관련되지 않았다는 것을 알게 되었다(37절).

그 때 다윗은 그의 신하들에게 이렇게 말하였다. "오늘 이스라엘의 지도자요 큰 인물이 죽은 것을 그대들은 알지 못하시오? 내가 비록 하나님이 세우신 왕이지만 오늘날 내 힘이 약하여서 다루기에 벅찬 스루야의 이 두 아들을 어떻게 처리해야 할지 모르겠구나. 아무튼 여호와께서 악한 자들에게 그들의 악한 행위대로 갚아 주시기를 원할 뿐이오."(38, 39절)

'약하여서' (*rak*, weak). 하나님의 공의에 따르면 살인자 요압을 반드시 처벌해야만 했다. 그러나 다윗은 자신이 정치적으로나 신앙적으로 아직 약하다는 이유로 정의의 실현을 미루었다. 결국 이스보셋과 여러 사람의 죽음은 다윗의 이러한 나약한 처사에서 비롯되었다.

제 4 장

이스보셋을 죽인 레갑과 바아나, 다윗이 살인자를 죽임

1. 이스보셋을 죽인 레갑과 바아나(1-8절)

사울의 아들 이스보셋은 아브넬이 헤브론에서 죽었다는 소식을 듣고 그만 손의 맥이 풀리고 말았다. 이스라엘 온 백성도 두려움에 사로잡혔다(1절). '손의 맥이 풀렸다' 는 것은 '손이 약해졌다' 는 뜻으로, 아브넬의 죽음은 이스보셋에게 큰 충격이었다.

이 때에 사울의 아들 이스보셋에게는 군지휘관이 두 사람 있었는데, 한 사람의 이름은 바아나(Baanah)이고, 또 한 사람의 이름은 레갑(Rechab)이었다. 그들은 브에롯 사람 림몬의 아들로서, 베냐민 사람이다. 브에롯 사람도 베냐민 족속으로 여김을 받았는데 일찍이 브에롯 주민이 깃다임으로 도망가서, 오늘날까지 거기에 머물러 살고 있기 때문이다(2, 3절).

'브에롯' (Beeroth)은 예루살렘 북쪽에 있으며, 기브온 족속에 속한 4대 성읍 중 하나이다. 그러나 후에 그들이 도망하자 베냐민 족속이 차지했다. 그들이 도망한 때는 사울이 기브온 사람들을 학살할 때로 추정된다. 레갑과 바아나는 브에롯 출신 베냐민 사람이었다. '깃다임' (Gittaim)은 '두 개의 가드', 곧 '한 쌍의 포도즙 틀' 이란 뜻으로, 베냐민 지파에 속한 땅이다.

사울의 아들 요나단에게는 두 다리를 저는 아들이 하나 있었다. 사울과 요나단이 죽었다는 소식이 이스르엘에 전해졌을 때에, 그는 겨우 다섯 살이었다.

유모가 그를 업고 도망할 때에, 서둘러 도망하다가, 그가 떨어져서 발을 절게 되었다. 그의 이름이 므비보셋이다(4절).

'므비보셋' (Mephibosheth)은 '부끄러움을 벗어난 자' 또는 '수치를 없애 버리는 자' 라는 뜻을 가지고 있다. 원래 이름은 '므립바알' (Merib-baal), 곧 '바알과 다툰 자' 라는 뜻을 가졌다(대상 8:34, 9:40). 그의 후손이 번성한 것은 다윗이 요나단과 맺은 언약을 하나님께서 이루어주셨기 때문이다.

어느 날 레갑과 바아나가 이스보셋의 집을 향해 떠났다. 그들은 볕이 쬘 때 즈음(정오쯤) 되어 그 곳에 도착했는데 그때 이스보셋은 낮잠을 자고 있었다(5절). '볕이 쬘 때 즈음' 은 정오를 의미한다. 이 때에 팔레스타인 사람들은 낮잠을 즐기는 습관이 있었다.

그들은 밀을 가지러 온 척하고 집 안으로 들어가 침실에서 자고 있는 이스보셋을 죽이고 그의 머리를 잘라 밤새도록 아라바 길로 도망쳐 나왔다(6, 7절). '아라바 길' (the way of the Arabah)은 마하나임에서 헤브론에 이르는 지름길이다.

그들은 헤브론에 도착하여 그 머리를 다윗에게 주면서 이렇게 말했다. "왕의 생명을 노리던 원수 사울의 아들 이스보셋의 머리가 여기 있습니다. 오늘 여호와께서 왕의 원수를 사울과 그의 후손들에게 갚으셨습니다." (8절) 그들은 다윗이 자신들을 칭찬하고 상급을 줄 것으로 기대했다. 하지만 그 기대는 여지없이 빗나갔다.

2. 다윗이 살인자를 죽이다(9-12절)

그러나 다윗은 브에롯 사람 림몬의 아들 레갑과 그의 동생 바아나에게 이와 같이 대답했다.

"온갖 죽을 고비에서 나의 생명을 건져 주신 확실히 살아 계신 주님을 두고 맹세한다. 전에, 사울이 죽었다는 소식을 나에게 전하여 주고, 자기는 좋은 소식을 전한 것으로 여긴 자가 있었다. 나는 그를 붙잡아서, 시글락에서 죽였다. 이것이 내가 그에게 준 보상이었다.

하물며, 흉악한 자들이, 자기 집 침상에서 잠자는 어진 사람을 죽였으니, 내가 어찌 너희의 살인죄를 벌하지 않을 수가 있겠느냐? 그러므로 나는 이제 너희를 이 땅에서 없애 버리겠다." (9-11절)

그들을 죽이라는 다윗의 명령이 떨어지자 다윗의 경호병들은 그들을 죽이고 그들의 팔다리를 자른 다음 그 시체는 헤브론 못가에 매어 달고 이스보셋의 머리는 가져다가 헤브론에 있는 아브넬의 묘실에 장사하였다(12절). 레갑과 바아나는 수족으로 잔인한 악행을 저질렀기 때문에 다윗은 이들의 수족을 잘라 헤브론 못 가에 매달았다.

제5장

이스라엘의 왕이 된 다윗, 시온 산성을 빼앗은 다윗, 두로 왕 히람의 도움, 예루살렘에서 낳은 다윗의 열한 아들, 블레셋을 물리친 다윗

1. 이스라엘의 왕이 된 다윗(1-5절)

그때 이스라엘 모든 지파의 대표들이 헤브론에 있는 다윗에게 와서 말했다. "보소서. 우리는 왕의 골육(핏줄을 같이한 형제들)입니다." (1절)

"사울이 우리의 왕이었을 때에도 전쟁에서 이스라엘군을 지휘한 사람은 왕이었습니다. 그리고 여호와께서도 왕이 이스라엘의 목자가 되며 주권자(통치자)가 될 것이라고 말씀하셨습니다." (2절)

그래서 다윗이 여호와 앞에서 이스라엘의 지도자들과 그 곳 헤브론에서 언약을 맺자 그들은 다윗에게 기름을 부어 그를 이스라엘의 왕으로 삼았다(3절). 이스라엘 장로들은 다윗에게 충성을 서약했고, 다윗은 장로들로부터 기름 부음을 받았다. 이것은 이스라엘의 통일이 국토의 연합만이 아니라 온 백성과 지도자들의 지지를 받아 이루어진 것임을 보여준다. 다윗은 30세에 왕이 되어 약 40년 동안 다스렸다. 헤브론에서 7년 6개월 동안 유다를 다스렸고, 예루살렘에서 이스라엘과 유다를 33년 동안 다스렸다(4, 5절). 그리고 70세에 죽었다.

2. 시온 산성을 빼앗은 다윗(6-10절)

다윗이 예루살렘에 사는 여부스 사람들을 치고자 그의 군대를 이끌고 올라갔을 때 그들은 "네가 절대로 이리 들어오지 못할 것이다. 맹인이나 다리 저는 자(절뚝발이)라도 너를 막아낼 수 있다!" 하고 큰소리쳤다. 이것은 자기들의 성이 침공할 수 없을 만큼 튼튼하다고 생각했기 때문이었다(6절).

'예루살렘' (Jerusalem)은 '평화의 기초', '평화를 소유한 곳' 이라는 뜻을 가지고 있다. 원래 가나안의 여부스 족속의 성읍이다. 시온 산이 있는 고지에 있고, 수원지인 기혼 샘이 있다. 동쪽에는 기드론 골짜기, 서남쪽에는 힌놈 골짜기가 있어서 난공불락의 성이었다. 사사시대 때 유다 지파가 공격하고, 베냐민 지파도 공격했으나 정복하지 못했다. '맹인과 다리 저는 자라도 너를 막아낼 수 있다' 는 말은 예루살렘이 천연요새임을 과신하고 장담하는 말이다.

그러나 다윗과 그의 군대는 그들을 공격하여 시온 산성(요새)을 점령하였다. 지금은 그것이 다윗성(the City of David)이라고 불리고 있다(7절). '시온' (Zion)은 예루살렘 남동쪽의 언덕이다. 일반적으로 예루살렘 도성 전체를 가리킴으로써 하나님이 임재 하는 하나님의 도성을 상징하게 되었다.

그 날 다윗은 여부스 사람의 모욕적인 말을 듣고 자기 병사들에게 "누구든지 여부스 사람을 치려고 하는 자는 물 긷는 데로 올라가서 이 다윗이 미워하는 다리 저는 사람과 맹인을 쳐라." 하였다. 그래서 '맹인과 다리 저는 사람은 집에 들어오지 못하리라.' 는 속담까지 생기게 되었다(8절). '물 긷는 데' (*bassinnowr*, by way of the water shaft)는 '물을 길어 올리는 바위벽' (공동번역, 새번역)으로 보아, 그 벽을 타고 올라가 성 안으로 들어가는 것으로 해석하기도 하고, '하수구' (water tunnel, water shaft, NKJB, NIV, NLT, 현대인의성경)로 보아 그것을 통해 성 안으로 들어가는 것으로 해석하기도 한다. 후자의 해석이 많다. '집' 은 여호와의 집(성전) 또는 궁전을 말한다.

역대상 11:6에 따르면 다윗은 "먼저 여부스 사람을 치는 자는 우두머리와 지휘관으로 삼겠다" 고 했다. 스루야의 아들 요압이 먼저 올라갔기 때문에 그가 우두머리가 되었다.

다윗은 그 요새를 점령하여 거기에 살면서 그 곳 이름을 다윗성이라 부르고 밀로에서부터 안쪽으로 빙 둘러 성을 쌓았다(9절). '밀로' (Millo)는 흙으로 쌓은 지대로, 다윗은 이곳으로부터 성벽을 증축하였다. 이것은 여호수아 때부터 다윗 때까지 약 400년 동안 빼앗지 못했던 예루살렘을 빼앗고, 수도로 예루살렘으로 정했음을 말해준다. 예루살렘을 점령하게 된 것은 역사적으로 크게 의미 있는 일이다.

이렇게 해서 다윗은 점점 강성해 갔는데 이것은 만군의 하나님 여호와께서 그와 함께 하셨기 때문이었다(10절). 다윗이 강성하게 되는 것은 하나님께서 그와 함께 계셨기 때문이다.

3. 두로 왕 히람의 도움(11, 12절)

그때 두로 왕 히람은 다윗에게 사절단을 보내고 또 백향목과 목수와 석수들을 보내 그를 위해서 궁전을 짓게 하였다(11절). 두로(Tyre) 왕 '히람' (Hiram)은 다윗과 솔로몬 때 두로의 왕으로, 이스라엘과 밀접한 관계를 유지했다. 그는 다윗이 궁전을 건축할 때 자재와 인력을 보냈고, 솔로몬이 성전과 궁전을 건축할 때도 인력과 자재를 보냈다. 그러나 두 나라의 밀접한 동맹관계는 두로의 우상뿐 아니라 다른 나라의 우상까지 유입하는 통로가 됨으로써 이스라엘이 망하게 되는 요인이 되기도 했다.

그래서 다윗은 여호와께서 자기를 이스라엘의 왕으로 세우신 것과 그의 백성 이스라엘을 위해 그의 나라를 크게 높이신 것을 알게 되었다(12절).

4. 예루살렘에서 낳은 다윗의 열한 아들(13-16절)

다윗은 헤브론에서 예루살렘으로 옮긴 후에 더 많은 아내와 첩을 거느렸으므로 그들에게서 많은 자녀들이 태어났다. 예루살렘에서 태어난 그의 자녀들은 삼무아, 소밥, 나단, 솔로몬, 입할, 엘리수아, 네벡, 야비아, 엘리사마, 엘랴다(브엘랴다), 그리고 엘리벨렛이었다(13-16절). 역대상 14장을 여기서 열거된 11명 이외에도 엘벨렛과 노가가 더 있다(대상 14:5, 6). '삼무아와 소밥과 나단과 솔로몬' 은 모두 밧세바의 소생이다. 이 가운데 나단은 예수님의 족보에 들어있고(눅 3:31), 솔로몬은 왕위를 계승했다.

5. 블레셋을 물리친 다윗(17-25절)

블레셋 사람들은 다윗이 이스라엘의 왕이 되었다는 말을 듣고 그를 잡으려고 올라왔다. 그러나 다윗은 그들이 온다는 것을 알고 요새로 들어갔다(17절). 위협을 느낀 블레셋이 이스라엘을 공격하게 된 것이다. 요새는 적을 방비하기 위해서 구축한 군사적 요새를 말한다. 다윗이 적진을 정찰하려고 성벽 망루에 간 것이다. 이제는 자기를 적대해 침공해오는 블레셋과 싸워야 했다. 이스라엘은 군사적으로 열세에 있었다.

블레셋 사람들이 이미 이르러 르바임 골짜기에 가득했다(18절). 이때 블레셋 사람들은 르바임 골짜기에 도착하여 그 곳을 완전히 장악하고 있었다는 말이다. '르바임 골짜기' (the Valley of Rephaim)는 블레셋에서 예루살렘에 이르는 직통 지역이다. 힌놈 골짜기 근처로 비옥했으며 옛 거인 족의 땅이었다.

그래서 다윗은 여호와께 물었다. "내가 나가서 블레셋 사람들과 싸울까요? 하나님께서 저들을 내 손에 넘겨주시겠습니까?" 그러자 여호와께서는 다윗에게 말씀하셨다. "올라가라. 내가 그들을 네 손에 넘겨주겠다." (19절) 블레셋을 공격해야 하는지 우림과 둠빔을 가진 제사장 아비아달을 통해 하나님께 물었다. 그 대답은 '올라가라, 이기게 하겠다.' 는 것이었다.

그래서 다윗은 나가 바알브라심에서 그들과 싸워 격퇴하고 이렇게 외쳤다. "여호와께서 물을 쳐서 흩어 버리듯이 내 앞에서 내 대적을 쳐서 흩어 버리셨구나!" 그렇게 해서 그 곳 이름을 '바알브라심' 이라 불렀다(20절). '바알브라심' (Baal Perazim)은 '돌출하시는 주' 라는 뜻으로, 거대한 하나님의 능력이 강물처럼 거세게 나타나 이스라엘이 블레셋을 대패시킨 것을 의미한다.

블레셋 사람들이 그 곳에 자기들의 우상을 버리고 도망갔으므로 다윗과 그의 군대는 그 우상들을 치워 버렸다(21절). 블레셋 사람들은 관습적으로 전쟁 때 우상을 가지고 다녔다. 우상의 힘을 빌려 전쟁에서 이기고자 한 뜻이 담겨 있을 것이다.

그러나 블레셋군은 르바임 골짜기로 다시 돌아와서 그 곳에 포진하고 있었다(22절). 다윗은 다시금 그들과 싸워야 했다.

이때도 다윗은 어떻게 해야 좋을지 여호와께 물었다. 그러자 하나님께서 대답하셨다. "정면 공격을 피하고 그들 뒤로 돌아가 뽕나무 숲 근처에서 공격 태세를 취하고 있다가 뽕나무 꼭대기에서 행군하는 걸음 걷는(발자국) 소리가 들리거든 너는 즉시 공격을 개시하라. 이것은 나 여호와가 너보다 앞서 가서 블레셋 군을 치겠다는 신호이다." (23, 24절)

두 번째 블레셋 공격 때 하나님은 첫 번째와는 달리 공격하지 말라고 하셨다. 직접 올라가지 말고 저희 뒤로 돌아 가되 뽕나무 수풀 맞은편에서 기다리다 공격하라는 것이었다. '뒤로 돌아' 는 피하라는 명령이다. '뽕나무' (*bekaim*, balsam trees, mulberry trees)는 수액을 내는 발삼나무이다. 이 나무 수풀은 덤불에 가까운 것이기 때문에 다윗의 군대가 숨어있기에 좋았다.

하나님은 특히 뽕나무 꼭대기에서 걸음 걷는 소리가 들릴 때까지 기다리다 그 소리를 들을 때 공격하라고 하셨다. '걸음 걷는' (*seadah*, marching)는 '행군' 을 뜻한다. '뽕나무 꼭대기에서 걸음 걷는 소리' 는 여호와의 군대가 하늘에서 임하는 소리로, 이것은 하나님의 천군천사가 다윗을 인도하여 승리케 할 것을 암시하고 있다.

행군소리가 날 때까지 기다리라는 말씀은 하나님이 때가 올 때까지 기다려야 한다는 것을 말한다. 이 기다림 동안에도 긴장을 풀 수 없다. 언제 그 소리가 날지 기다려야 한다. 이것은 하나님이 직접 블레셋을 치시고자 함이며 이스라엘로 하여금 하나님이 그들로 하여금 어떻게 승리케 하시는지 지켜보도록 하신 것이다. 우리도 하나님의 때를 기다려야 한다.

그래서 다윗은 여호와께서 명령하신 대로 행하여 게바에서 게셀에 이르기까지 줄곧 블레셋 군을 쳐서 격퇴시켰다(25절). '게바' (Geba)는 예루살렘에서 약 11km 떨어진 곳으로, 기브아 근처이다. '게셀' (Gezer)은 블레셋 북동쪽 경계지역이다. 이곳은 르바임 골짜기에서 약 24km 떨어진 곳으로, 이것은 블레셋 군대가 어느 정도 후퇴했는가를 보여준다. 다윗은 블레셋을 이스라엘 경계 내에서 완전히 축출했다.

블레셋이 공격해오자 다윗은 무엇보다 하나님께 물었다. 기도한 것이다. 그리고 다윗은 두 번에 걸쳐 블레셋에게 승리했다. 이것은 다윗이 왕으로서의 위치를 공고히 하는데 기여했다.

제6장

언약궤를 옮기는 다윗, 다윗 성으로 옮겨 온 언약궤, 미갈을 책망한 다윗

1. 언약궤를 옮기는 다윗(1-11절)

다윗이 다시 이스라엘에서 정병 삼만 명을 징집하여서, 그들을 모두 이끌고 바알레유다로 올라갔다. 거기에서 하나님의 궤를 옮겨 올 생각이었다. 그 궤는 그룹들 사이에 좌정하신 만군의 여호와의 이름으로 부르는 궤였다(1, 2절).

다윗이 블레셋과의 전쟁에서 승리한 뒤 법궤 옮기는 일로 거룩한 근심을 하게 되었다. 그리고 이스라엘 온 회중을 대상으로 말한다. "우리가 우리 하나님의 궤를 옮겨오자 사울 때에는 우리가 궤 앞에서 묻지 아니하였느니라."(대상 13:3).

사무엘하 6장을 보면 다윗이 이스라엘에서 빼어난 무리 삼만을 선정해 법궤를 다윗 성으로 옮기고자 했다. 그러나 역대상 13장은 다윗이 제사장과 레위인은 물론 이스라엘 온 회중의 동의를 얻어 궤를 옮겨왔다고 기록하고 있다. 3만이라는 수의 화려함보다 이스라엘 온 회중의 동의가 더 아름다움을 보여준다. "뭇 백성이 이 일을 선히 여기므로 온 회중이 그대로 행하겠다 한지라."(대상 13:4). 일은 모든 사람의 합의아래 진행되었다는 말이다.

'바알레유다' (Baale Judah)는 '유다의 바알레' 라기도 하며 '기럇여아림'의 옛 이름이다. 예루살렘 서쪽에 있다. 블레셋에게 빼앗겼던 언약궤가 이때까지(아벡 전투 때부터 다윗의 예루살렘 정복 시기까지) 이곳에 오랫동안 머물러 있었다.

그들은 그 궤를 새 수레에 얹어 산간 지대에 있는 아비나답의 집에서 가져 나왔는데 아비나답의 아들인 웃사와 아효가 그 수레를 몰았다. 아효는 궤 앞에서 걸어가고 다윗과 모든 이스라엘 사람들은 뒤따라가며 잣나무 가지를 꺾어 즐거운 표정으로 흔들고 수금, 비파, 소고, 양금, 제금과 같은 여러 가지 악기로 여호와 앞에서 춤추고 노래하였다(3-5절).

다윗은 새 수레를 마련했다. 하지만 이것은 언약궤 운반 법칙을 어긴 것으로, 다윗뿐 아니라 제사장들도 무지했음을 보여준다. 역대상 15장에 따르면 언약궤는 수레에 싣는 것이 아니라 레위자손들로 하여금 메어오는 것이 규례이다. 짐승이나 수레가 대신하는 것이 아니라 하나님의 사람인 고핫 자손들이 메도록 했다. 편안히 운반하는 것 아니다. 고핫 자손이 운반하도록 하되 귓부리까지 들어 땀 흘려 운반하도록 했다.

그러나 그들이 나곤의 타작마당에 이르렀을 때 갑자기 소들이 비틀거리므로 웃사(Uzzah)가 그 궤를 붙들었다. 여호와께서 웃사의 불경한 행동에 노하셔서 그를 치시자 그가 여호와의 궤 곁에서 죽었다(6, 7절). '나곤의 타작마당' (Nachon's threshing floor). 역대상 13:9에는 '기돈의 타작마당' 이라 되어 있다. '기돈' (*kidon*, Chidon)은 '파괴', '재앙''이라는 뜻을 가지고 있고 '나곤' (*nakown*, Nachon, Nacon)은 '예비된', '충돌하는' 이란 뜻이다. 이로 보아 하나님이 웃사를 친 장소라는 점에서 붙여진 이름으로 보인다. '치시므로' (*wayyakkehu*, struck)는 '파괴하다' 는 뜻으로, 하나님께서 웃사에게 재앙을 내리신 것을 뜻한다.

주님께서 그렇게 급격히 웃사를 치셨으므로(벌하셨으므로), 다윗이 화를 내었다. 그래서 그 곳 이름을 오늘날까지 '베레스웃사' 라고 한다(8절). 웃사는 아비나답의 아들이다. 하나님이 웃사를 치자 감격이 슬픔으로, 흥분이 두려움으로 변했다. '베레스웃사' (*perez beuzzah*, a breach against Uzzah)는 '웃사를 치심' 이라는 뜻이다.

다윗은 그 날 여호와를 두려워하여 "내가 어떻게 여호와의 궤를 내 집으로 가져갈 수 있겠느냐?" 하고 그 궤를 자기가 사는 다윗 성으로 가져가는 것을 꺼려하여 대신 가드 사람(the Gittite) 오벧에돔의 집으로 가져갔다(9, 10절). 다윗은 잘못을 깨닫고, 옮겨오는 것을 잠시 포기했다. 그는 하나님의 궤를 레위인 오벧에돔(Obededom)의 집에 두기로 했다. 오벧에돔은 하나님을 귀히 여기는 사람이자 하나님의 말씀을 귀히 여기는 사람이었다. '가드' 는 블레셋 땅이 아니라 레위 사람들의 거주지로 허락된 '가드림몬' (Gath Rimmon)을 말한다(수 21:24, 25). 따라서 오벧에돔은 레위 족속으로 므라리의 후손이거나(대상 15:18, 21, 24) 고라 후손일 가능성이 크다(대상 26:4, 5).

그래서 하나님의 궤가 가드 사람 오벳에돔의 집에서 석 달 동안 머물렀는데, 그 때에 하나님께서 오벳에돔과 그의 온 집안에 복을 내려 주셨다(10절). 요세푸스는 오벧에돔이 이스라엘에서 가장 가난했으나 3개월 동안 하나님의 언약궤를 지극 정성으로 모신 결과 큰 복을 받았다고 기록했다.

2. 다윗 성으로 옮겨온 언약궤(12-19절)

다윗은 그 궤로 인해 여호와께서 오벧에돔의 가족과 그 모든 소유에 복을 주셨다는 말을 듣고 기쁜 마음으로 그 궤를 오벧에돔의 집에서 다윗 성으로 가져왔는데 그 궤를 멘 사람들이 여섯 걸음을 옮겨 놓았을 때 다윗은 그들을 멈추게 하고 소와 살진 양으로 여호와께 제사를 지냈다(12, 13절). 오벧에돔의 집에 복을 주셨다는 소식을 들은 다윗은 다시 용기를 갖게 되었다. 그리고 언약궤를 수레가 아니라 사람들이 멨다. 그리고 언약궤를 성공적으로 옮기기를 기원하는 제사를 드렸다. 이것은 다윗이 언약궤를 하나님이 지시한 대로 조심스럽게 가져왔음을 말해준다.

그리고 다윗은 베(모시)로 만든 에봇을 입고, 하나님 앞에서 온 힘을 다하여 춤을 추었다(14절). '베 에봇' (linen ephod)은 삼베 에봇으로, 일반제사장이 입는 옷이다. 에봇은 원래 제단 앞에서 제사장 직무를 행할 때 입었던 옷으로, 엉덩이까지 내려오는 소매 없는 제사장 겉옷이다. 그렇게 해서 다윗과 모든 이스라엘 사람들은 기쁨의 함성을 지르고 나팔을 불면서 여호와의 궤를 메어 왔다(15절).

그러나 여호와의 궤가 다윗 성으로 들어올 때 사울의 딸이며 다윗의 아내인 미갈이 창밖을 내다보다가 다윗 왕이 여호와 앞에서 뛰고 춤추는 것을 보고 속으로 그를 업신여겼다(16절).

다윗은 여호와의 궤를 자기가 미리 쳐 둔 휘장 안에 안치하게 하고 번제와 화목제를 여호와께 드렸다(17절). 언약궤를 회막의 지성소 안에 안치했음을 말한다.

그런 다음 그는 만군의(전능하신) 여호와의 이름으로 백성들을 축복하고 남녀 모든 사람들에게 각각 빵 하나와 고기 한 조각과 건포도 빵 한 개씩 나누어 주었다. 그러자 백성들은 모두 자기 집으로 돌아갔다(18, 19절).

3. 미갈을 책망한 다윗(20-23절)

그리고서 다윗은 자기 가족을 축복하려고 집에 돌아왔으나 미갈은 그를 맞으러 나와서 말했다. "이스라엘 왕이 오늘 어떻게 영화로우신지 방탕한 자가 염치없이 자기의 몸을 드러내는 것처럼 오늘 그의 신복의 계집종의 눈앞에서 몸을 드러내셨도다."(20절) 어찌자고 이스라엘의 왕이 부끄러운 줄도 모르고 건달패들이 자기 몸을 드러내는 것처럼 왕이 오늘 신하들의 하녀들 앞에서 몸을 드러냈다며 빈정거렸다.

다윗이 미갈에게 답했다. "나는 여호와 앞에서 춤을 춘 것이오. 여호와께서는 당신의 부친과 그의 가족을 버리시고 나를 택하셔서 자기 백성 이스라엘의 주권자(지도자)로 삼으셨소. 그래서 나는 앞으로도 여호와를 기쁘시게 하는 일이라면 계속 춤을 출 것이오."(21절)

"내가 이보다 더 바보 취급을 받아도 좋소. 하지만 당신이 말한 그 하녀들에게는 내가 존경을 받을 것이오."(22절). 이런 일 때문에 사울의 딸 미갈은 죽는 날까지 자식을 낳지 못하였다(23절).

제7장

성전을 건축하려는 다윗, 다윗과 언약을 맺는 하나님, 다윗의 감사기도

1. 성전을 건축하려는 다윗 (1-3절)

하나님께서 사방에 있는 모든 원수에게서 다윗 왕을 안전하게 지켜 주셨으므로, 왕은 이제 자기의 왕궁에서 살게 되었다(1절). 다윗이 주변의 모든 이방 족속을 정복한 이후를 가리킨다.

하루는, 다윗 왕이 선지자 나단에게 말했다. "나는 백향목 왕궁에 사는데, 하나님의 궤는 아직도 휘장 안에 있습니다." (2절) 국토를 통일하고, 언약궤를 시온으로 옮긴 다윗은 하나님을 위해 성전을 건축할 마음이 생겼다. 자신은 백향목 궁에 거하고 있는데 언약궤는 장막 속에 있는 것이 무엇보다 마음에 걸렸다. 이 마음은 하나님을 향해 얼마나 헌신된 마음을 다윗이 가졌는가를 보여준다. 성전을 건축할 마음은 하나님과 바른 관계를 갖고 싶어 하는 다윗의 마음을 보여준다. 하나님은 성전을 짓는 그 자체보다는 하나님과 바른 관계를 통해 하나님을 기쁘게 하려는 그 마음을 기쁘게 받으셨다. 하나님은 바른 마음으로 사는 것, 바른 관계를 가지고 사는 것을 기뻐하신다.

'나단' (Nathan)은 다윗과 솔로몬 시대의 활약했던 선지자이다. 성전 예배에서 음악을 장려했고, 다윗과 솔로몬의 행적을 기록했다. '백향목'(cedar)은 삼나무 일종으로, 레바논의 특산물이었다. 당시엔 향기 나는 고급 자재였다. 외양이 매우 웅장하여 '힘', '미', '번영' 을 상징한다.

그러자 나단이 대답했다. "여호와께서 왕과 함께 계시니 왕의 마음에 좋을 대로 하십시오."(3절) 성전 건축할 마음을 나단 선지자에게 전하자 나단은 이를 좋게 받아들였다.

2. 다윗과 언약을 맺는 하나님(4-17절)

그러나 그 날 밤 여호와께서 나단에게 말씀하셨다. "너는 가서 내 종 다윗에게 이렇게 전하여라. 너는 내가 살 집(성전)을 지으려고 하느냐."(4, 5절) 다윗이 하나님의 성전을 지을 자가 아니라는 말씀이다.

"그러나 나는, 이스라엘 자손을 이집트에서 데리고 올라온 날로부터 오늘에 이르기까지, 어떤 집에서도 살지 않고, 오직 장막이나 성막에 있으면서, 옮겨 다니며 지냈다."(6절) '장막' (tent)은 하나님의 궤가 있던 아비나답의 집과 오벧에돔의 집을 가리킨다. '성막' (tabernacle)은 길갈, 실로, 기브온 등지에 있었던 이동장소를 가리킨다.

"내가 이스라엘 온 자손과 함께 옮겨 다닌 모든 곳에서, 내가 나의 백성 이스라엘을 돌보라고 명한 이스라엘 그 어느 지파에게라도, 나에게 백향목 집을 지어 주지 않은 것을 두고 말한 적이 있느냐?"(7절) 여기서 '집' (a house)은 하나님이 거하시는 처소인 성전을 가리킨다.

"그러므로 너는 내 종 다윗에게 전능한 나 여호와가 이렇게 말한다고 일러 주어라. 내가 들에서 양을 치던 너를 택하여 내 백성 이스라엘의 주권자(통치자)로 삼았고 또 네가 어디로 가든지 내가 너와 함께 하여 네 앞에서 너의 모든 대적을 파멸시켰다. 앞으로 나는 네 이름을 세계에서 위대한 자들(가장 유명한 사람)의 이름처럼 높여 주겠다."(8, 9절) 다윗이 성전을 지어 주의 이름을 높이고자 했을 때 하나님은 그 마음을 보시고 그의 이름을 존귀케 하시겠다고 약속하신다.

“내가 내 백성 이스라엘을 위해 정착지를 마련해 주었으므로 그들이 다시는 옮겨 다니지 않아도 될 것이다. 사사들이 나라를 다스리던 시대부터 그들은 악한 민족들의 침략으로 많은 괴로움을 받아왔으나 다시는 그런 일이 없을 것이다. 너는 전쟁이 없는 태평세월을 누리고 내가 너를 위하여 집을 지어주겠다.”(10, 11절) 다윗이 하나님의 집을 짓겠다는 마음을 보이자 하나님은 오히려 ‘내가 너를 위하여 집을 주어주겠다.’ 고 말씀하신다. 이것은 ‘네 가문을 든든히 세워 주겠다,’ ‘네 왕위를 영원토록 견고히 하고, 네 자손들이 계속 이스라엘을 다스리게 하겠다,’ ‘너를 통해 구원자 메시야가 나오게 하겠다.’ 등 여러 뜻을 가지고 있다.

“네가 죽어도 나는 네 씨(*zaraka*, your seed) 하나를 왕으로 세워 그의 나라를 견고하게 하겠다. 바로 그가 나를 위해 성전을 건축할 자이다. 그리고 나는 그의 나라가 영원히 지속되게 할 것이다.”(12, 13절) 성전을 짓는 것은 다윗이 아니라 그의 몸에서 날 씨(자식), 곧 솔로몬이 할 것을 말씀하신다. 성전 짓는 것은 돈이 있다고 되는 것이 아니다. 하나님이 허락하셔야 한다. 그러므로 성전 짓는 그 자체만으로도 축복이 아닐 수 없다.

“나는 그의 아버지가 되고 그는 내 아들이 될 것이다. 만일 그가 범죄하면 나는 사람을 막대기와 채찍으로 사용하여 그를 벌하겠다. 그러나 내가 네 앞에서 제거한 사울에게서 내 자비를 거둔 것처럼 그에게서는 내 자비를 거두지 않을 것이다.”(14, 15절)

“네 집과 네 나라가 내 앞에서 영원히 보전되고 네 왕위가 영원히 견고하리라.”(16절) 네 집안과 네 왕조는 끊어지지 않고 영원히 지속될 것이라는 약속의 말씀이다. 하나님은 다윗에게 영원한 왕위를 약속하셨다. 그래서 나단은 다윗에게 가서 여호와의 모든 말씀을 그대로 전해 주었다(17절).

3. 다윗의 감사기도(18-29절)

그러자 다윗은 성막에 들어가서 여호와 앞에 앉아 이렇게 기도하였다. '앉아서' 는 하나님 앞에 무릎을 꿇고 기도했다는 말이다.

"주 여호와여, 나는 누구이오며 내 집은 무엇이기에 나를 여기까지 이르게 하셨나이까."(18절) '나는 누구며 내 가족은 무엇인데 나에게 이런 축복을 베풀어 주셨습니까?' 다윗은 그 집안에서도 다른 형제보다 떨어졌다. 사무엘조차 다윗이 왕의 재목으로 생각지 않을 정도였다. 그러나 하나님은 그를 왕으로 세우셨다. 이 기도는 하나님의 은혜가 아니면 왕으로서 오늘의 자신이 있을 수 없음을 철저히 느끼고 있다.

"여호와께서 나를 위해 이미 행하신 일도 과분한데 이제 내 집안의 장래 일까지 말씀해 주셨습니다. 하나님, 이것이 어찌 사람의 법(*towrat*, manner)이겠습니까?"(19절) 한글개역개정에는 '이것이 사람의 법이니이다.' 라고 번역했지만 '이것이 사람의 법이겠습니까?' 라고 번역하는 것이 맞다. 이것은 '주님께서 사람을 대하시는 일상적인 방법이겠습니까?' 라는 말이다. 다윗을 향한 주의 관대하심이 넓고 크다는 것이다.

"여호와께서는 이 종이 어떤 사람인가를 다 알고 계시는데 내가 주께 무슨 말을 할 수 있겠습니까? 주께서는 주의 말씀과 뜻에 따라서 이 큰 일을 행하시고 이것을 주의 종에게 알리셨습니다. 주 여호와여, 주는 정말 위대하십니다. 우리는 지금까지 주와 같은 신이 있다는 말을 들어 보지 못했고 주 외에 참 신이 있다는 말도 들어 보지 못했습니다."(20-22절) 다윗은 하나님은 과거뿐 아니라 먼 미래까지도 주관하시는 위대한 분이시며 오직 하나님만이 참 신이심을 고백했다.

"이 세상에서 주의 백성 이스라엘과 같은 축복을 받은 나라가 어디 있습니까? 주께서는 주의 이름을 영광스럽게 하시고자 주의 택한 백성을 구하시고 이집트와 그 신들을 파멸시키려고 큰 기적을 행하셨습니다. 주께서 이스라엘을 택하여 영원히 주의 백성으로 삼으셨으니 여호와께서 저희 하나님이 되셨습니다. 주 여호와여, 이제 나와 내 집안에 관해서 약속하신 말씀대로 행하셔서 사람들이 주의 이름을 영원히 높여 전능하신 여호와는 이스라엘의 하나님이라고 말하게 하시고 주의 종 다윗의 왕조가 주 앞에서 견고하게 하소서." (23-26절)

다윗은 이 기도에서 여러 차례 자신을 '종'(*ebed*, servant)이라 불렀다. 그는 이스라엘의 왕이었지만 사울의 손에서 건지신 하나님의 권능 앞에서 자신을 낮추었다. 이런 표현 속에는 앞으로 하나님의 영광을 위해 충성하겠다는 의지가 담겨있다.

또한 다윗은 하나님의 약속이 확실히 이뤄지도록 기도하고, 다윗의 집이 하나님의 말씀과 약속 위에 굳게 서 믿음이 흔들리지 않도록 기도했다. 다윗은 자신의 뜻을 붙든 것이 아니라 하나님의 약속을 붙들고 하나님의 뜻이 이뤄지도록 기도했다. 우리도 이 약속의 말씀을 붙들고 기도할 필요가 있다.

"만군의(전능하신) 여호와 이스라엘의 하나님이시여, 주께서 이 모든 것을 나에게 알리시고 또 나와 내 자손을 통하여 이스라엘 왕국을 세우겠다고 말씀하셨으므로 내가 이런 기도를 드릴 마음이 생겼습니다. 주 여호와여, 주는 하나님이십니다. 주의 말씀은 참되시어(진실하여) 주의 종에게 이런 좋은 약속을 하셨습니다. 이제 이 종의 집안을 축복하셔서 이 축복이 주 앞에서 영원히 지속되게 하소서. 주 여호와여, 주께서 말씀하셨으므로 이 종의 집안이 주의 축복으로 영원히 복을 누릴 것입니다." (27-29절) '참되다'(*emet*, true)는 말은 '진실' 또는 '진리'라는 말로, 하나님의 말씀이 영원불변한 진리라는 말이다. 하나님의 약속이 반드시 이루어질 것을 믿으며 고백하는 말이다.

제8장

다윗 왕국의 강성, 다윗의 신하들

1. 다윗 왕국의 강성(1-14절)

그 후에 다윗은 블레셋 사람을 다시 침략하여 그들의 제일 큰 성인 가드를 점령하고 그들에게 항복을 받았다(1절). 8장은 블레셋, 모압, 소밧, 아람, 에돔 등 다윗이 정복한 나라들 열거하고 있다. 다윗의 정복사이다. 승리의 원동력은 하나님이시다.

'그 후에'는 시간적인 의미보다 서로 다른 사건을 연결시켜주는 접속사 역할을 하고 있다. '메덱암마'(Metheg Ammah)는 '어머니 성읍의 권위'라는 뜻으로, 가드(Gath) 성을 가리키는 것으로 추정된다. 본래 이곳은 블레셋의 강한 수비대가 있던 곳으로 이스라엘에게는 매우 큰 거침돌이 되었다.

그는 또 모압을 쳐서 포로들을 땅바닥에 나란히 눕혀 놓고 줄로 재어 두 줄 길이의 사람은 죽이고 한 줄 길이의 사람은 살려주었다. 살아남은 모압 사람들은 다윗의 종이 되어 그에게 조공을 바쳤다(2절). 매 석 줄 중에 두 줄은 죽이고, 한 줄은 살려주었다는 것으로, 3분의 2는 죽이고 3분의 1은 살려 주었다는 말이다.

그런 다음 다윗은 르홉의 아들인 소바 왕 하닷에셀(Hadadezer)을 공격했는데 이것은 하닷에셀이 유프라테스 강 상류 일대를 다시 장악하려고 했기 때문이었다(3절). '소바'(Zobah)는 다마스쿠스 북쪽에 위치한 아람 소국이다. 당시 이스라엘 북쪽에서 가장 강력한 다윗의 적수였다. 소바는 이전에 사울에게 패한 적이 있었다. 그 때에 상실한 영토를 회복하기 위해 소바 왕은 유프라테스 강으로 출전한 것이다.

그 전투에서 다윗은 마병 1,700명과 보병 20,000명을 생포하고 전차 100대의 말을 제외한 나머지 말들은 모조리 발의 힘줄을 끊어 버렸다. 일부만 남겨놓고 병거와 말의 힘줄 끊어 버린 것은 그가 병거와 말에 의존하지 않았음을 보여준다. 그는 또 하닷에셀을 도우러 온 다마스쿠스의 시리아군 22,000명을 죽이고 다마스쿠스에 주둔군을 두었다. 그때부터 시리아 사람은 다윗의 종이 되어 그에게 조공을 바쳤다. 이와 같이 여호와께서는 다윗이 가는 곳마다 그에게 승리를 주셨다(4-6절). 다윗은 예루살렘에서 멀리 떨어진 다마스쿠스에 수비대, 곧 군사기지를 설치함으로써 종주국으로서의 권한을 행사했다.

다윗은 하닷에셀 왕의 신하들이 사용하던 금 방패를 빼앗아 예루살렘으로 가져왔고 또 하닷에셀이 통치하던 성인 베다와 베로대에서 아주 많은 양의 놋도 빼앗아 왔다(7, 8절). 다윗이 아람과의 전쟁에서 노획한 것으로 후에 성전 건축을 위해 사용되었다. 그는 전리품뿐 아니라 피정복민이 조공으로 바친 금, 은, 놋그릇도 성전 건축용으로 하나님께 드렸다.

하맛 왕 도이(Toi)는 다윗이 하닷에셀과의 전투에서 승리했다는 말을 듣고 그를 축하하기 위해 자기 아들 요람을 보냈다. 이것은 하닷에셀과 도이가 서로 적대 관계에 있었기 때문이었다. 그는 다윗에게 은과 금과 놋 제품을 선물로 보냈다(9, 10절). '하맛' (Hamath)은 오른테스 강 유역에 건설된 아람 소국으로 소바 북쪽에 자리했다. 하맛은 소바와 함께 시리아 지방의 주도권을 다투었다.

다윗은 이 모든 것을 시리아, 모압, 암몬, 블레셋, 아말렉, 그리고 소바 왕 하닷에셀에게서 빼앗은 전리품과 함께 여호와께 바쳤다(11, 12절). 다윗은 모든 전리품과 조공 받은 것을 하나님께 드렸다. 다윗은 드림의 삶을 살았다.

다윗은 돌아오는 길에 '소금 골짜기'에서 에돔 사람 만 팔천 명을 쳐죽이고, 이름을 떨쳤다(13절). '소금 골짜기' (the Valley of Salt)는 사해 남쪽에 있는 늪지대를 가리킨다. 브엘세바에서 동쪽으로 뻗어있는 '와디 엘 밀' 이라는 주장도 있다.

그 때에 다윗이 에돔에 주둔군을 두기 시작하여서, 온 에돔에 주둔군을 두니, 마침내 온 에돔 사람이 다윗의 종이 되었다. 다윗이 어느 곳으로 출전하든지, 하나님께서 그에게 승리를 안겨 주셨다(14절).

2. 다윗의 신하들(15-18절)

다윗이 왕이 되어서 이렇게 온 이스라엘을 다스릴 때 그는 언제나 자기의 백성 모두를 정의와 공의, 곧 공평하고 의로운 법으로 다스렸다(15절). 다윗은 최종 재판관으로서 백성들의 송사를 공정하게 판결했다. 이 때 그는 정의(*mispat*, justice)와 공의(*sedaqah*, righteousness)로 다스렸다. 이것은 하나님께서 기뻐하시는 방법이다.

당시 그의 군대 총사령관(Army commander)은 스루야의 아들 요압(Joab)이었고 그의 사관은 아힐룻의 아들 여호사밧(Jehoshaphat)이었다(16절). '사관' (*mazkir*, recorder, historian)은 나라에서 일어나는 모든 일을 기록하고 보관하는 직책을 수행하며, 때로는 왕의 고문관 역할도 한다.

제사장(the priests)은 아히둡의 아들 사독(Zadok)과 아비아달의 아들 아히멜렉(Ahimelech)이었다. 그리고 궁중 서기관(court secretary)은 스라야(Seraiah)였다(17절). 여기서 '아히멜렉' 은 아비아달의 아들들 가운데 한 사람으로, 놉의 제사장 아히멜렉의 손자로 추정되고 있다. 그는 다윗 통치 기간에 사독과 함께 중요한 제사장 역할을 맡았다(대상 18:16, 24:6). 아비아달에게 그의 부친과 같은 아들이 있었는지, 아니면 본 구절과 역대상의 기록에 착오가 있었는지 분명치 않다. '서기관' (the scribe)은 왕의 비서로 재정을 담당했다.

여호야다의 아들 브나야(Benaiah)는 그렛 사람과 블렛 사람을 관할하는 지휘관이 되었고, 다윗의 아들들은 대신들이 되었다(18절). 다윗의 경호대장은 여호야다의 아들 브나야였고, 궁중 자문관은 그의 아들들이었다. 대신(*kohanim*, chief ministers)은 각료를 뜻한다.

제9장

므비보셋에 대한 다윗의 선처

어느 날 다윗은 사울의 집안사람 중에 아직도 살아남은 자가 있을지도 모른다는 생각을 하게 되었다. 이것은 다윗이 요나단을 생각해서 그에게 은혜를 베풀고 싶었기 때문이었다(1절)

다윗은 사울의 종 가운데 시바라는 사람이 있다는 말을 들었다. 시바(Ziba)는 '힘', '군사' 라는 뜻으로, 사울의 재산을 관리했던 종이자 심복이었다. 다윗은 그를 불러 사울의 집안에 살아남은 자가 없느냐 물었다. 그는 요나단의 아들 하나가 있는데 두 다리를 저는 자라 했다(2, 3절). '다리 저는 자' 는 율법적으로 부정한 자로 간주되어 제사장 반열에서 제외되었으며, 생활 능력이 없는 자로 구분되어 구제와 배려의 대상이 되었다.

"그가 어디에 있느냐?" 하니 로드발에 있는 암미엘의 아들 마길의 집에 있다고 했다(4절). '로드발' (Lo-debar)은 요단 강 동북쪽에 있는 성읍으로, 드빌과 같은 곳으로 추정된다. 로드발은 '목초지가 없는', 곧 황무지라는 뜻이다. '마길' (Machir)은 므비보셋을 후원하던 부자로, 다윗이 압살롬의 반란으로 인해 요단 동편으로 피했을 때 그를 숨겨준 사람이다.

그래서 다윗은 사람을 보내 사울의 손자이며 요나단의 아들인 므비보셋(Mephibosheth)을 데려왔다(5절). 그가 두려워하며 다윗에게 나아와 정중하게 엎드려 절하자 다윗이 그에게 말했다(6절).

"두려워하지 말라. 내가 너의 아버지 요나단을 생각하여 너에게 은혜를 베풀려고 너를 불렀다. 내가 너의 할아버지 사울이 소유했던 땅을 모두 너에게 돌려주고 또 내가 너를 항상 내 식탁에서 먹도록 하겠다." (7절)

그때 므비보셋이 왕 앞에 다시 절하며 말했다.

"이 종이 무엇인데 대왕께서 죽은 개와 같은 저에게 이런 친절을 베푸십니까?" (8절) '죽은 개' (a dead dog)는 자기를 낮추는 말로, 성경에서 개는 부정한 동물로 취급되었다.

그때 왕은 사울의 종 시바를 불러 이렇게 말하였다.

"내가 사울과 그 가족이 소유했던 모든 것을 네 주인의 손자에게 주었다. 그러므로 너와 네 아들들과 네 종들은 그를 위해 농사를 지어 그 가족에게 양식을 공급하라. 그러나 므비보셋은 항상 왕궁에 살면서 나와 함께 식사할 것이다." 시바에게는 15명의 아들과 20명의 종이 있었다(9, 10절). '양식을 공급하라' (have food to eat)는 것은 일용할 양식을 주어 부양하라는 것으로, 므비보셋의 집을 유지하기 위한 경비 및 생활필수품을 공급하라는 말이다.

그러자 시바는 "왕께서 명령하신 대로 하겠습니다." 하고 대답했다. 그때부터 므비보셋은 다윗의 식탁에서 왕자들과 함께 식사하였다(12절).

므비보셋에게는 미가(Mica)라는 젊은 아들 하나가 있었으며 시바의 집에 사는 사람들이 모두 므비보셋의 종이 되었다(13절). 그러나 두 발을 다 저는 므비보셋은 항상 왕의 식탁에서 음식을 먹으며 예루살렘의 왕궁에서 살았다(14절). 므비보셋은 '수치를 흩어버리다' 는 뜻을 가지고 있다. 므비보셋은 황무한 로드발에서 살다가 왕궁으로 초대되는 영광을 얻었다.

제 10장

암몬과 아람 연합군을 물리침

그 후에 암몬 왕 나하스가 죽고 그의 아들 하눈(Hanun)이 왕위를 계승하였다. 이때 다윗은 나하스가 자기에게 은혜를 베풀었으므로 그의 아들 하눈에게 호의를 베풀어야겠다고 생각하였다. 그래서 다윗은 그 아버지의 죽음에 조의를 표하려고 하눈에게 특사를 보냈다. 그러나 다윗이 보낸 조문단이 암몬 땅에 도착했을 때 하눈의 신하들이 그에게 말하였다.

"다윗이 이 조문객들을 보낸 것이 왕의 부친을 공경해서라고 생각하십니까? 아닙니다! 그는 우리 동태를 살펴 이 성(암몬 수도 랍바)을 함락시키려고 이들을 보낸 것이 틀림없습니다." (3절)

그래서 하눈은 다윗이 보낸 조문단을 잡아다가 그들의 수염 절반을 깎고 의복의 중동볼기까지 그들의 옷을 잘라 아랫도리를 드러낸 채 돌려보냈다. 다윗은 이 일을 듣고 부끄러워서 어쩔 줄 모르는 그들에게 수염이 다 자랄 때까지 여리고에 머물러 있으라고 지시하였다(4, 5절). 이스라엘에서 수염은 성인의 명예로, 적에 의해 수염이 깎이는 행위는 최대의 모욕이다. '중동볼기' (the middle of their buttocks)는 엉덩이 중앙부를 말한다. 구약시대에는 제사장만이 속옷을 입었다. 따라서 속옷을 입지 않은 상태에서 이렇게 옷이 잘린 것은 지독한 모욕이었다.

이때 암몬 사람들은 자기들이 다윗에게 미움을 사게 된 것을 알았다. 그래서 벧르홉과 소바에서 20,000명의 시리아군을, 또 마아가 왕과 그의 부하

1,000명과 돕 사람 12,000명을 용병으로 고용하였다(6절). '베르홉' (Beth Rehob)은 소바 남쪽에 있는 아람 소국이다. '마아가' (Maacah)는 암몬 북쪽에 있는 아람 소국이다. '돕' (Tob)은 길르앗 동북 지역에 있다. 암몬 사람은 다윗에 대항할 연합군을 형성하기 위해 용병을 썼다.

다윗은 이것을 듣고 요압과 이스라엘 전 군대를 보내 그들을 치도록 하였다. 이때 암몬 사람들은 나와서 자기들의 성문 앞에 포진하고 외국 용병들은 들에서 싸울 태세를 갖추고 있었다(7, 8절). '성문 어귀' 는 랍바 성문 앞을 말한다. '들' 은 요단 동편의 고원 지대인 메드바 들로, 랍바 북서쪽에 있다. 아람 연합군은 말과 병거를 이용하기 위해 산악지대보다 메드바 들에 진을 쳤다.

요압은 적군이 자기 앞뒤에 있는 것을 보고 정예병을 뽑아 시리아군과 맞서게 하고 나머지 병력은 그의 동생 아비새에게 맡겨 암몬 군과 대치하도록 하였다(9, 10절). 그리고서 요압은 아비새에게 말했다. "만일 시리아군이 나보다 강하면 네가 와서 나를 도와라. 그러나 암몬 군이 너보다 강하면 내가 가서 너를 돕겠다. 힘을 내 우리 백성과 우리 하나님의 성들을 위해서 용감하게 싸우자. 모든 것은 여호와의 뜻대로 될 것이다." (11, 12절)

요압과 그의 군대가 시리아군을 공격하자 그들은 도주하기 시작하였다. 그때 암몬 사람들은 시리아군이 도주하는 것을 보고 아비새 앞에서 도망하여 성 안으로 들어가 버렸다. 그래서 요압은 군대를 거느리고 예루살렘으로 돌아왔다(13, 14절).

시리아군은 이스라엘군에게 패한 것을 알고 자기들의 모든 군대를 다시 불러 모았다. 그때 하닷에셀 왕이 사람을 보내 유프라테스 강 건너편에 있는 시리아군을 데려오게 하자 그들은 헬람에 가서 하닷에셀 왕의 군대 총사령관 소박의 지휘를 받았다(15, 16절).

다윗은 이것을 듣고 모든 이스라엘군을 모아 요단강을 건너서 헬람으로 갔다. 그러자 시리아군도 전열을 갖추고 나와 이스라엘군과 맞싸웠다(17절). '헬람' (Helam)은 요단 강 동편, 하맛 부근의 성읍이다. 그러나 이번에도 시리아군은 패하여 도망하였고 이스라엘군은 시리아 전차병 700명과 마병 40,000명을 죽이고 또 그들의 총사령관 소박도 쳐서 죽였다(18절).

그리고 하닷에셀에게 예속된 모든 왕들은 시리아군이 패한 것을 보고 다윗에게 항복하여 그의 종이 되었다. 그래서 그 후부터는 시리아 사람이 암몬 사람을 돕는 것을 두려워하였다(19절).

제 11장

다윗과 밧세바

그 다음 해 봄에, 왕들이 출전하는 때(전쟁이 시작하는 때)가 되자, 다윗은 요압에게 자기의 부하들과 온 이스라엘의 군인들을 맡겨서 출전시켰다. 그들은 암몬 사람을 무찌르고, 랍바를 포위하였다. 그러나 다윗은 예루살렘에 머물러 있었다(1절). 이 때는 히브리인들의 1월(아빕월), 태양력으로는 3-4월에 해당한다. 겨울철에 쉬던 전쟁이 봄을 맞아 다시 계속되었음을 보여준다. '랍바' (Rabbah)는 암몬의 수도로, 지금의 암만이다. '큰 성' 이라는 뜻으로 가지고 있다.

어느 날 저녁에, 다윗은 잠깐 눈을 붙였다가 일어나, 왕궁의 옥상에 올라가서 거닐었다. 그 때에 그는 한 여인이 목욕하는 모습을 옥상에서 내려다보았다. 그 여인은 아주 아름다웠다(2절).

고대 근동의 가옥 구조는 지붕이 평평하였다. 히브리 사람들은 그곳을 기도처나 휴식처, 또는 잠자는 곳으로 사용하였다. 가옥간의 거리도 좁아 지붕으로도 보행할 수 있었다. 랍비들은 이것을 '지붕의 길' 이라 했다. 다윗 궁은 높은 곳에 있고, 그 궁의 옥상에서 내려다보면 인근 주민의 안 마당을 훤히 내려다볼 수 있었다.

다윗은 사람을 보내 그 여인이 누구인지 알아보게 하였다. 다녀온 그가, 그 여인은 엘리암의 딸로, 헷 사람 우리아의 아내 밧세바(Bathsheba)라고 하였다(3절). '엘리암' (Eliam)은 '백성의 하나님' 이라는 뜻으로, '아히도벨' 의 아들이다. '헷 사람 우리아'는 헷 족속으로 다윗의 외국인 용병이나 다윗에 귀순한 장군 중 하나이다. '우리아'(Uriah)는 '여호와는 빛이시다' 라는 뜻을 가지고 있어, 유대교로 개종해 충성된 신하가 된 것으로 보인다.

다윗은 그 여자를 데려오게 하여 그녀와 잠자리를 같이 하였다. 그런 다음 그 여자는 부정해진 몸을 씻고 자기 집으로 돌아갔다(4절). 한글개역개정에는 '그 여자가 그 부정함을 깨끗하게 하였으므로 더불어 동침하매 그 여자가 자기 집으로 돌아가니라' 라고 했으나 원문에는 '밧세바가 왕과 동침한 후에 그 부정함을 씻었다'로 되어 있다. 율법에는 남녀가 성관계를 맺으면 부정하게 되어 반드시 몸을 씻어야 한다.

얼마 뒤에 그 여인은 자기가 임신한 것을 알고, 다윗에게 사람을 보내 자기가 임신하였다는 사실을 알렸다(5절). 그래서 다윗은 헷 사람 우리아를 자기에게 보내라는 전갈을 요압에게 보냈다. 우리아가 왔을 때 다윗은 그에게 요압과 군사들의 안부와 전황을 물었다. 그런 다음 다윗은 그에게 집에 가서 쉬라고 말하고 그의 집으로 선물도 보냈다. 그러나 우리아는 집으로 가지 않고 그 날 밤을 궁전 경비병들과 함께 궁전 문 앞에서 보냈다(6-9절).

다윗은 우리아가 자기 집으로 내려가지 않았다는 말을 듣고, 원정길에서 돌아왔는데, 왜 집으로 내려가지 않는지를, 우리아에게 물었다(10절). 우리아는 다윗에게 대답했다.

"우리 군대가 지금 전쟁 중이며 여호와의 궤도 그들과 함께 있고 나의 지휘관인 요압 장군과 그 부하들이 빈들에서 진을 치고 있는데 어떻게 내가 집에 가서 먹고 마시고 내 아내와 같이 잘 수 있겠습니까? 내가 왕 앞에서 맹세하지만 나는 절대로 이런 일은 하지 않을 것입니다."(11절) 충직한 장군이자 영적으로도 모범된 장수의 모습이다.

다윗이 우리아에게 말했다. "'그렇다면 오늘 밤은 여기서 머물러라. 내일은 내가 너를 전쟁터로 다시 돌려보내겠다." 그래서 우리아는 그 날 예루살렘에 머물러 있었다. 다윗은 그를 저녁 식사에 초대하여 먹고 마시며 그를 취하게 했으나 우리아는 그 날 밤도 집에 가지 않고 궁전 정문의 경비실에서 경비병들과 함께 잤다(12-13절). 우리아는 결코 흐트러지지 않았다.

다음날 아침에 다윗은 요압에게 편지를 써서, 우리아 편에 보냈다. 다윗은 그 편지에 다음과 같이 썼다. "우리아를 가장 치열한 격전지에 투입시켜 최전방에서 싸우게 하고 다른 병력은 후퇴시켜 그가 거기서 맞아 죽게 하라."(14, 15절) 계획적인 살인 명령이다.

그래서 요압은 그 성을 살펴 적군의 성을 포위 공격할 때 적의 가장 강한 반격이 예상되는 지점에 우리아를 배치시켰다(16절). '살펴' (observed)는 우리아를 적의 손에 죽게 할 적절한 장소를 살펴 본 것을 뜻한다. 적이 그 성에서 나와 요압과 싸울 때에 우리아는 결국 적의 반격을 받아 몇몇 다른 이스라엘군과 함께 그 곳에서 전사하였다(17절).

요압은 전황 보고서를 다윗에게 보내면서 전령에게 말하였다.

"만일 왕이 화를 내면서 너희가 어째서 그처럼 성에 가까이 가서 싸웠느냐? 너희는 적이 성에서 활을 쏠 것이라는 것도 생각하지 못했느냐? 데베스에서 여룹베셋(기드온)의 아들 아비멜렉이 어떻게 죽었느냐? 성에서 어떤 여자가 던진 맷돌 위짝에 맞아 죽지 않았느냐? 그런데 어째서 너희는 그처럼 성벽 가까이 갔었느냐? 하고 묻거든 너는 우리아도 죽었습니다 하고 대답하여라." (18-21절)

'여룹베셋' (Jerubbesheth)은 기드온의 별명이다. 그의 별명은 원래 '여룹바알' 이다. 그런데 '바알' 이 이방신의 이름이라는 사실이 이스라엘 내에 알려지자 '바알' 대신 '베셋' 으로 바뀌게 되었다. 21절은 사사기 9:50-57의 사건을 배경으로 하고 있다. 기드온의 아들 아비멜렉은 데베스 성벽에서 여인이 던진 맷돌에 맞아 죽었다. '데벳스' (Thebez)는 세겜 북동쪽에 있다. 이 사건은 수세에 몰린 적의 성벽 근처에는 접근하지 말라는 교훈을 후세에 남겼다. 우리아도 적의 성 근처에 있다가 죽게 되었음을 말해준다.

그래서 요압의 전령은 예루살렘에 와서 다윗에게 이렇게 말하였다.

"적이 우리를 치러 나올 때 우리가 그들을 공격하여 성문까지 몰아붙였는데 그때 성벽 위에 있던 자들이 활을 쏘아 우리를 반격하므로 우리 중에 몇 사람이 죽고 헷 사람 우리아도 죽었습니다."(22-24절)

그러자 다윗이 그 전령에게 말하였다.

"너는 요압에게 실망하지 말고 용기를 내라고 하라. 전쟁에서 칼은 이 사람도 죽이고 저 사람도 죽이는 것이 아니겠느냐! 너는 그에게 더욱 힘써 싸워 그 성을 함락시키라고 말하고 그를 격려하여라."(25절) 속으로는 쾌재를 불렀을 것이다. 그의 계획대로 되었기 때문이다.

밧세바는 자기 남편이 죽었다는 소식을 듣고 소리 높여 슬피 울었다. 애도 기간이 끝나자 다윗은 사람을 보내 밧세바를 궁전으로 데려왔으며 그녀는 다윗의 아내가 되어 아들을 낳았다. 그러나 다윗이 행한 그 일이 여호와 보시기에 악하였다(26, 27절). 다윗은 밧세바가 임신한 사실을 감추기 위해 우리아의 장례를 마치자마자 곧바로 밧세바를 궁으로 데려왔다. 그러나 하나님께서는 다윗이 행한 이 일을 기쁘게 여기지 않으셨다.

제 12장

나단의 책망을 받는 다윗, 다윗의 참회와 하나님의 징계, 솔로몬의 탄생, 암몬의 왕성 랍바를 취한 다윗

1. 나단의 책망을 받는 다윗(1-12절)

하나님께서 선지자 나단을 다윗에게 보내셨다. 나단은 다윗에게 가서 말했다.

"어떤 성읍에 두 사람이 살았습니다. 한 사람은 부유하였고, 한 사람은 가난하였습니다. 그 부자에게는 양과 소가 아주 많았습니다. 그러나 그 가난한 사람에게는, 사다가 키우는 어린 암양 한 마리밖에는, 아무것도 없었습니다. 그는 이 어린 양을 자기 집에서 길렀습니다. 그래서 그 어린 양은 그의 아이들과 함께 자라났습니다. 어린 양은 주인이 먹는 음식을 함께 먹고, 주인의 잔에 있는 것을 함께 마시고, 주인의 품에 안겨서 함께 잤습니다. 이렇게 그 양은 주인의 딸과 같았습니다.

그런데 그 부자에게 나그네 한 사람이 찾아왔습니다. 그 부자는 자기를 찾아온 손님을 대접하는 데, 자기의 양 떼나 소 떼에서는 한 마리도 잡기가 아까웠습니다. 그래서 그는 그 가난한 사람의 어린 암양을 빼앗아다가, 자기를 찾아온 사람에게 대접하였습니다."(1-4절) 여기서 주인과 어린 암양은 우리아와 밧세바의 애정을 비유한 것이다.

다윗은 그 부자가 못마땅하여, 몹시 분개하면서, 나단에게 말하였다.

"하나님께서 확실히 살아 계심을 두고서 맹세하지만, 그런 일을 한 사람은 죽어야 마땅하다. 그는 그 가난한 사람을 불쌍히 여기지 않고 그런 짓을 했으니 그 어린 암양의 4배를 그에게 배상해 주어야 한다."(5, 6절) 이것은 율법의 배상 기준으로, 짐승을 훔쳤으면 네 배로 갚아주어야 한다.

바로 그때 나단이 다윗에게 말했다.

"왕이 바로 그 사람입니다. 이스라엘의 하나님 여호와께서 왕에게 이렇게 말씀하셨습니다. 나는 너를 이스라엘의 왕으로 삼고 사울의 손에서 너를 구출해 내었으며 사울의 궁전과 그의 처들을 너에게 주었고 또 이스라엘과 유다를 너에게 맡겨 다스리게 하였다. 만일 그것이 부족하였다면 내가 너에게 더 많은 것을 주었을 것이다. 그런데 어째서 너는 나 여호와의 법을 무시하고 이어 끔찍한 일을 하였느냐? 너는 우리아를 죽이고 그의 아내를 빼앗았다. 네가 나를 업신여기고 헷 사람 우리아의 아내를 빼앗아 네 처로 삼았으니 칼이 네 집에서 영영 떠나지 않을 것이다."(7-10절)

나단 선지자는 왕을 두려워하지 않고 선지자로서 그의 임무를 수행했다. '영영' (*owlam*, always)은 '다윗의 생전에' 를 뜻한다. '칼' (*hereb*, sword)은 하나님의 심판, 징벌 등을 나타내며 전쟁의 의미가 강하다. 여기서는 다윗 집안끼리의 살인사건을 가리킨다. 압살롬이 암논을 죽인 사건, 압살롬의 반란과 죽음, 아도니야가 솔로몬에게 죽은 사건을 들 수 있다.

"하나님께서 또 이렇게 말씀하십니다. '내가 너의 집안에 재앙을 일으키고, 네가 보는 앞에서 내가 너의 아내들도 빼앗아 너와 가까운 사람에게 주어서, 그가 대낮에 너의 아내들을 욕보이게 하겠다. 너는 비록 몰래 그러한 일을 하였지만, 나는 대낮에 온 이스라엘이 바라보는 앞에서 이 일을 하겠다.' "(11, 12절) 하나님은 다윗이 은폐하려던 그 죄까지 철저하게 심판하실 것을 선언하셨다. 이 일은 밧세바의 할아버지 아히도벨(삼하 11:3)의 궤계로 인해 이루어진다.

아히도벨은 압살롬이 다윗에게 반란을 일으켰을 때 압살롬으로 하여금 다윗의 후궁들과 동침케 해 왕위 계승을 공공히 하도록 계책을 꾸몄고, 후궁들과의 동침은 실제로 이루어졌다(삼하 16:20-22). 압살롬의 이런 행위는 용서받지 못할 행위였지만 다른 한 편으로는 다윗의 밧세바 사건에 대한 하나님의 징계였다.

2. 다윗의 참회와 하나님의 징계(13-23절)

그러자 다윗이 "내가 여호와께 죄를 범했습니다." 라며 나단에게 자기 잘못을 고백하자서 나단은 대답했다. "여호와께서는 왕을 용서하셨습니다. 그러므로 왕은 죽지 않을 것입니다. 그러나 왕이 원수들에게 여호와를 경멸하고 모독할 기회를 주었으므로 왕의 아들이 죽게 될 것입니다."(13, 14절)

다윗도 어쩔 수 없이 죄를 고백한다. 시 51편은 이 때의 심경을 잘 나타내고 있다. 다윗의 범죄는 신정국가의 대표자로서 지은 공적인 범죄였기 때문에 이스라엘의 대적들에게 신정국가에 대한 조롱거리를 마련해주었다. '여호와의 원수' 는 직접적으로는 '주변 국가의 이방인들' 을, 영적으로는 모든 불신자들을 가리킨다. '비방할 거리' 는 그들에게 놀림거리가 되었다는 말이다. 다윗 왕의 죄과는 자신에게만 해당되는 것이 아니라 하나님을 모독하는 기회를 줄 만큼 엄중하다. 이것은 그리스도인들의 일상에서의 죄과가 얼마나 하나님의 영광을 가리는가를 보여준다.

나단이 집으로 돌아간 후에 여호와께서는 우리아의 처가 다윗에게 낳은 아이를 심한 병에 걸리게 하셨다(15절). 그러자 다윗은 자기 방으로 들어가서 그 아이를 살려 달라고 여호와께 빌며 금식하고 밤새도록 방바닥에 엎드려 있었다. 그때 나이 많은 신하들이 그에게 가서 일어나 함께 식사하자고 권했으나 그는 거절하였다(16, 17절). 나이 많은 신하들은 국가의 원로들로 국정을 도와 왕을 보필하는 장로들이다.

그러던 중 7일 만에 아이가 죽었다. 그러나 다윗의 신하들은 그 사실을 그에게 알리는 것을 두려워하며 이렇게 수군거렸다. "아이가 살았을 때에 우리가 그렇게 말해도 왕이 그 말을 듣지 않고 상심해 있었는데 아이가 죽었다는 말을 전하면 크게 상심하실 것이니 우리가 어떻게 전할 수 있겠는가?" 그러나 다윗은 신하들이 서로 수군거리는 것을 보고서 아이가 죽은 것을 눈치 채고 "아이가 죽었느냐?" 물었다. 그러자 그들은 죽었다고 대답했다. 그제야 다윗은 일어나 목욕을 하고 기름을 바른 다음 옷을 갈아입었다. 그리고서 그는 성막에 들어가 여호와께 경배하고 궁으로 돌아와서 음식을 가져오게 하여 그것을 먹었다(18-20절). '기름을 바르고'는 머리나 몸에 기름을 바른 것을 말한다. 기름은 보통 감람유를 사용하는데 식용뿐 아니라 미용에도 이용되었다. '경배하고'는 제사를 드린 것으로, 예배로 이해된다.

그러자 그의 신하들이 물었다. "아이가 살아 있을 때는 울고 금식하시더니 아이가 죽은 후에는 일어나서 잡수시니 어찌된 일이십니까?" 그래서 다윗은 이렇게 대답하였다. "아이가 살았을 때 내가 금식하고 운 것은 여호와께서 나를 불쌍히 여겨 혹시 아이를 살려 주실 지도 모른다고 생각했기 때문이었소. 그러나 이제는 아이가 죽었는데 내가 무엇 때문에 금식하겠소? 내가 그를 다시 살릴 수 있겠소? 언젠가 나는 그에게로 가겠지만 그는 나에게 영영 돌아오지 않을 것이오."(21-23절) 죽은 사람은 되돌아올 수 없다. 자신이 금식한다고 해서 죽은 아이가 되돌아오는 것은 아니다. 다윗은 하나님이 하시는 일을 그대로 받아들였다. 그리스도인은 슬픈 일을 당해도 사건의 배후에 있는 하나님의 손길을 인식해야 한다. 우리의 모든 것은 하나님께 달려있다.

3. 솔로몬의 탄생(24, 25절)

그리고서 다윗은 그의 아내 밧세바를 위로하고 그녀와 잠자리를 같이하여 아들을 낳고 그 이름을 솔로몬이라고 지었다. 여호와께서는 그를 사랑하셔서 선지자 나단을 보내 그 아이 이름을 '여디디야' 라고 부르게 하셨다(24, 25절).

솔로몬(Solomon)은 '평강', '평화' 라는 뜻이다. 그는 불행한 왕가에 평안을 가져왔다. 하나님은 그의 이름을 '여디디야' (Jedidiah)로 부르도록 하셨다. 이 이름은 '여호와의 사랑을 입은 자' 라는 뜻으로, 솔로몬의 별명이다. '다윗' 이라는 이름과 어원이 같다. 이런 점에서 하나님의 사랑이 부자의 이름에서 더 구체화되었음을 알 수 있다. 하나님께서 그를 사랑하심은 이 평안이 하나님으로부터 비롯되었음을 일깨워준다.

4. 암몬의 왕성 랍바를 취한 다윗(26-31절)

요압이 암몬 사람의 도성 랍바를 치고, 그 왕의 도성을 점령하고서 다윗에게 전갈을 보냈다.

"제가 랍바를 치고, 도성으로 들어가는 물들의 성읍(급수지역)을 점령하였습니다. 이제 왕께서 남은 병력을 이끌고 오셔서, 이 도성을 공격할 진을 치시고, 이 도성을 직접 점령하시기 바랍니다. 내가 이 성읍을 점령하면 이 성읍이 내 이름으로 일컬음을 받을까 두렵습니다. 그러니 제가 이 도성을 점령하기보다는, 왕께서 이 도성을 점령하셔서, 왕의 이름이 승리자의 이름으로 기록되게 해주시기 바랍니다." (26-28절)

랍바는 두 개의 성으로 구성되었다. 하나는 왕성으로, 와디 암만 북쪽의 고원지대에 위치한 매우 험난한 요새이다. 다른 하나는 이 왕성에 물을 공급해

주는 얍복 강의 수원지를 둘러싼 '물들의 성읍' 이다. 이 성읍은 암몬 수도 랍바의 수원지를 가리킨다. 이곳이 함락되면 랍바도 오래 견디지 못한다. 고대에서는 도시를 공격할 때 급수 원을 차단하는 방법을 많이 사용하였다. 요압은 다윗 왕을 모셔와 왕이 마지막 대미를 장식해 주기를 바랐다. 그래야 다윗이 싸워 이긴 것이 되기 때문이다. 요압은 그 기회가 자기에게 왔지만 그것을 자기를 위해 사용하지 않았다. 승전의 명예를 다윗에게 돌리고자 했다.

그래서 다윗은 병력을 이끌고 랍바로 가서 그 성을 공격하여 점령하고 수많은 전리품을 예루살렘으로 가져왔으며 그 중에서 보석이 박힌 암몬 왕의 왕관은 자기가 가져다가 머리에 썼다. 그 왕관은 금 한 달란트나 되었다(29, 30절).

'왕의 관' (*eteret malkam*, crown of their king)은 문자적으로 '말감의 관' 으로, '말감'(malkam)은 '밀곰' , 셈어로는 '몰록'이다. 암몬 우상의 이름이다. 이 왕관을 취한 것은 다윗이 암몬을 완전히 정복했음을 상징한다. '금 한 달란트' 는 약 34kg 가치로, 성인이 약 20년 받을 품삯에 해당한다. 다윗은 이 왕관에 붙은 보석을 빼내어 자신의 왕관에 사용한 것으로 보인다. 전리품은 하나님께 돌려 선한 사업에 사용하는 것이 관례인데(수 6:19) 이를 가로챈 다윗의 행위는 명예욕과 소유욕이 컸음을 보여주는 것이라는 주장도 있다.

그리고 그는 그 성 주민들을 노예로 삼아 톱질과 괭이질과 도끼질을 시키고 강제로 벽돌 공장에서 일하게 하였으며 암몬 사람들의 다른 모든 성에도 이렇게 하였다. 그런 다음에 다윗과 그의 군대는 예루살렘으로 돌아왔다(31절). 다윗은 전쟁 중에 파괴된 성을 보수하고, 암몬 백성들을 감시할 목적으로 수비대를 건설하기 위해 암몬 백성들을 부역에 동원했다. 랍바 주민에 대한 다윗의 처사는 다윗이 얼마나 경색되고 잔인해졌는가를 보여준다는 주장도 있다.

제13장

다말을 범한 암논의 죄, 압살롬의 복수, 압살롬의 도주

1. 다말을 범한 암논의 죄(1-19절)

그 뒤에 이런 일이 있었다. 다윗의 아들 압살롬에게는 아직 결혼하지 않은 아름다운 누이가 있는데, 이름은 다말이었다. 그런데 다윗의 다른 아들 암논이 그를 짝사랑했다(1절).

압살롬과 다말은 그술 왕 달매의 딸 마아가에서 낳은 자녀들이다. 그술은 시리아와 이스라엘 사이에 위치한 중립국가로, 다윗은 그술 왕의 딸과 정략결혼을 했다. '다말' (Tamar)은 '종려나무' 라는 뜻이다. 압살롬의 누이이다. '암논' 은 다윗의 장자로, 이스르엘 여인 아히노암에게서 낳은 아들이다.

그러나 암논은 다말이 정숙한 처녀였기 때문에 쉽게 접근할 수가 없어서 그녀를 몹시 사랑하면서도 어떻게 할 수가 없었다. 그래서 결국 그는 다말을 사모하다가 병이 들고 말았다(2절).

그런데 암논에게는 대단히 간교한 친구 하나가 있었다. 그는 다윗의 형 시므아의 아들인 요나답이라는 자였다. 하루는 요나답이 암논에게 물었다. "왕자인 네가 무엇 때문에 그처럼 날마다 수심에 잠겨 있느냐?" "내 이복 누이동생 다말을 사랑하기 때문일세." (3, 4절)

요나답이 꾀를 내어 말했다. "그렇다면 좋은 수가 있다. 내가 시키는 대로 하여라. 침대에 누워 병든 척하고 있다가 너의 부친이 너를 보러 오거든 네 누이동생 다말을 보내 네가 보는 앞에서 음식을 만들게 해 달라고 부탁하고 너를 위해 만든 그 음식을 다말이 직접 손으로 먹여 주면 좀 나을 것 같다고 하라."(5절)

그래서 암논은 요나답이 시킨 대로 침대에 누워 병든 척하고 있다가 자기 아버지 다윗이 그를 보러 왔을 때 이렇게 말하였다. "동생 다말을 보내 내가 보는 앞에서 직접 과자 두어 개를 만들어 나에게 먹여 주라고 하십시오."(6절) '과자' (*lebibowt*, cakes)는 식사 후 간식을 말한다. 그래서 다윗은 다말에게 사람을 보내 암논의 집에 가서 그를 위해 음식을 만들어 주라고 지시하였다(7절)

다말이 자기 오빠 암논의 집에 갔을 때 암논은 침대에 누워 있었다. 다말은 밀가루를 가져다가 반죽하여 자기 오빠가 보는 데서 과자를 만들어 구웠다. 그러나 다말이 과자 그릇을 암논 앞에 갖다 놓아도 그는 먹을 생각을 하지 않고 모든 사람을 밖으로 나가게 하라고 소리를 질렀다. 그래서 하인들은 모두 밖으로 나갔다(8, 9절).

그때 암논이 다말에게 "자, 이제 그 음식을 가지고 침실로 들어와서 네가 직접 먹여라." 하였다. 그래서 다말은 과자 그릇을 들고 그의 침실로 들어갔다(10절).

그러나 다말이 음식을 먹이려고 암논에게 가까이 갔을 때 그는 다말을 끌어안고, 함께 동침하자고 하였다(11절). 그러자 다말이 거절하며 말하였다.

"오빠, 제발 이러지 마세요. 이런 일은 이스라엘에서 있을 수 없는 일이예요. 내가 수치를 당한다면 어떻게 머리를 들고 다닐 수 있겠어요? 이러시면 오빠도 이스라엘에서 가장 어리석은 사람이 될 거예요. 나를 그렇게도 사랑하신다면 아버지께 말씀드리세요. 아버지께서도 내가 오빠와 결혼하는 것을 말리지 않으실 거예요."(12, 13절)

족장 시대에는 이복 형제간의 근친결혼의 예가 많이 나타난다. 그러나 모세 이후에는 형제나 이복 형제간의 혼인을 율법으로 금했다. '어리석은 자' (*nabal*, the fool)는 하나님의 심판을 받을 수밖에 없는 완악한 자라는 뜻이다.

그러나 암논은 그녀의 말을 듣지 않고 다말보다 힘이 세므로 그녀를 덮쳐 강간하고 말았다. 그런 다음에는 다말에 대한 그의 사랑이 증오로 돌변하여 암논은 다말을 사랑할 때의 그 사랑보다 더한 증오심으로 그녀를 미워하여 "당장 일어나 여기서 나가라"며 소리쳤다(14, 15절). 뜨겁게 타올랐던 정욕이 냉정한 마음으로 변해버린 것이다. 자기 욕심을 채우는 데는 수단방법을 가리지 않으면서 결과에 대해서는 아무런 책임도지지 않으려 한 것이다. 무책임은 상대뿐 아니라 자기도 파멸시킨다.

그러자 다말이 "그러시면 안 돼요. 이렇게 하고서 나를 쫓아내는 것은 나를 욕보인 것보다 더 큰 죄입니다." 하고 대꾸했으나 그는 듣지 않았다(16절).

암논은 자기 하인을 불러 "이 계집을 밖으로 끌어내고 문빗장을 걸어 잠그라"고 명령하였다. 그래서 그는 다말을 끌어내고 문빗장을 질렀다. 이때 다말은 시집가지 않은 공주가 보통 입는 채색 옷(소매 달린 긴 옷)을 입고 있었는데 그녀는 이 옷을 찢고 머리에 재를 뒤집어쓰고 손으로 얼굴을 가린 채 울면서 집으로 갔다(17-19절). '채색 옷' (*ketonet passim*, a robe of many colors)은 히브리어로는 '소매가 달린 긴 옷', '소매에 색동으로 수를 놓은 긴 옷'을 가리킨다. 부유하고 특권이 있던 사람들이 겉옷으로 입기도 했는데, 다말은 왕족이기 때문에 이 옷을 입은 것이 아니라 결혼하지 않은 처녀임을 나타내기 위해 이 의복을 입었다.

2. 압살롬의 복수(20-33절)

그러자 그녀의 오빠 압살롬이 그녀에게 "너를 욕보인 자가 암논이냐? 이 일로 너무 상심하지 말라. 어쨌든 이것은 집안일이니 당분간 아무에게도 말하지 말고 조용히 있거라." 하고 그녀를 달랬다. 그래서 다말은 자기 오빠 압살롬의 집에서 처량하게 지냈다(20절). 처량하게 지냈다는 것은 외부와 단절하고 혼자 지냈다는 말이다.

다윗 왕은 이 이야기를 모두 듣고서, 몹시 분개하였다(21절). 암논의 행위는 용서받지 못할 중죄였다. 그러나 다윗은 암논의 행위에 대해 분노했을 뿐 어떤 징계도 하지 않았다. 자신의 옛 죄 때문에 떳떳하게 징계하지 못했을 가능성이 크다.

압살롬은 암논이 누이 다말에게 욕을 보인 일로 그가 미웠으므로, 암논에 대해 잘잘못(옳다거나 그르다는 말)을 전혀 말하지 않았다(22절). 복수할 때를 기다린 것이다.

그로부터 만 2년 후에 압살롬은 에브라임 부근의 바알하솔에서 자기 양털을 깎을 때 잔치를 베풀어 모든 왕자들을 초청했다(23절). '만 2년 후' 는 암논의 근친상간 사건이 있은지 2년이 지난 때를 말한다. '바알하솔' (Baal Hazor)은 예루살렘 서북쪽, 에브라임 산지 남쪽 기슭에 있는 목장으로, 압살롬의 소유지였다. 양털은 상품 가치가 높아 양털 깎는 일은 목양을 하는 사람들에게는 큰 축제였다. 따라서 이스라엘에서는 그 날에 큰 연회를 베푸는 풍습이 있었다. 압살롬은 이 축제일을 핑계 삼아 자연스럽게 암논을 끌어들일 수 있었다.

또 왕에게도 가서 "아버지, 저의 집에 양털 깎는 일이 있어서 잔치를 베풀었는데 신하들을 데리고 저와 함께 가십시다." 하고 권했다. 그러자 왕은 "아니다. 내 아들아. 만일 우리가 모두 다 가게 되면 너에게 너무 큰 부담이 될 것이다." 하고 대답하였다. 압살롬은 왕을 강권했으나 왕은 가지 않고 그에게 복을 빌어 주었다(24, 25절).

그때 압살롬이 "그러시다면 내 형 암논이라도 우리와 함께 가게 해 주십시오." 하자 왕은 "암논이 너와 함께 가야 할 이유가 무엇이냐?" 하고 물었다(26절). 다윗은 암논을 참석하게 해 달라는 압살롬의 요구를 듣고 이상히 여긴듯하다. 압살롬은 암논이 추행한 다말의 친 오빠였기 때문이다. 그러나 압살롬이 계속 간청하므로 왕은 암논과 다른 모든 왕자들을 그와 함께 보냈다(27절).

압살롬은 큰 잔치를 베풀고 그의 하인들에게 말하였다. "너희는 암논이 취할 때까지 기다렸다가 내가 신호를 하면 그를 죽여라! 너희는 두려워할 것 없다. 이 명령을 내리는 자가 내가 아니냐? 용기를 내어 대담하게 해치워라."(28절) 압살롬은 2년간 기회를 노리다가 드디어 치밀한 계획아래 맏형 암논을 죽인다. 다윗의 간통 범죄에 대한 하나님의 형벌이 시작된 것이다.

그래서 그들은 압살롬의 지시대로 암논을 죽였다. 그러자 다른 왕자들은 급히 그 자리에서 일어나 노새를 타고 도망쳤다(29절). 노새는 왕족이나 귀인들이 나귀 대신 타고 다닌 짐승이다.

그들이 예루살렘으로 돌아오는 도중에 압살롬이 모든 왕자들을 죽이고 하나도 남기지 않았다는 소문이 다윗의 귀에 들어갔다(30절). 비록 헛소문이었지만 자손이 많은 것을 하나님의 축복으로 여기던 시대여서 이 소문을 듣고 다윗은 하나님께서 자신을 버렸다고 생각했을 것이다.

그 소리를 듣자 왕은 곧 자리에서 일어나서, 입고 있는 옷을 찢고 땅바닥에 누워 버렸고, 그를 모시고 서 있는 신하들도 다 옷을 찢었다(31절). 옷을 찢는 것은 지극한 슬픔을 나타내는 이스라엘의 풍습이다. 이러한 행위는 고가거 자기 죄악에 대한 다윗의 깊은 상처를 나타내고 있다.

그러나 바로 그때 다윗의 형 시므아의 아들인 요나답이 왕에게 와서 이렇게 말하였다.

"왕자들이 다 죽은 것으로 생각하지 마십시오. 오직 암논만 죽었을 것입니다. 압살롬은 암논이 다말을 욕보인 후부터 그를 죽이기로 작정한 것이 분명합니다. 그러니 너무 상심하지 마십시오. 왕자들이 다 죽은 것이 아니라 암논만 죽었을 것입니다." (32, 33절)

3. 압살롬의 도주(34-39절)

이런 일이 있은 후에 압살롬은 도망치고 말았다. 예루살렘 파수꾼이 바라보니 뒷산 언덕길로 여러 사람이 떼를 지어 달려오고 있었다. 그래서 그가 그 사실을 왕에게 보고하자 요나답이 소리쳤다. "보십시오. 제가 이미 말한 대로 저기 왕자들이 오고 있습니다." (34, 35절)

그가 말을 마치자 왕자들이 곧 도착하여 대성통곡하므로 왕과 그의 신하들도 소리 높여 슬피 울었다(36절).

압살롬은 암미훌의 아들인 그술 왕 달매에게로 갔고, 한편 다윗은 그의 아들 암논 때문에 슬픈 나날을 보내고 있었다(37절). '그술' (Geshur)은 아람의 소왕국 중 하나로, 요단강 상류지역에 있다. 전략상 시리아와 이스라엘의 완충지대에 속했기 때문에 다윗이 점령하지는 않았다. 후에 다마스쿠스에 합병되었다. '달매' (Talmai)는 압살롬의 어머니 마아가의 친정아버지이자 압살롬의 외할아버지이다.

압살롬은 도망한 뒤에 그술로 가서, 그 곳에 세 해 동안 머물러 있었다. 그러는 사이에 다윗 왕은 암논을 잃었을 때에 받은 충격도 서서히 가라앉았고, 오히려 압살롬을 보고 싶어 하는 마음이 점점 간절해졌다(38, 39절).

제14장

압살롬을 돌아오게 하려는 요압의 계획, 예루살렘에 돌아온 압살롬

1. 압살롬을 돌아오게 하려는 요압의 계획(1-24절)

스루야의 아들 요압은 왕이 압살롬을 그리워하고 있다는 것을 알고 드고아에 사람을 보내 지혜로운 여자 한 사람을 데려오게 하여 그녀에게 말하였다. "당신은 초상당한 사람처럼 상복을 입고 머리를 빗지 말며 죽은 사람을 위해 오랫동안 슬퍼한 시늉을 하고 왕에게 가서 내가 일러 주는 말을 전하시오." 그리고서 그는 왕에게 할 말을 그녀에게 일러 주었다(1-3절). '드고아'(Tekoa)는 베들레헴 남쪽에 있는 농경지로, 선지자 아모스의 고향이기도 하다.

그래서 그 여자는 왕에게 가서 얼굴을 땅에 대고 절하며 말했다. "왕이여, 저를 좀 도와주십시오." 왕은 무슨 일이냐 물었다. 그러자 여인은 왕에게 호소했다. "저는 가난한 과부입니다. 저의 남편은 죽고 저에게는 아들 둘만 있었습니다. 그런데 하루는 그들이 들에서 서로 싸우다가 말려 주는 사람이 없어 한 아이가 다른 아이를 쳐 죽였습니다.

그러자 모든 친척들이 나를 공격하며 자기 형제를 죽인 놈은 죽여야 한다고 남은 내 아들을 내놓으라고 강요하고 있습니다. 그러나 만일 내가 그들의 요구대로 한다면 나는 자식 없이 혼자 남는 신세가 되어 나의 마지막 희망까지도 사라지게 되고 남편의 대를 이을 후손이 완전히 끊어지고 맙니다."(4-7절)

'과부' 는 불우한 사람으로 인정되어 율법에서는 정의와 사랑으로 대해주도록 하고 있다. 다 듣고 난 왕은 여인에게 말하였다. "이 문제를 두고서는, 내가 직접 명령을 내리겠으니, 집으로 돌아가거라."(8절) 그러나 드고아 여인은 왕에게 아뢰었다. "우리의 높으신 왕께서 무엇을 하시든지, 이 일에 있어서 허물은 저와 제 아버지의 집안에 있습니다. 왕과 왕실에는 아무런 허물이 없습니다."(9절)

왕이 대답했다. "누구든지 너를 위협하거든, 그를 나에게로 데리고 오너라. 아무도 너를 괴롭히지 못하게 하겠다."(10절)

여인은 또 간청하였다. "그러시다면 왕의 하나님 여호와께 기도하여 죽은 내 아들의 원수를 갚으려고 하는 친척들이 남은 내 아들을 죽이지 못하게 하소서." 그러나 왕이 대답했다. "'내가 살아 계신 여호와의 이름으로 맹세하지만 네 아들의 머리카락 하나도 땅에 떨어지지 않을 것이다."(11절)

그 여인이 또 간청했다. "이 종이 왕께 한 말씀만 더 드리도록 허락하여 주시기 바랍니다." 왕이 허락하자 여인이 말했다(12절).

"어찌하여 왕께서는 하나님의 백성에게 그처럼 그릇된 일을 하셨습니까? 왕께서는 왕의 친아들을 이 나라로 돌아오는 것을 허락하지 않으셨습니다. 이러한 처사는 지금까지 이 종에게 말씀하신 것과는 다릅니다. 왕께서는 그렇게 말씀만 하시고, 왕자를 부르지 않으셨으니, 이것은 잘못된 일이라고 생각합니다.

사람은 다 죽습니다. 땅에 쏟아진 물을 다시 담지 못함 같습니다(땅에 쏟으면, 다시 담을 수 없는 물과 같습니다). 그러나 하나님은 생명을 빼앗지 않으시고 방책을 베푸셔서 비록 내어 쫓긴 자라 하더라도 어떻게 해서든지 하나님께 버림받은 자가 되지 않게 하십니다.

왕이시어, 제가 지금 왕을 찾아뵙고서 이런 말씀을 드리게 된 까닭은, 제가 친척들의 위협을 받으면서, 이 문제를 왕께 아뢰면, 왕께서 제가 간구하는 바를 들어 주실 것이라는 확신이 섰기 때문입니다."(13-15절) '땅에 쏟아진 물'

은 한 번 죽으면 돌아올 수 없는 인간의 생명을 비유한 말이다.

"저의 집안사람들은 저와 저의 아들을 죽이려 하고, 하나님이 주신 기업에서 끊어 버리려고 하지마는(이것은 자신을 통해 대를 잇지 못할 때 하나님의 약속의 반차에서 끊겨질 것을 의미하는 말이다), 왕께서 저의 사정을 들어서 아시면, 구원하여 주실 것이라고 생각하였습니다."(16절)

"이 종은 또, 왕께서는 말씀으로 저를 안심시켜 주실 것이라고 믿었습니다. 왕은 바로 하나님의 천사와 같은 분이시니까, 저의 호소를 들으시고 선악을 가려내실 것이라고도 생각하였습니다. 왕이 섬기시는 주 하나님께서 늘 왕과 함께 계시기를 바랍니다."(17절) 뒷부분은 이스라엘에서 왕과 대면하고 하직할 때 어전에서 하는 인사이다. '만세수를 누리소서.' 처럼 왕의 축복을 비는 말이다. 마침내 왕이 그 여인에게 물었다. "너는 내가 묻는 말을, 내 앞에서 조금도 숨기지 말고 대답하여라." 그 여인이 대답했다. "왕은 말씀하옵소서." (18절) 분부대로 하겠다는 말이다.

왕이 물었다. "너에게 이 모든 일을 시킨 사람은 바로 요압이냐?" 여인이 대답했다. "왕께서 확실히 살아 계심을 두고 맹세하지만, 왕의 말씀을 좌로나 우로나 옮길 자가 없으리이다(왕께서 무슨 말씀을 하시면, 오른쪽으로든 왼쪽으로든, 피할 길이 없습니다.) 저에게 이런 일을 시킨 사람은 왕의 신하 요압입니다. 그가 이 모든 말을 이 종의 입에 담아 주었습니다."(19절)

'왕의 말씀을 좌로나 우로나 옮길 자가 없으리이다' 는 왕의 말씀 그대로가 사실이라는 뜻이다. 드고아 여인은 솔직하게 고백했다.

"요압 장군은 이 일을 자기가 시키지 않은 것처럼 꾸미려 하였으나 왕은 하나님의 천사와 같은 지혜가 있어서 이 땅에서 일어나고 있는 모든 일을 다 알고 계십니다."(20절) 여인은 다윗 왕의 통찰력을 하나님의 전지하심에 비유하였다. 이는 그녀의 목적을 이루기 위한 아첨이었다.

그래서 왕은 요압을 불러 "내가 장군의 뜻대로 하기로 결심하였으니, 가서, 그 어린 아이(*naar*, young man) 압살롬을 데려오라." 했다(21절). 다윗은 장성한 압살롬을 성인으로 생각하지 않고 아직도 철없는 아이로 생각했다. 한글 개역개정은 '청년'으로 번역했다. 그러자 요압이 땅에 엎드려 절하며 왕을 위해 복을 빌고 "저의 요구를 들어주시는 것을 보니 이제서야 왕이 저를 총애하시는 줄 알겠습니다." 하고 그술로 가서 압살롬을 예루살렘으로 데려왔다(22, 23절). 그러나 왕은 "그를 자기 집에 가서 머물러 있게 하고 내 얼굴을 볼 수 없게 하라(내 앞에 나타나지 못하게 하라.)" 하였다. 그래서 압살롬은 자기 집으로 가서 왕 앞에 나타나지 않았다(24절).

2. 예루살렘에 돌아온 압살롬(25-33절)

이스라엘에 압살롬만큼 미남자로서의 인기를 모은 사람도 없었다. 그는 머리에서부터 발끝까지 흠 하나 없었다(25절). 압살롬의 외모가 출중하여 이상적인 왕으로서 흠잡을 데가 없음을 뜻한다.

그는 머리숱이 너무 많아서 해마다 한 번에 머리를 깎았는데 그 깎은 머리를 저울이 달아 보니 왕의 저울로 200세겔(약 2.3kg)이나 되었다(26절). 압살롬은 머리숱이 많았다. 왕의 저울이라고 일반저울과 측량치수가 다르지 않지만 측량의 권위를 상징한다. 이 같은 모습은 그의 외모를 빛나게 해주었지만 그가 자랑하는 머리털은 반대로 그의 비참한 최후의 원인이 되었다.

압살롬에게는 아들 셋과 딸 하나가 있었다. 그 딸의 이름은 다말인데, 생김새가 아주 예뻤다(27절). 압살롬의 아들들은 일찍 죽은 것으로 보인다. 압살롬이 자기의 대를 이을 아들이 없음을 한탄하는 비석을 세웠기 때문이다(삼하 18:18). 압살롬은 딸의 이름을 자기 누이와 같이 '다말'(Tamar)이라 지었다.

압살롬은 예루살렘으로 돌아와서 두 해를 지냈는데도, 왕의 얼굴을 한 번도 뵙지 못하였다(28절). 암논 살해 후 5년이 지난 때이다. 이 때 다윗은 약 56세이고, 압살롬은 24세였다. 그리고 솔로몬은 6세 가량이었다. 압살롬이 요압을 왕에게 보내 보려고 요압에게 사람을 보냈으나, 요압은 압살롬을 방문하지 않았다. 두 번째로 다시 사람을 보냈으나, 그는 여전히 오지 않았다(29절).

그러자 압살롬이 자기의 종들을 불러다가 지시하였다. "내 밭 근처에 요압의 밭이 있다. 그가 거기에 보리농사를 지어 놓았으니, 너희는 가서, 그 밭에다가 불을 질러라." 그래서 압살롬의 종들이 그 밭에 불을 질렀다(30절). 히브리 민족은 본래 유목민이었으나 가나안 정착 후 밭을 이용하여 농작물을 경작했다. '내 밭 근처' 는 문자적으로 '내 손 가까이' 이다. 쉽게 좌우할 수 있는 거리라는 말이다. 압살롬이 마음만 먹으면 언제나 실력을 행사할 수 있음을 말해준다. 그러자 요압이 압살롬에게 가서 "당신의 하인들이 어째서 내 밭에 불을 질렀습니까?" 하고 따져 물었다(31절).

그때 압살롬이 대답하였다. "내가 당신을 부른 것은 당신을 왕에게 보내 왕이 나를 볼 생각이 없었다면 무엇 때문에 나를 그술에서 데려왔는지 한번 물어 봐 달라고 부탁하고 싶었기 때문이오. 내가 그곳에 머물러 있는 것이 나았을 것이오. 그러니 이제 나를 왕과 좀 만나게 해 주시오. 만일 나에게 죄가 있다면 왕이 나를 죽여도 좋소."(32절) 압살롬은 자신의 행위가 의롭다 생각했다. 따라서 자신을 5년간이나 돌아보지 않은 다윗의 처사가 오히려 불의하다고 단정했을 것이다.

그래서 요압이 왕에게 가서 압살롬이 한 말을 그대로 전하자 왕은 사람을 보내 압살롬을 불러오게 하였다. 그가 나아와서 얼굴을 땅에 대고 왕에게 절하자 왕은 그에게 입을 맞추었다(33절). 입을 맞추는 것은 완전한 화해의 표시이다.

제 15장

압살롬의 반역, 다윗의 도피

1. 압살롬의 반역(1-12절)

그 후에 압살롬은 전차 한 대와 말들을 구하고 호위병 50명도 고용하였다(1절). 과거 이스라엘은 말을 기르지 않았고 노새를 주로 이용했다. 압살롬이 말과 병거를 준비한 것은 반역을 위해 세심하게 준비했음을 보여준다. 호위병을 둔 것은 세력 다툼의 시작이다.

압살롬은 매일 아침 일찍 일어나 성문으로 나가곤 했다. 그는 성문 길 곁에서서 누구든지 소송 문제로 왕을 찾아오는 사람이 있으면 그를 불러 어디 사람이냐고 물었다(2절). '성문 길 곁' 은 궁으로 올라가는 길가 또는 당시 재판을 시행한 궁궐 문을 가리킨다. 고대의 성문은 그 성읍의 정치, 경제, 사회 등의 제반 문제를 공적으로 거론하는 공공장소로 많이 이용되었다.

그리고 그가 어느 지파 사람이라고 대답하면 그는 곧잘 이렇게 말하였다.

"이 문제에 있어서 당신이 옳고 정당하지만 유감스럽게도 당신의 소송 문제를 들어 줄 대리인을 왕이 세우지 않았습니다. 내가 만일 이 땅의 재판관이 된다면 얼마나 좋겠습니까. 그러면 소송 문제를 가진 사람은 누구든지 나에게 찾아올 수 있고 또 나는 그들의 문제를 공정하게 해결해 줄 것입니다." (3, 4절)

그리고서 그는 누구든지 자기에게 와서 절하려고 하면 그러지 못하게 하고 오히려 손을 내밀어 그를 붙들고 입을 맞추곤 하였다. 압살롬은 왕에게 재판

받으러 나오는 모든 사람을 이런 식으로 대하여 이스라엘 사람의 마음을 도둑질하였다(5, 6절).

그로부터 4년이 지난 후에 압살롬이 왕에게 말했다. "내가 여호와께 서약한 것이 있습니다. 지금 헤브론으로 가서 그 서약을 지키게 해 주십시오. 내가 그술에 있을 때 나는 여호와께서 나를 예루살렘으로 다시 돌아가게 해 주시면 여호와께 제물을 드리겠다고 서약하였습니다."(7, 8절)

그러자 왕은 평안히 다녀오라 했다. 그래서 압살롬은 헤브론으로 갔다(9절). 헤브론은 압살롬의 출생지이자 다윗이 처음으로 왕이 된 곳이다. 이곳을 반역의 근거지로 삼은 것은 다윗에 대한 유다 지파의 질투나 불만을 이용하기 위한 것으로 보인다.

그러나 압살롬은 이스라엘의 모든 지파에게 첩자들을 보내서, 나팔 소리가 나거든 "압살롬이 헤브론에서 왕이 되었다!" 하고 외치라고 하였다(10절). '나팔 소리' (*sopar*, trumpet)는 주로 수양의 뿔로 만든 것으로, 전시에는 신호로, 예배 때는 찬미용으로 사용되었다.

그때 압살롬의 초대를 받아 예루살렘에서 그와 함께 내려간 사람이 200명이 있었으나 그들은 압살롬의 의도가 무엇인지 전혀 알지 못하였다(11절). 그저 따라가기만 한 사람들이었다.

압살롬은 제사를 드리는 동안 사람을 보내 다윗의 모사(자문관)인 길로 사람 아히도벨을 초청해 왔는데 그는 압살롬을 지지하고 나섰다. 반역 음모의 세력이 점점 커지자 압살롬을 따르는 자들이 계속 불어났다(12절). 압살롬의 형식적인 제사의 목적은 백성들의 마음을 끌기 위한 것이었고, 목적은 거사에 있었다.

'다윗의 모사 길로 사람 아히도벨.' '모사'(counselor)는 왕의 고문 역할을 담당한 관리로, 왕과 수시로 대면하면서 국정에 조언을 하는 역할을 한다.

아히도벨(Ahithophel)은 탁월한 모사로, 다윗 왕의 신하였으나 압살롬의 반역에 동참했다. 그는 밧세바의 조부로 소개되기도 하는데, 그렇다면 밧세바를 빼앗은 다윗의 범죄에 반감을 품고 반역에 동조했을 가능성이 높다. '길로' (Giloh)는 유다 지파에 속한 성읍으로, 헤브론에서 가깝다. 아히도벨의 고향이기도 하다.

2. 다윗의 도피(13-37절)

전령 한 사람이 다윗에게 와서 보고하였다. "이스라엘 백성의 마음이 모두 압살롬에게로 기울어졌습니다." (13절)

그러자 다윗은 예루살렘에 있는 모든 신하에게 말하였다. "서둘러서 모두 여기에서 도망가자. 머뭇거리다가는 아무도 압살롬의 손에서 살아남지 못할 것이다. 어서 이 곳을 떠나가자. 그가 곧 와서 우리를 따라잡으면, 우리에게도 재앙을 입히고, 이 도성도 칼로 칠 것이다." (14절)

그때 그의 신하들은 "왕이 무엇을 하시든지 우리는 왕을 따르겠습니다." 하고 대답하였다(15절).

(남겨놓은 후궁들) 그래서 왕은 궁을 지킬 후궁(*pilagse*, concubines) 10명만 남겨 두고 모든 가족과 신하들을 데리고 성을 떠났다(16절). 이들을 남겨 둠으로써 다윗의 처들이 백주에 다른 사람과 동침하게 되리라는 나단의 예언이 구체적으로 성취되게 된다. 왕이 먼저 나아가니, 모든 백성이 그의 뒤를 따라 나섰다. 그들은 벧메르학에 이르자, 모두 멈추어 섰다(17절). '벧메르학' (Beth-merhak)은 문자적으로 '멀리 있는 집', '먼 궁' 이다. 예루살렘 밖 동쪽 기드론 골짜기에 있는 다윗 왕의 별궁을 의미한다.

왕의 신하들이 모두 왕 곁에 서 있는 동안에, 모든 그렛 사람과 모든 블렛 사람(the Pelethites)이 왕 앞으로 지나가고, 가드에서부터 왕을 따라 온 모든 가드 군인 육백 명도 왕 앞으로 지나갔다(18절). 다윗이 사울을 피해 다닐 때부터 다윗을 좇던 사람들이다. 그들은 그일라, 바란, 시글락, 헤브론, 예루살렘을 거쳐 지금까지 다윗을 추종하였다. 그들 가운데는 블레셋을 비롯해 외국인들이 많았다. '그렛 사람' (the Cherethites)은 블레셋의 한 분파로, 다윗의 호위대가 되었다. 솔로몬의 친위 병으로 대관식에 참여하기도 했다.

그러나 왕은 가드 사람 잇대(Ittai)를 보더니 이렇게 말하였다.

"어째서 네가 우리와 함께 가려고 하느냐? 너는 예루살렘으로 돌아가서 새 왕과 함께 머물러 있거라. 너는 망명해 온 외국인(*nakeri*, foreigner)이다. 이제 우리는 어디로 가야 할지도 모르는데 어떻게 내가 어제 온 너를 우리와 함께 유랑의 길을 떠나자고 할 수 있겠느냐? 그러니 너는 네 동족들을 데리고 돌아가거라. 여호와께서 너에게 은혜 베푸시기를 원한다."(19, 20절)

그러나 잇대는 이렇게 대답하였다. "내가 살아 계신 여호와 앞에서 목숨을 걸고 맹세하지만 죽든지 살든지 왕이 가시는 곳이라면 어디든지 따라가겠습니다."(21절) 그러자 다윗이 잇대에게 말하였다. "그러면 먼저 건너가시오." 그리하여 가드 사람 잇대도 자기의 부하들과 자기에게 딸린 아이들을 모두 거느리고 건너갔다(22절).

다윗의 일행이 지나갈 때 온 예루살렘 주민이 소리 높여 울었다. 왕도 기드론 시내를 건너가자 그의 일행은 모두 광야 길로 향하였다(23절). '기드론 시내' (the brook Kidron)는 예루살렘의 동쪽에 있는 간헐천으로, 예루살렘과 감람산 중간에 있다. '광야 길' (the way of the wilderness)은 예루살렘 북쪽 벧엘에서 여리고까지로, 다윗 일행은 이 길을 통해 요단강에 이르렀다.

(사독과 레위인들) 사독(Zadok)과 그와 함께 한 레위 사람들이 하나님의 궤를 메어다가 내려놓고 아비아달도 올라와서 모든 사람이 성에서 다 빠져나올 때까지 기다렸다(24절).

그때 왕이 사독에게 말하였다. “하나님의 궤를 다시 성으로 메고 가시오. 만일 내가 여호와께 은총을 입는다면 그가 언젠가는 나를 돌아가게 하여 궤와 그의 처소를 다시 볼 수 있도록 하실 것이오. 그러나 여호와께서 나를 기쁘게 여기시지 않으시면 그가 좋으실 대로 나에게 하도록 하시오.”(25, 26절)

그리고서 왕은 사독에게 다시 말하였다. “당신은 선견자가 아니오? 당신의 아들 아히마아스와 아비아달의 아들 요나단을 데리고 평안히 성으로 돌아가시오. 내가 요단강 나루터에서 당신의 소식을 기다리겠소. 당신은 내가 광야로 들어가기 전에 예루살렘에서 일어나는 일을 나에게 알려 주시오.”(27, 28절) ‘선견자’ (*roweh*, seer)는 신적인 계시를 받아서 알리는 구약의 대제사장의 직책을 가리킨다. 선지자와 동의어로 사용된다. ‘광야 나루터’ (the fords, plain of the wilderness)는 사해 입구에 있는 요단 강 나루터를 말한다. 사해 입구에서 북으로 약 6km 떨어져 있다. 팔레스타인에는 지형 상 도처에 협곡에 나루터가 있어 군사적 요충지로 사용되었다.

그래서 사독과 아비아달은 하나님의 궤를 예루살렘에 다시 메어다 놓고 그곳에 머물러 있었다(29절).

다윗이 슬피 울며 머리를 가리고 맨발로 감람산 길을 올라가자 그와 함께 가는 백성들도 머리를 가리고 울면서 그 길을 올라갔다(30절). ‘감람 산’ 은 기드온을 사이에 둔 예루살렘 동편 산이다. 성과 유다 광야 사이에 병풍처럼 서있다. 꼭대기에 성소가 있었다.

그 때에 누가 다윗에게, 압살롬과 함께 반역한 사람들 가운데는 아히도벨도 끼여 있다는 말을 전하자 다윗이 기도했다. “하나님, 부디, 아히도벨의 계획이 어리석은 것이 되게 하여 주십시오.”(31절)

(**후새**) 다윗이 예배처가 있는 감람산 꼭대기에 이르렀을 때 그의 신실한 친구인 아렉 사람 후새가 옷을 찢고 티끌을 머리에 뒤집어쓴 채 그를 기다리

고 있었다(32절). '아렉 사람'(the Archite)은 에브라임 지파의 남쪽 경계지에 있는 아렉 성읍 출신이라는 말이다. 다윗의 친구이자 충고자였던 후새(Hushai)가 이곳 사람이다. 다윗은 압살롬 반역 때 그를 몰래 보내어 아히도벨의 모략을 패하게 하였다.

이때 다윗이 그에게 말하였다. "자네가 나와 함께 가면 오히려 나에게 짐이 될 걸세."(33절) 후새의 연로함을 뜻한다.

"그러니 자네는 예루살렘으로 돌아가서 압살롬에게 왕이여, 내가 왕의 부친에게 한 것처럼 왕을 충성스럽게 섬기겠습니다 하고 말하게. 그러면 아히도벨의 모략을 꺾을 수 있을 것이네. 그것이 자네가 나를 돕는 길일세. 제사장 사독과 아비아달도 거기 있네. 자네는 왕궁에서 일어나는 일을 모조리 그들에게 말해 주게. 그러면 그들이 자기들의 아들인 아히마아스와 요나단을 나에게 보내 그 정보를 일러 줄 것이네."(34-36절)

여기서 제사장 아비아달은 놉 제사장 아히멜렉의 아들로, 사울이 자신의 가족을 몰살시킬 때 에봇 하나를 가지고 도망하여 다윗에게로 갔던 인물이다. 그는 법궤를 예루살렘에 옮기는 일을 도왔고, 예루살렘으로 가서 다윗의 모사 가운데 하나가 되었다. 그는 다윗이 압살롬의 반란으로 인해 예루살렘에서 도망할 때 왕을 위해 압살롬에게 첩자로서 되돌려 보내졌다. 다윗의 통치가 끝날 무렵 그는 아도니야의 왕위 옹립과 연관되어 관직을 삭탈 당했다. 그는 다윗 때 사독 다음 가는 제사장이었던 것으로 보인다.

그래서 다윗의 친구인 후새는 그곳을 떠나 예루살렘으로 돌아갔고, 압살롬도 성으로 들어갔다(37절).

제16장

시바의 책략, 다윗을 저주하는 시므이, 예루살렘에 돌아온 압살롬

1. 시바의 책략(1-4절)

다윗이 감람산 마루턱을 조금 지났을 때 므비보셋의 하인인 시바가 두 마리의 나귀에다 빵 200개, 건포도 100송이, 싱싱한 여름 과일 100개, 그리고 포도주 한 가죽 부대를 싣고 뒤쫓아왔다(1절). '마루턱' (mountain top)은 감람산 꼭대기, 성전이 있는 곳을 가리킨다. '여름 과일' (*qayis*, summer fruits)은 일반적으로 무화과를 말한다.

그러자 왕이 시바에게 물었다. "네가 무슨 뜻으로 이것을 가져왔느냐?" 시바는 "나귀는 왕의 가족이 타고 빵과 과일은 왕과 함께 한 백성이 먹고 포도주는 그들이 광야에서 지칠 때 마시라고 가져왔습니다." 라고 대답했다(2절).

왕이 또 물었다. "네 주인의 아들이 어디 있느냐?" 므비보셋은 어디 있느냐는 말이다. 시바는 왕에게 말했다. "예루살렘에 머물러 있습니다. 그는 이스라엘 사람들이 자기 할아버지의 나라를 자기에게 돌려 줄 것이라고 생각하고 있습니다."(3절) 이것은 시바가 므비보셋의 소유를 얻기 위해 한 거짓말이었다.

왕이 시바에게 말하였다. "그렇다면 그에게 속한 것을 내가 모두 너에게 주겠다." 므비보셋의 재산을 네가 모두 가져라는 말이다. 이에 시바가 대답하였다. "내가 절하나이다. 내 주 왕이여, 내가 왕 앞에서 은혜를 입게 하옵소서." (4절) 자신은 왕의 종으로, 언제나 왕으로부터 은총을 입기 원한다 하였다.

2. 다윗을 저주하는 시므이(5-14절)

다윗과 그의 일행이 바후림에 이르렀을 때 한 사람이 마을에서 나와 그들을 줄곧 저주했는데 그는 사울의 집안 사람 중 하나인 게라의 아들 시므이라는 자였다(5절). '바후림' (Bahurim)은 예루살렘 북동쪽, 감람산 동쪽에 있는 성읍이다. 요단강으로 내려가는 길목에 자리하고 있다. 이곳은 예루살렘 성으로 가는 미갈을 쫓아온 미갈의 둘째 남편 발디멜을 돌려보낸 곳이기도 하다.

'게라의 아들' 에서 게라(Gera)는 베냐민 지파 사람이다. 따라서 게라의 아들 시므이(Shimei)가 사울의 왕위를 유다 지파의 다윗이 계승한 것에 대해 반감을 가졌을 수도 있다. 다윗은 시므이의 저주로 인해 받은 고통을 시편 7편에 표현하였다.

다윗 왕의 모든 부하와 모든 용사가 좌우에 서서 왕을 호위하고 가는데도, 그는 다윗과 그의 모든 신하에게 계속하여 돌을 던졌다(6절)

시므이는 또 다윗을 보고 저주하였다. "살인자여! 사악한 자여! 여기서 사라져라! 여호와께서 사울과 그 가족을 죽인 죄를 너에게 갚으셨다. 네가 사울의 왕위를 빼앗았으나 이제 여호와께서 그것을 너의 아들 압살롬에게 주었구나! 너는 사람을 죽인 자로 화를 자초하였다." (7, 8절)

'사악한 자' (*beliyaal*, scoundrel, rogue, worthless fellow)은 무가치하고 쓸데없는 불량배라는 뜻이다. 시므이는 사울가의 이스보셋과 아브넬을 다윗이 죽인 것으로 생각했고, 압살롬의 난은 다윗의 이런 살인 행위에 대한 하나님의 징계로 보았다. 그러나 실제로는 그들의 죽음과는 아무 상관이 없다.

이때 스루야의 아들 아비새가 "어째서 왕은 이 죽은 개 같은 녀석이 왕을 저주하도록 내버려 두십니까? 제가 가서 당장 저놈의 목을 베겠습니다." 하였다(9절). '죽은 개' 는 미천한 존재로, 혐오와 경멸의 대상을 가리키는 말이다.

그러나 왕은 그에게 이렇게 대답했다. "스루야의 아들아, 나의 일에 너희가 왜 나서느냐? 주님께서 그에게, 다윗을 저주하라고 분부하셔서 그가 저주하는 것이라면, 그가 나를 저주한다고, 누가 그를 나무랄 수 있겠느냐?"(10절) 하나님이 하신 일이라면 나무랄 수 없다는 말이다.

그런 다음에 다윗이 아비새와 자기의 모든 신하에게 말했다. "나의 몸에서 태어난 자식도 나의 목숨을 노리고 있는데, 이러한 때에, 하물며 저 베냐민 사람이야 더 말해 무엇하겠소. 하나님께서 그에게 그렇게 하라고 시키신 것이니, 그가 저주하게 내버려 두시오. 어쩌면 여호와께서 나의 원통함을 감찰하시고 (내가 당하는 어려움을 보시고) 오늘의 이 저주로 인해서 나를 축복해 주실지 누가 알겠소?"(11, 12절)

그래서 다윗과 그 부하들은 아무 말 없이 계속하여 길을 갔다. 그래도 시므이는 여전히 산비탈을 타고 다윗을 따라 오면서 저주하며, 그 곁에서 돌을 던지고, 흙먼지를 뿌렸다(13절).

왕과 그와 함께 한 모든 사람들이 요단에 이르렀을 때 그들은 몹시 지쳐서 그 곳에 잠시 머물러 쉬었다(14절).

3. 예루살렘에 돌아온 압살롬: 아히도벨의 계략(15-23절)

압살롬은 그를 따르는 모든 이스라엘 백성들을 거느리고 예루살렘으로 입성하였으며, 아히도벨도 그와 함께 들어왔다(15절). '모든 이스라엘 백성들'은 압살롬 지지자들을 말한다. 압살롬은 이스라엘 전 지파의 지지를 받았기 때문에 그 수가 많았다.

이때 다윗의 친구인 아벡 사람 후새가 압살롬에게 가서 "왕이여, 만세! 왕이여, 만세!" 하고 외치자 압살롬이 그에게 물었다. "이것이 친구를 대하는 그

대의 우정이오? 어찌하여 그대의 친구를 따라서 떠나지 않았소?" (16, 17절)

'후새'는 본래 베냐민 지파의 한 씨족인 아렉 사람이었다. 다윗의 친구라 한 것은 왕의 특권을 같이 누리며 그 영광을 함께 한 자라는 말로, 고문 역할을 수행했다. 그의 아들 바아나는 솔로몬 왕이 임명한 12관장 중 한 사람이었다(왕상 4:7, 16). '만세'(*yehi*, long live)는 승리나 번영, 장수를 기원하는 말로, 여기서는 오래 살기를 기원하는 뜻이 담겨 있다.

후새가 압살롬에게 대답하였다. "그렇지 않습니다. 오히려 저는, 하나님께서 뽑으시고 이 백성과 온 이스라엘 사람이 뽑아 세운 분의 편이 되어서, 그 분과 함께 지낼 작정입니다. 제가 다른 누구를 또 섬길 수 있겠습니까? 당연히 부왕의 아드님을 섬겨야 하지 않겠습니까? 그러므로 제가 전에 왕의 부친을 섬긴 것과 같이, 이제는 왕을 섬기겠습니다." (18, 19절) 이렇게 해서 압살롬은 후새를 받아들였다.

압살롬이 아히도벨에게 물었다. "이제 우리가 무슨 일부터 해야 될지 계략(*esah*, counsel, 의견들)을 내어 보시오." (20절)

아히도벨이 이렇게 제안했다. "왕의 아버지가 궁을 지키기 위해 이곳에 남겨 둔 후궁들이 있습니다. 왕은 그들과 동침하십시오. 그러면 왕의 부친이 왕을 원수로 여기고 있다는 것을 모든 이스라엘 사람들이 다 알게 될 것이며 왕을 따르는 사람들은 크게 힘을 얻을 것입니다." (21절)

고대 근동의 관례로, 왕위 찬탈자는 전왕의 처첩을 취하였다. 그러나 본문에는 아히도벨의 간악한 흉계가 있었다. 즉, 부자간의 정을 끊어놓는 것은 물론 다윗과의 화해가능성을 완전히 배격해 지지 세력들의 불안감을 잠재우기 위한 것이다.

그래서 압살롬의 추종자들은 압살롬을 위해 궁전 옥상에 천막을 쳐놓았으며 압살롬은 모든 이스라엘 사람들이 보는 데서 자기 아버지의 후궁들과 동침하였다(22절).

그 때에 사람들은 아히도벨이 베푸는 모략(*asat*, advice, counsel)은, 무엇이든지, 마치 하나님께 여쭈어서 받은 말씀과 꼭 같이 여겼다. 다윗도 그러하였지만, 압살롬도 그러하였다(23절). 당시 사람들에게 있어서 아히도벨의 모략은 하나님이 계시해주신 말씀처럼 큰 권위와 신뢰성을 가지고 있었다는 말이다. 우리는 여기서 좋은 두뇌를 가졌다 해도 그 양심이 악하면 심각한 악을 낳을 수 있다는 것을 알 수 있다.

제 17장

아히도벨의 모략과 후새의 모략, 다윗에게 기별하는 후새, 아히도벨의 자살

1. 아히도벨의 모략과 후새의 모략(1-14절)

그 후에 아히도벨이 압살롬에게 말했다.

"나에게 병력 12,000명만 주십시오. 내가 오늘 밤 다윗을 추적하러 떠나겠습니다. 그가 지쳐서 피곤할 때 내가 그를 기습하면 그와 그 군대는 공포에 질려서 모두 도망할 것입니다. 그때 나는 다윗만 죽이고 그와 함께 있는 나머지 백성들은 모두 왕에게 돌아오도록 하겠습니다. 왕이 찾는 그 사람만 죽으면 다른 사람들은 자연히 돌아오게 되고 모든 백성은 평안할 것입니다."(1-3절) '찾는 그 사람'은 다윗을 가리킨다. 아히도벨은 다윗만 죽이는 작전을 제시했다.

이 말을 듣고 압살롬과 이스라엘의 모든 장로들은 다 좋게 생각하였다. 그러나 압살롬은 후새를 불러 그가 이 일을 어떻게 생각하는지 한번 물어 보자고 했다(4, 5절).

후새가 도착했을 때 압살롬은 그에게 아히도벨의 조언을 설명하며 후새의 의견을 물었다(6절). 그러자 후새가 말했다.

"이번에는 아히도벨이 잘못 생각한 것 같습니다. 왕(압살롬)도 잘 아시겠지만 왕의 부친과 그를 따르는 자들은 다 용감한 병사들입니다. 그들은 아마 새끼를 빼앗긴 곰처럼 대단히 화가 나 있을 것입니다. 그리고 왕의 부친은 전쟁 경험이 많은 사람이기 때문에 밤에는 병사들 가운데서 자지 않을 것입니다.

아마 그는 지금쯤 굴이나 다른 어떤 곳에 숨어 있을 것입니다. 그가 나와서 왕(압살롬)의 군대를 공격하여 그 중 몇을 쓰러뜨리면 왕의 병사들이 당황하여 왕의 군대가 패했다고 외칠 것입니다. 그렇게 되면 사자같이 용감한 병사도 무서워서 꼼짝없이 얼어붙고 말 것입니다. 왕의 부친이 전쟁 영웅이며 그의 병사들도 아주 용감하다는 것은 온 이스라엘 사람이 다 아는 일이기 때문입니다."(7-10절) 이것은 아히도벨의 안이 왜 나쁜가에 대한 후새의 생각이다. 후새는 아히도벨보다 더 강력한 제안을 했다.

"내 의견은 이렇습니다. 왕은 단에서 브엘세바까지 모든 이스라엘 사람을 모아 막강한 군대를 조직하십시오. 그리고 왕이 직접 그 군대를 지휘하는 것이 좋을 것 같습니다. 그러면 우리가 다윗이 있는 곳을 찾아 기습 공격을 하여 그와 그 군대를 한 사람도 남기지 않고 모조리 죽일 수 있을 것입니다.

그리고 만일 그가 어느 성으로 도망가면 모든 이스라엘 사람이 밧줄을 가져다가 그 성을 가까운 골짜기로 끌어내려 돌 하나 남기지 알고 그것을 무너뜨릴 수 있을 것입니다."(11-13절)

후새의 제안은 이스라엘 전군을 일으켜 다윗뿐 아니라 그와 함께 하는 군사들을 전멸시키라는 것이었다. '단에서 브엘세바까지'는 이스라엘 전체를 가리키는 말이다. 성을 밧줄로 골짜기로 끌어내린다는 것은 성을 파괴한다는 것을 과장되게 표현한 것이다.

그러자 압살롬과 모든 이스라엘 사람들은 후새의 조언이 아히도벨의 조인보다 낫다고 하였다. 이것은 여호와께서 압살롬에게 재난을 당하게 하시려고 아히도벨의 좋은 책략을 좌절시키기로 작정하셨기 때문이었다(14절). 압살롬이 아무리 우세해 보여도 하나님을 이길 수는 없다.

2. 다윗에게 기별하는 후새: 다윗의 피신(15-22절)

그리고서 후새는 제사장 사독과 아비아달에게 아히도벨이 말한 것과 자기가 제안한 것을 다 말해 주고 그들에게 이렇게 말하였다. "당신들은 빨리 다윗에게 사람을 보내 오늘 밤은 요단강 나루터에서 자지 말고 강을 건너 광야로 들어가라고 전하시오. 그렇지 않으면 왕과 그와 함께 있는 백성이 전멸하고 말 것이오."(15, 16절)

'사독'(Zadok)은 아론의 아들 엘르아살의 후손이다. 다윗 시대에는 아비아달과 함께, 솔로몬 시대에는 혼자서 대제사장직을 수행했다. '아비아달'(Abiathar)은 엘리 제사장의 현손이다. 아히멜렉의 아들 '도엑 사건', 곧 사울에 의해 아히멜렉과 85명의 제사장 후손들이 몰살당할 때 기적적으로 살아남았다. 그 후 다윗과 함께 지내면서 대제사장직을 수행했으나, 솔로몬 왕 때 아도니야의 모반 사건에 연루되어 파면되었다.

한편, 아비아달의 아들 요나단(Jonathan)과 사독의 아들 아히마아스(Ahimaaz)는, 예루살렘 바깥의 에느로겔 샘터에서 대기하고 있었다. 그들은 사람들의 눈에 뜨이지 않으려고 성 안으로 드나드는 것을 삼갔다. 거기에 있다가, 여종이 그들에게 가서 소식을 전하여 주면, 그들이 그 소식을 받아서 직접 다윗 왕에게 전하곤 하였다(17절).

제사장 직분을 가진 요나단과 아히마아스가 성막 주변을 떠나 있었으므로 당연히 압살롬의 의심을 살 수밖에 없다. '에느로겔'(En Rogel)은 '여행자의 샘'이라는 뜻으로, 예루살렘 동남쪽에 있으며 수원이 풍부한 샘이다. 힌놈 골짜기와 기드론 시내가 만나는 곳에 있는 '욥의 우물'로 추정된다. 이 샘의 줄기가 기드론 골짜기에 연결되어 있어 우기에는 샘이 흘러넘쳤다. 이 때문에 여행자들이 이곳에서 휴식을 취하곤 했다. 물이 귀한 팔레스타인에서 여인들은 날마다 물을 길러 날랐다. 이 때 대제사장이 보낸 '여종'은 아무 의심도 받지 않고 성 밖으로 나올 수 있었다.

그러나 어느 날 한 청년이 그들을 보고 그 사실을 압살롬에게 일러바쳤다. 그래서 두 사람은 바후림으로 도망가서 어떤 사람의 집으로 들어가 우물 속에 숨었다. 그러자 그 사람의 아내가 덮을 것을 가져다가 우물을 덮고 그 위에 곡식을 널어놓았다. 그러므로 그들이 숨어 있는 것을 아는 자는 아무도 없었다. 압살롬의 종들이 그 집에 와서 아히마아스와 요나단을 보았느냐고 묻자 그 여자는 그들이 시내를 건너가더라고 말해 주었다. 그 종들은 그들을 찾다가 찾지 못하고 결국 예루살렘으로 돌아가고 말았다(18-20절)

그들이 돌아간 뒤 그 두 사람은 우물 속에서 올라와 다윗 왕에게 가서 이 소식을 전하였다. 그들은 다윗에게, 아히도벨이 다윗 일행을 해치려고 어떤 계획을 세웠는지를 알리고, 어서 일어나서 강을 건너가라고 재촉하였다. 그러자 다윗이 자기와 함께 있는 온 백성을 거느리고 거기에서 떠나, 요단강을 건너갔는데, 날이 샐 때까지 요단강을 건너지 못한 사람은 하나도 없었다(21, 22절).

3. 아히도벨의 자살(23-29절)

한편 아히도벨은 자기 제안이 좌절된 것을 보고 나귀에 안장을 지워 고향으로 돌아가 집을 정리하고 목매달아 자살하였다. 그래서 그는 자기 아버지의 묘실에 장사되었다(23절).

다윗은 곧 마하나임에 도착하였고 압살롬은 이스라엘의 전 군대를 이끌고 요단강을 건넜다(24절). '마하나임'은 요단 동편의 요새화된 성읍으로, 이스보셋 왕조의 수도였다. 다윗 왕은 이곳에서 군대를 조직했다.

압살롬은 요압 대신 아마사를 이스라엘군 총사령관으로 임명했는데 그의 아버지는 이스라엘 사람 이드라였고 그의 어머니는 나하스의 딸이며 요압의 어머니인 스루야의 동생 아비갈이었다(25절).

'아마사' (Amasa)는 다윗의 누이 아비갈(*abigal*, Abigail, 아비가일)의 아들이다. 다윗의 조카로, 요압과 압살롬과는 사촌간이다. 이드라(Jithra)는 아마사의 아버지이다. 이드라를 이스라엘 사람(the Israelite)으로 소개되기도 하고, 이스마엘 사람(the Ishmaelite) 예델(대상 2:17)으로 소개되기도 한다. 아비갈과 스루야는 다윗의 누이이다. 그런데 아마사는 이드라와 '나하스의 딸 아비갈' 사이에 난 아들로 소개되어 있다. 다윗의 부친이 이새인데, 여기서 누이들의 부친을 '나하스' (Nahash)로 소개하고 있다. 이에 대해 나하스는 이새의 별명이라는 주장도 있고, 아니라는 주장도 있다. 또한 나하스가 아비갈의 어머니이거나 이새 아내의 전 남편이라 주장하기까지 한다. 어머니가 다른 경우 다윗은 스루야와 아비갈와 이복 관계가 된다.

압살롬과 그의 군대는 길르앗 땅에 진 쳤다(26절).

다윗이 마하나임에 도착했을 때 암몬의 랍바에 사는 나하스의 아들 소비와 로데발(Lo Debar) 사람 암미엘의 아들인 마길과 로글림에 사는 길르앗 사람 바르실래가 침대와 이부자리와 대야와 질그릇도 가지고 오고, 밀과 보리와 밀가루와 볶은 곡식과 콩과 팥과 볶은 씨도 가지고 왔다(27, 28절).

'소비' (Shobi)는 암몬 족속의 왕 나하스의 아들 가운데 하나이다. 하눈은 그의 형으로 보인다. 그는 길르앗에서 강력한 세력이었다. '마길' (Machir)은 요나단의 아들 므비보셋에게 도피처를 제공했던 사람이다. '바르실래' (Barzillai)는 마하나임 지방의 부자로 다윗 일행에게 양식과 생활필수품을 공급했고, 다윗이 예루살렘으로 돌아갈 때도 길을 안내했다.

대야는 금, 은, 청동 등으로 만들어졌으며 세면용으로 사용되거나 희생제물의 피를 뿌리는 제단의 용기로 사용되기도 했다. '질그릇' 은 진흙을 구워 만든 용기로, 가장 널리 사용되었다.

그들은, 그 많은 사람이 광야에서 굶주리고 지치고 목말랐을 것이라고 생각하고서, 꿀과 버터와 양고기와 치즈도 가져다가 다윗과 그를 따르는 사람들에게 주었다(29절). '꿀' 은 야생 꿀을 말한다.

제 18 장

압살롬의 패배, 압살롬을 죽인 요압, 압살롬의 죽음을 슬퍼하는 다윗

1. 압살롬의 패배(1-8절)

다윗은 함께 온 백성들을 한자리에 모으고 100명과 1,000명을 단위로 부대를 편성하여 각 부대의 지휘관, 곧 백부장, 천부장을 임명했다(1절).

3분의 1은 스루야의 아들 요압에게, 3분의 1은 그의 동생 아비새에게, 나머지 3분의 1은 가드 사람 잇대에게 맡기고 그들에게 말하였다. "나도 너희와 함께 출전하겠다." (2절)

그러나 그들은 이렇게 말하였다. "왕은 우리와 함께 출전해서는 안 됩니다. 만일 우리가 도망하거나 우리 중에 절반이 죽는다고 해도 적은 우리에게 관심이 없을 것입니다. 그들의 관심은 오직 왕을 찾아 해치는 데 있습니다. 왕은 우리 만 명보다 더 소중한 분이십니다. 그러므로 왕은 성에 남아 계시다가 우리가 어려울 때 도와주시는 것이 더 나을 것 같습니다." (3절)

그러자 왕은 "너희에게 좋을 대로 하겠다." 하고 대답했다. 왕이 성문 곁에 서자 모든 군대는 부대별로 그의 앞을 지나가기 시작하였다(4절).

왕은 요압과 아비새와 잇대에게 "나를 생각해서도 어린 압살롬을 너그럽게 대하라." 부탁했다. 이때 모든 병사들도 다윗이 말하는 소리를 다 들었다(5절).

다윗의 군대가 들로 나가자 에브라임 수풀(숲속)에서 이스라엘군과 전투가 벌어졌다(6절). '에브라임 수풀' (the forest of Ephraim)은 요단 동편 마하나임에서 가까운 곳으로, 바위가 많고 숲이 우거진 지역이다. 이곳은 입다가 에브라임 사람을 살육한 장소로 폐허가 된 땅이다. 하지만 에브라임 땅에 속한 장소는 아니다.

거기서 압살롬의 이스라엘군은 다윗의 부하들에 대패하여 그 날 20,000명이 전사했다(7절). 그 전투는 그 지역 일대에 전면전으로 번져 칼에 죽은 자보다 숲에서 죽은 자들이 더 많았다(8절).

2. 압살롬을 죽인 요압(9-18절)

압살롬은 전투 중에 다윗의 부하들과 마주치자 노새를 타고 도망하기 시작하였다. 그러나 가지가 무성한 큰 상수리나무 아래로 노새가 지나갈 때 압살롬의 머리가 그 나뭇가지에 걸려 노새는 그냥 달아나고 그는 공중에 대롱대롱 매달렸다(9절). 구약시대에 왕족이나 귀족들은 노새를 많이 탔다. 그러나 하나님은 이것을 이용해서 압살롬을 죽게 만드셨다.

이때 다윗의 부하 중 한 사람이 그것을 보고 요압에게 보고하였다. "압살롬이 상수리나무에 매달려 있는 것을 보았습니다."(10절)

요압이 자기에게 소식을 전하여 준 그 사람에게 물었다. "네가 그를 보았는데도, 왜 그를 당장에 쳐서 땅에 쓰러뜨리지 않았느냐? 그랬더라면, 내가 너에게 은 열 개와 띠 하나를 주었을 것이다."(11절) '은 열 개' 는 은 10세겔로, 전쟁에서 혁혁한 전과를 올린 자에게 준 상급을 말한다. '띠' (belt) 또한 가죽이나 고급 천을 사용해 만든 것으로 전쟁에서 공훈을 남긴 자에게 수여하는 것으로, 금은보석으로 장식하여 권위와 명예를 상징했다.

그 사람이 요압에게 대답하였다. "비록 은 천 개를 달아서 저의 손에 쥐어

주신다고 하여도, 저는 감히 손을 들어 왕의 아들을 치지 않을 것입니다. 왕께서 우리 모두가 듣도록, 장군님과 아비새와 잇대에게, 누구든지 어린 압살롬을 해하지 말라고 부탁하셨기 때문입니다."(12절) 압살롬을 너그럽게 봐달라는 다윗 왕의 말을 들었기 때문에 감히 죽일 수 없다는 말이다.

"내가 만일 왕의 명령을 거역하고 압살롬을 죽였다면 왕은 분명히 누가 그랬는지 밝혀낼 것이며 아마 장군께서도 나를 변호하지 않을 것입니다."(13절) 이 군사는 자신이 압살롬을 죽였을 경우 왕은 물론 요압도 자신을 가만히 내버려두지 않을 것이라 생각했다. 그러니 어떻게 죽이겠느냐는 말이다.

그러자 요압은 "너하고 이렇게 꾸물거릴 시간이 없다." 하고 말한 뒤에, 작은 창(투창) 세 자루를 손에 들고 가서, 아직도 상수리나무의 한가운데 산 채로 매달려 있는 압살롬의 심장을 꿰뚫었다. 그러자 요압의 부하 10명이 압살롬을 에워싸고 그를 쳐서 완전히 죽여 버렸다(14, 15절). 그리고 요압이 나팔을 불자 그의 부하들은 이스라엘군을 더 이상 추적하지 않고 돌아와 압살롬의 시체를 숲속의 깊은 구덩이에 던져 넣고 그 위에 돌무더기를 쌓았다. 한편 압살롬을 따랐던 이스라엘군은 다 자기들 집으로 도망치고 말았다(16, 17절).

압살롬은 살아 있을 때 자기 이름을 전할 아들이 없었기 때문이 '왕의 골짜기'라는 곳에 자기 기념비를 세웠다. 그리고 그는 그 기념비를 자기 이름을 따서 '압살롬의 기념비'라고 지었는데 그것은 오늘날까지도 그렇게 불리고 있다(18절). '왕의 골짜기' 는 아브라함이 그돌라오멜을 물리치고 소돔 왕과 살렘 왕을 만났던 사건(창 14:17, 18)에서 유래된 지명으로, 예루살렘 동쪽 기드론 계곡에 있다.

3. 압살롬의 죽음을 슬퍼하는 다윗(19-33절)

사독의 아들 아히마아스가 요압에게 "내가 달려가 여호와께서 왕의 원수를 갚아 주신 소식을 전하겠습니다." 하자 요압은 "지금은 안 된다. 왕의 아들이 죽었다는 것은 왕에게도 좋은 소식이 못 된다. 너는 다른 날에 그 소식을 전하라." 했다(19, 20절).

그리고서 요압이 어떤 구스 사람에게 "네가 가서 왕에게 본 것을 전하라." 하자 그는 요압에게 절을 하고 달려갔다(21절). '구스' (*kusi*, Cush)은 주로 에티오피아로 번역되지만 특정 지역, 곧 이집트 남쪽의 누비아 지방을 가리키기도 한다. 구스 사람은 외국인이므로 압살롬의 죽음을 왕에게 알리는 데 부담이 없었다.

그때 아히마아스가 요압에게 말하였다. "제발 나도 가게 해 주십시오." 요압은 그에게 말했다. "네가 무엇 때문에 가려고 하느냐? 네가 이 소식을 전한다고 해도 상을 받지 못할 것이다."(22절) '상' (reward)은 소고나 선행, 공로 등을 칭찬하는 의미에서 수여되는 것을 말한다. 그러나 종종 보복, 품삯, 보상 등으로 번역되기도 한다.

그래도 한사코 가겠다고 하자 그것이 소원이라면 가라고 했다. 그러자 아히마아스는 지름길인 들길을 지나 구스 사람을 앞질러 갔다(23절). '들길' (way of the plain)은 아히마이스가 달린 요단 골짜기를 말한다. 이에 비해 구스 사람은 마하나임 직통 산길을 달린 것으로 보인다.

그때 다윗은 두 문 사이에 앉아 있었다. 파수병이 성문 위층 관망대로 올라가서 보니 어떤 사람이 혼자서 달려오고 있었다(24절). '두 문 사이' 는 성문의 안쪽 문과 바깥 문 사이로, 파수꾼의 성문 관망대와 가까웠다. '성문 위층' 은 지붕이 있는 성문 관망대로, 파수꾼이 감시하는 망대를 가리킨다.

파수꾼이 소리쳐서 그 사실을 다윗에게 알리자 왕은 "그가 혼자 오면 좋은 소식을 가져오는 것이 분명하다."고 했다. 그가 점점 가까이 오고 있을 때 파수병은 또 한 사람이 달려오는 것을 보고 문지기에게 외쳤다. "또 한 사람이 달려오고 있다." 그러자 왕은 "저도 좋은 소식을 가져오는 자다." 했다(25, 26절).

파수꾼이 또 알렸다. "제가 보기에, 앞서서 오는 사람은 달리는 것이, 사독의 아들 아히마아스가 달리는 것과 같습니다." 그러자 왕이 대답하였다. "그는 좋은 사람이니, 좋은 소식을 전하러 올 것이다."(27절) '좋은 사람' (*towb is*, good man)은 책임감 있는 사람이라는 뜻으로, 그에 대한 왕의 신망이 큼을 보여준다.

그때 아히마아스가 도착하여 왕에게 인사하고 땅에 엎드려 이렇게 말하였다. "왕의 하나님 여호와를 찬양합니다. 여호와께서는 왕을 대적하는 반역자들을 넘겨주셨습니다(없애버렸습니다.)"(28절) 아히마아스는 수많은 반란군을 진압한 것이 전적으로 하나님의 은혜임을 말하고 있다.

왕은 물었다. "그 젊은(*naar*, young man) 압살롬은 잘 있느냐?" 이 물음에는 자식에 대한 아비의 마음을 읽을 수 있다. 아히마아스는 "왕의 신하 요압이 이 종을 보낼 때에, 큰 소동이 있었습니다마는, 무슨 일인지는 모르겠습니다."고 답했다. 그러자 왕은 "물러나서 곁에 서 있어라." 하고 말하자, 그는 곁으로 물러나서 서 있었다(29, 30절).

바로 그때 구스 사람이 도착하여 왕에게 말했다. "왕께 전할 좋은 소식이 있습니다. 오늘 여호와께서 왕을 대적하는 모든 반역자들에게 왕의 원수를 갚으셨습니다."(31절)

왕이 구스 사람에게 물었다. "그 젊은 압살롬이 잘 있느냐?" 구스 사람이 대답했다. "내 주 왕의 원수들을 비롯하여, 왕께 반역한 자들이 모조리 그 젊은이와 같이 되기를 바랍니다."(32절) 압살롬이 죽었다는 말이다.

왕은 이 말을 듣고, 마음이 심히 아파서, 성문 위의 누각(the chamber over the gate)로 올라가서 울었다. 그는 올라갈 때에 "내 아들 압살롬아, 내 아들아, 내 아들 압살롬아, 너 대신에 차라리 내가 죽을 것을, 압살롬아, 내 아들아, 내 아들아!" 하고 울부짖었다(33절). 다윗은 압살롬의 죽음을 슬퍼했다.

'심히 아파' (*ragaz*, deeply moved, quiver)는 '떨다', '전율하다' 는 뜻이다. 압살롬이 죽었다는 소식에 다윗은 정신적인 충격을 받았음을 보여준다. 이 아픔에는 두 가지 의미가 있다. 하나는, 아버지로서의 본성적 슬픔이다. 다른 하나는, 자신이 범한 간통죄가 초래한 뿌리 깊고 철저한 하나님의 심판에 대한 아픔이다.

제 19 장

다윗의 애통을 그치게 하는 요압, 예루살렘에 돌아온 다윗, 영접 받는 다윗, 김함을 추천한 바르실래

1. 다윗의 애통을 그치게 하는 요압(1-7절)

어떤 사람이 요압에게 "왕이 압살롬의 죽음을 슬퍼하며 울고 있습니다." 하고 전해 주었다. 그러자 전쟁에 이긴 그 날의 기쁨은 슬픔으로 변하고 말았다. 이것은 왕이 아들의 죽음을 슬퍼한다는 말이 병사들에게 들렸기 때문이었다(1, 2절). 그래서 다윗의 전 군대는 마치 전쟁에 진 패잔병처럼 얼굴을 제대로 들지 못하고 기가 죽어 가만히 성으로 들어갔다(3절). 개선 행진을 하며 성대하게 입성식을 거행하지 않고, 마치 전쟁에 패배한 자들처럼 풀이 죽어 입성하는 모습이다.

왕이 손으로 얼굴을 가리고 계속 울면서 "내 아들 압살롬아! 압살롬아! 내 아들아 내 아들아!" 하고 부르짖었다(4절). '얼굴을 가리고' 는 눈물을 감추려는 행동으로 볼 수도 있지만 수치를 당한 자가 그 수치를 드러내지 않기 위한 행동으로도 볼 수도 있다.

요압이 왕에게 가서 이렇게 말했다. "우리는 오늘 왕과 왕의 자녀들과 왕비와 후궁들의 생명을 구했는데 왕은 오히려 우리를 부끄럽게 하였습니다."(5절) 신하들로 하여금 얼굴도 들지 못하게 하셨다는 말이다.

"왕이 왕을 미워하는 자는 사랑하시고 왕을 사랑하는 자는 오히려 미워하시니 결국 우리는 왕에게 아무 가치도 없는 존재가 되고 말았습니다. 만일 압살롬이 살고 우리가 모두 죽었더라면 왕은 오히려 더 기뻐했을 뻔했습니다.

이제 일어나 나가셔서 우리 병사들을 격려해 주십시오. 내가 여호와의 이름으로 맹세하지만 만일 왕이 그렇게 하지 않으시면 오늘 밤 왕과 함께 머물러 있을 사람이 하나도 없을 것입니다. 그렇게 되면 왕은 지금까지 당하신 그 어떤 불행보다도 더 큰 불행을 당하게 될 것입니다."(6, 7절) 다윗의 태도가 불의함을 지적하는 말이다. 압살롬의 죽음에 대한 연민으로 다윗의 분별력이 희미해졌기 때문이다. 요압은 훗날이 걱정되었다.

그래서 왕은 일어나 성문 곁에 가서 앉았다. 그가 거기에 있다는 소문이 성안에 퍼지자 모든 사람이 왕에게 나아왔다. 한편 압살롬을 편들었던 이스라엘군은 모두 도망하여 자기 집에 돌아가 있었다(8절).

당시 성문은 공공적인 집회, 행정처리와 재판 등의 업무가 집행되던 장소였다. 따라서 이 말은 다윗이 본격적으로 정상 업무에 들어갔음을 보여준다. 다윗은 요압의 말대로 군사들을 격려하고 포상하는 업무를 수행하기 위해 성문에 앉았다. 왕의 지나친 슬픔에도 불구하고 백성들은 여전히 왕을 존경했다. 이로써 요압이 염려했던 민심의 동요나 반란의 가능성은 사라졌다.

2. 예루살렘에 돌아온 다윗(9-17절)

(**이스라엘 각 지파의 의견**) 이스라엘 백성은 지파마다 서로 의논이 분분하였다.

"다윗 왕은 우리를 원수들의 손아귀에서 구해 주었다. 블레셋 사람의 손아귀에서도 우리를 건져 주었다. 그러나 지금은 압살롬을 피해서 이 나라에서 떠나 있다. 우리가 기름을 부어서 왕으로 세운 압살롬은 싸움터에서 죽었다.

그러니 이제 우리가 다윗 왕을 다시 왕궁으로 모셔 오는 일을 주저할 필요가 어디에 있는가?"(9, 10절) 압살롬 편에 섰던 자들도 이젠 다윗 왕을 환궁시켜야 한다고들 했다.

(**유다 지파를 향한 다윗의 회유**) 이렇듯 온 이스라엘이 하는 말이 다윗 왕에게 전달되었다. 다윗 왕은 두 제사장 사독과 아비아달에게 사람을 보내서, 이렇게 말했다.

"유다 장로들에게 나의 말을 전하여 주시오. 그들이 어찌하여 왕을 다시 왕궁으로 모시는 일에 맨 나중이 되려고 하는지, 그들은 나의 친족이요 나의 골육지친인데, 어찌하여 왕을 다시 모셔 오는 일에 맨 나중이 되려고 하는지, 물어 보시기 바랍니다."(11, 12절) 다윗 왕은 유다 지파였다. 압살롬의 반역은 유다 지파에 속한 헤브론에서부터 시작되었다. 다윗은 이 모든 일을 불문에 붙이며 환궁에 유다 족속이 앞장 서달라고 했다. 그러나 다른 지파의 시샘을 낳게 된다.

"그리고 아마사에게는, 그가 나의 골육지친이면서도, 요압을 대신하여 군대 사령관이 되지 않는다면, 하나님이 나에게 무슨 벌을 내리시더라도, 내가 달게 받겠다고 하더라고 알려 주십시오."(13절) 이것은 압살롬 군대의 총사령관이었던 아마사를 요압 대신 자신의 군사령관으로 기용하겠다는 회유의 메시지이다. 이것은 요압 세력을 제거하고자 하는 다윗의 뜻이 담겨있다. 압살롬을 너그럽게 대해달라는 자신의 말을 거역하고, 그를 죽인 것이 대한 노여움과 죽은 아들에 대한 슬픔이 남아있음을 보여준다.

이렇게 해서 다윗이 모든 유다 사람들의 마음을 하나 같이 일제히 돌이키자 그들은 왕에게 이런 전갈을 보냈다. "왕은 모든 신하들을 데리고 우리에게 돌아오십시오."(14절)

'하나 같이' (*keis ehad*, jus as the heart of one man)는 '한 사람 같이'

란 말이다. 다윗이 백성들의 분분한 의견과 마음을 한 데로 모아 민심을 안정시킨 것을 말한다. 그래서 왕은 예루살렘을 향해 출발하였다. 그가 요단강에 이르렀을 때 유다 사람들이 왕을 모셔가려고 길갈로 나왔다(15절).

'길갈' (Gilgal)은 요단 강변에 자리하고 있고 여리고에서 가깝다. 이곳은 출애굽 때 이스라엘 백성들이 광야 생활을 마치고 요단강을 건널 때 가장 먼저 진을 친 곳으로, 이곳에서 할례를 시행함으로 얻은 지명이다. 여호수아가 요단강을 건넌 다음 12지파의 기념비를 세운 곳이다. 사울 당시에는 사울을 왕으로 즉위시킨 곳이기도 하다. 이곳은 유다 지파에 속한 땅으로 건너가는 가장 가까운 지점이다.

(달라진 시므이) 그때 바후림이 있는 베냐민 사람 게라의 아들 시므이(Shimei)가 다윗 왕을 영접하려고 유다 사람들과 함께 급히 내려왔다(16절). '바후림' (Bahurim)은 예루살렘 북동쪽에 있는 성읍이다. '게라' (Gera)는 베냐민 지파에 속한 자로 시므이의 아버지이다. 사울의 왕위를 유다 지파인 다윗이 계승했기 때문에 그의 아들 시므이가 반감을 갖고 다윗을 저주하고 조롱한 것 같다. 하지만 다윗이 환궁하게 되자 생각이 달라져 앞장섰다.

시므이는 베냐민 사람 1,000명도 그와 함께 왔는데 그 가운데는 사울의 신하 시바(Ziba)와 그의 아들 15명과 20명의 종도 포함되어 있었다. 이들은 요단강을 밟고 건너 왕 앞으로 나아왔다(17절). 시므이가 베냐민 지파 사람 천 명을 데리고 온 것으로 보아 그는 지파 내에서 실력자였음이 분명하다. 시므이는 최대한 다윗 왕에게 잘 보이기 위해 많은 사람을 데리고 왔다. '밟고 건너' 는 급히 강을 건넜다는 말이다. 시므이와 시바는 자신들의 과오나 거짓에 대한 왕의 책벌을 면하기 위해 요단강을 건너면서까지 왕을 맞는 충성을 보였다. '밟고' 는 급히 요단강을 건너가는 모습을 은유적으로 표현한 것이다. 공동번역은 '달려 내려왔다' 로 번역했다.

3. 영접 받는 다윗(18-30절)

(**시므이를 용서한 다윗**) 그들은 왕의 가족이 강을 건너는 일을 도와서, 왕의 환심을 사려고, 나룻배로 건너갔다. 왕이 요단강을 건너려고 할 때에, 게라의 아들 시므이가 왕 앞에 엎드려서 애걸하였다(18절).

"내 주 왕이시여, 나를 용서하시고 왕이 예루살렘을 떠나실 때 제가 행한 패역한(무례한) 행동을 기억하지 마소서. 제가 죽을죄를 지었습니다. 제가 이것을 알기 때문에 왕을 영접하려고 요셉 지파의 다른 모든 사람들보다도 먼저 이렇게 내려왔습니다."(19, 20절) 시므이는 자기 잘못에 대한 용서를 구했다. 시므이의 말은 그가 얼마나 약삭빠른 인물인가를 보여준다. 압살롬이 우세할 때는 반역에 동조하고, 다윗이 복권하자 다윗 편에 선 것이다. '패역한'(perverse)은 '어그러지고 잘못된'의 뜻이다.

이때 스루야의 아들 아비새가 말했다. "시므이는 여호와께서 기름 부으신(세우신) 왕을 저주하였으니 마땅히 죽어야 하지 않습니까?"(21절) 아비새는 다윗의 조카로 군대장관이다.

다윗이 이렇게 대답했다. "스루야의 아들들아, 내가 너희와 무슨 상관이 있다고 오늘 너희가 나의 대적이 되려고 하느냐? 나는 이제 이스라엘의 왕이 된 사람이다. 오늘 같은 날에 이스라엘에서 사람이 죽어서야 되겠느냐?" 그리고서 그는 시므이에게 그를 죽이지 않겠다고 맹세하였다(22, 23절). 다윗은 왕으로서 시므이를 너그럽게 용서했다.

(**므비보셋과 시므이 모두를 용서함**) 그 때에 사울의 손자 므비보셋도 왕을 맞으러 내려왔다. 그는, 왕이 떠나간 날부터 평안하게 다시 돌아오는 날까지, 발도 씻지 않고, 수염도 깎지 않고, 옷도 빨아 입지 않았다. 그만큼 다윗의 고통을 함께 나누고자 한 것이다. 그가 예루살렘에서 와서 왕을 맞이하자 왕이

그에게 물었다. "므비보셋은 어찌하여 나와 함께 떠나지 않았느냐?"(24, 25절)

그가 대답했다. "내 주 왕이시여, 왕도 아시겠지만 저는 다리를 절므로 제가 왕과 함께 가려고 내 종 시바에게 나귀 안장을 지우라고 했으나 그가 나를 배신하고 거짓말로 왕 앞에서 나를 모함했습니다. 하지만 내 주 왕은 하나님의 사자(천사)와 같은 분이십니다. 그러니 왕의 처분대로 하십시오. 나와 내 친척들은 왕의 손에 죽어도 마땅할 사람들입니다. 그러나 왕은 오히려 이 종에게 왕의 식탁에서 먹을 수 있는 영광을 주셨습니다. 그런데 제가 무슨 염치로 왕에게 더 구할 것이 있겠습니까?"(26-28절) 이것은 므비보셋의 자기변호이다.

그러나 왕은 그에게 말했다. "네가 어찌하여 그 이야기를 또 꺼내느냐? 나는 이렇게 결정하였다. 너는 시바와 밭을 나누어 가져라."(29절) 왕은 시바와 므비보셋의 말에 대해 시시비비를 가리지 않고, 모두를 용서하고 포용했다. 시바의 말에 따르면 므비보셋의 땅을 압수해야 하고, 므비보셋의 말에 따르면 시바의 것을 압수해야 한다. 하지만 다윗이 가장 어려웠던 시기에 도움을 준 시바를 소홀히 하고 싶지 않았고, 므비보셋의 말만으로 그가 무죄하다는 것을 입증할 수 없어 타협안을 제시한 것이다. 환궁을 하는 마당에 시비를 가려 내란으로 벌어진 사건을 들먹이는 것은 왕으로서 현명하지 않다고 생각했을 것이다.

므비보셋이 왕에게 아뢰었다. "내 주 왕께서 안전하게 왕궁으로 돌아오시게 되었는데, 이제 그로 하여금 그 밭을 다 차지하게 하십시오."(30절) 저는 왕이 궁으로 다시 돌아오신 것만으로도 족하다는 말이다.

4. 김함을 추천한 바르실래(31-43절)

그 때에 길르앗 사람 바르실래(Barzillai)도 로글림에서 내려와서, 왕이 요단강을 건너는 일을 도우려고, 요단 강 가에 이르렀다(31절). 왕을 배웅하러 나온 것이다. '로글림' (Rogelim)은 마하나님보다 북쪽에 있는 성읍으로, 바르실래의 고향이다.

바르실래는 아주 늙은 사람으로, 나이가 여든 살이나 되었다. 그는 큰 부자였으므로, 왕이 마하나임에 머물러 있는 동안에 왕에게 음식을 공급하였다(32절). 왕이 바르실래에게 말하였다. "노인께서는 나와 함께 건너가시지요. 나와 같이 가시면 내가 잘 대접하겠습니다." (33절)

그러나 바르실래는 왕에게 아뢰었다. "제가 얼마나 더 오래 산다고, 임금님과 함께 예루살렘으로 올라가겠습니까? 제 나이가 지금 여든입니다. 제가 이 나이에 좋은 것과 나쁜 것을 어떻게 가릴 줄 알겠습니까? 이 종이 무엇을 먹고 무엇을 마신들, 그 맛을 알기나 하겠습니까? 노래하는 남녀가 아름다운 노래를 부른들, 제가 이 나이에 잘 알아듣기나 하겠습니까? 그러니 이 종이 높으신 왕께 다시 짐이 되어서야 되겠습니까?" (34, 35절)

"이 종은 왕을 모시고 요단강을 건너려는 것뿐인데, 어찌하여 왕께서는 이러한 상을 저에게 베푸시려고 하십니까? 부디 이 종을 돌아가게 하셔서, 고향 마을에 있는 제 아버지와 어머니의 무덤 곁에서 죽게 해주시기를 바랍니다. 그 대신에 왕의 종 김함이 여기에 있으니, 그가 내 주 왕을 따라가게 하시고, 왕께서 바라시는 대로, 그에게 잘 대하여 주시기를 바랍니다." (36, 37절)

고향에 묻히고 싶다는 것은 부모의 고향과 출신 배경을 중시하는 히브리인의 관념을 보여준다. '김함' (Chimham)은 바르실래의 추천으로 다윗 왕의 은총을 받게 된 인물이다. 바르실래의 아들로 추정되고 있다. (새번역이나 현대인의 성경은 바르실래의 아들로 소개하고 있다.) 다윗은 임종 시에도 솔로몬에게 바르실래의 후손들을 특별히 부탁하기도 했다. 성경에 '게롯김함' 이 나오는 데, 이는 '김함의 거주지' 라는 뜻으로, 다윗이 베들레헴 부근을 김함에게 준 것으로 보인다.

그러자 왕이 약속하였다. "물론, 내가 김함을 데리고 가겠소. 그리고 노인께서 보시기에 만족하도록, 내가 그에게 잘 대하여 주겠고, 또 나에게 특별히 부탁한 것은 무엇이든지, 내가 다 이루어 드리겠소."(38절)

(**요단강을 건넌 다윗**) 드디어 온 백성이 요단강을 건넜고, 왕도 건너갔다. 왕이 바르실래에게 입을 맞추고 복을 빌어 주니, 바르실래가 자기의 고장으로 돌아갔다. 왕이 길갈로 건너갈 때에 김함도 왕을 따라서 건너갔다. 온 유다 백성과 이스라엘 백성의 절반이나 왕을 따라서, 요단강을 건너갔다(39, 40절). 유다 백성과 이스라엘 백성이 왕을 모시고 요단강을 건넌 것이다.

그러나 이스라엘 사람들은 유다 사람들이 몰래 왕과 그의 가족과 그와 함께 한 사람들을 나룻배에 실어 요단강을 건네주었다는 이유로 왕에게 와서 불평하였다. 그러자 유다 사람들이 이렇게 대답하였다. "왕이 우리 지파 사람이기 때문에 그렇게 했을 뿐이다. 어째서 너희는 이런 일로 화를 내느냐? 우리는 왕에게 아무 폐도 끼친 것이 없다. 왕은 우리를 먹여 주지 않았고 우리에게 선물을 준 것도 없다."(41, 42절) 왕의 환궁을 공동으로 추진해야 하나 유다와 베냐민 지파는 공명심에 사로잡혀 독단으로 처리했다. 다른 10지파는 시기심과 불건전한 경쟁심으로 유다를 공박했다. 이와 같은 뿌리 깊은 경쟁심은 훗날 이스라엘 분열의 주요 원인이 된다.

그러나 다른 이스라엘 지파 사람들은 유다 사람에게 이렇게 말하였다. "우리는 임금님께 요구할 권리가 너희보다 열 몫(갑절)이나 더 있다. 그런데 어찌하여 너희는 우리를 무시하였느냐? 왕을 우리가 다시 모셔 와야 되겠다고 맨 먼저 말한 사람이, 바로 우리가 아니었느냐?" 그래도 유다 사람의 말이 이스라엘 사람의 말보다 더 강경하였다(43절).

'열 몫' (*eser yadowt*, ten shares)은 '열 손' 이란 뜻이다. 총 12지파 가운

데 10지파가 북쪽 이스라엘 지역에 속해있다는 말이다. '강경하였더라' (*yikes*, fiercer)는 '거칠다', '격렬하다' 는 뜻이다. 이것은 유다 지파 사람들이 이스라엘 지파 사람들보다 더 큰소리로 주장했음을 의미한다. 유다 지파의 거친 반응은 이스라엘 지파 사람들이 세바의 난에 동참하게 된 동기가 되었다.

제20장

다윗을 대항한 세바, 세바가 살해당함, 다윗의 신하들

1. 다윗을 대항한 세바(1-13절)

(**세바의 선동**) 마침 그 곳 길갈에 베냐민 사람 비그리의 아들인 세바(Sheba)라고 하는 불량배(못된 녀석)이 있었다. 그가 나팔을 불며 이렇게 외쳤다. "우리는 다윗과 나눌 분깃이 없으며 이새의 아들에게서 받을 유산이 우리에게 없다. 이스라엘아 각각 장막으로 돌아가라(1절) 우리는 이새의 아들과 아무 상관이 없으니 각자 집으로 돌아가자. 다윗은 우리의 왕이 아니다. 선동했다.

'불량배' (*beliyaal*, rebel, wicked man, troublemaker)는 못된 녀석, 나쁜 사람을 말한다. '분깃' (*heleq*, share)은 '함께 나눌 만한 것' 으로, 유산의 지분을 말한다. '유산' (*nahalah*, inheritance)은 기업, 재산, 소유물을 뜻한다. 과거로부터 상속받아 소유한 것을 말한다.

그래서 모든 이스라엘 사람들은 다윗을 떠나 세바를 좇았다. 그러나 유다 사람들은 왕을 떠나지 않고 요단에서부터 예루살렘까지 줄곧 그와 동행하였다(2절).

(**별실에 갇힌 10 후궁들**) 다윗은 예루살렘 궁전에 도착하자 궁을 지키기 위해 남겨 두었던 10명의 후궁들을 잡아다가 별실에 가두어 넣고 그들의 필수품만 공급해 주고 그들과 잠자리를 같이하지 않았다. 그래서 그들은 죽는

날까지 갇혀서 생과부로 지냈다(3절).

그리고 왕은 아마사에게 3일 이내로 유다 사람을 소집하고 돌아와서 보고하라고 지시하였다. 그래서 아마사는 유다 사람을 소집하러 나갔으나 왕이 정한 기한 내에 돌아오지 않았다(4, 5절).

그러자 왕이 아비새에게 말하였다. "세바는 압살롬보다 우리에게 더 위험한 존재이다. 너는 궁중 경호병들을 데리고 빨리 가서 그를 추적하여라. 그렇지 않으면 우리가 미칠 수 없는 요새 성으로 그가 들어가고 말 것이다." 그래서 요압의 부하들과 그렛 사람과 블렛 사람과 모든 용사가, 비그리의 아들 세바를 뒤쫓아 가려고, 아비새를 따라 예루살렘 밖으로 나갔다(6, 7절).

(**아마사의 죽음**) 그들이 기브온에 있는 큰 바위에 이르렀을 때 우연히 아마사와 마주치게 되었다. 그때 군복을 입고 칼을 차고 있던 요압은 아마사에게 다가서면서 몰래 칼집을 풀어 놓았다(8절). '기브온' (Gibeon)은 예루살렘 북서쪽 에브라임 산지에 위치한 성읍이다. 고대의 군복은 무장하는 데 소요되는 장비가 부착되어 있어서 매우 무거웠다. 한글개역개정에 '칼이 빠져 떨어졌다' (*tippol*, fell out)했는데 이것은 칼이 칼집에서 나왔다는 말이다. 요압이 은밀하게 허리춤에서 칼을 빼었다는 뜻이다.

요압은 "나의 형제여(*ahi*, my brother), 잘 있었나?" 하며 마치 입을 맞추려는 듯이 오른손으로 그의 수염을 잡았으나 아마사는 요압의 왼쪽 손에 칼이 있는 것을 알지 못하였다. 요압이 칼로 그의 배를 찌르자 창자가 땅으로 쏟아져 나와 다시 찌를 필요도 없이 아마사는 즉시 죽고 말았다. 그런 다음에 요압은 자기 동생 아비새와 함께 비그리의 아들 세바를 뒤쫓아 갔다(9, 10절). 요압이 압살롬의 편에 섰던 아마사를 죽인 것이다. 그것은 아마사를 통해 유다 지파를 결속시키고 요압대신 군사령관으로 삼으려했던 다윗의 생각과는 달랐다.

그러자 요압의 부하 중 한 사람이 아마사의 시체 곁에 서서 외쳤다. "요압과 다윗 왕을 지지하는 사람은 모두 요압을 따르라!"(11절)

아마사의 시체는 피투성이가 된 채 길 가운데 그대로 있었는데 요압의 부하들은 사람들이 구경하러 모여드는 것을 보고 그 시체를 밭으로 끌어다가 옷으로 덮어 두었다. 길에서 시체를 치운 다음 그들은 모두 요압을 따라 다시 세바의 추적에 나섰다(12, 13절).

2. 세바가 살해당함(14-22절)

세바가 모든 이스라엘 지파 가운데로 두루 다니다가, 아벨 지역과 벳마아가 지역과 베림의 온 땅(지역)까지 이르렀다. 그 곳 사람들이 모두 모여서, 그의 뒤를 따랐다(14절).

아벨(Abel)과 벧마아가(Beth Maachah)는 서로 인접해 있다. 때로 '벧마아가의 아벨' (Abel of Beth Maachah)로 불리기도 한다. '마아가 집의 목장'이란 뜻을 가지고 있다. 이곳은 팔레스타인 북동쪽 끝, 곧 납달리 지파의 최북단에 위치한 요새로, 훌레 호수 북서쪽에 있다. 요압이 세바를 이곳까지 추적하여 붙잡았다. 전 이스라엘 영토를 통과해 간 셈이다. '베림 온 땅' (all the Berites)은 벧마아가에 인접한 곳으로 추정되고 있다.

요압을 따르는 군인들은 그 곳에 이르러서, 벳마아가의 아벨을 포위하고, 세바를 치기 시작하였다. 그들이 성읍을 보면서 둔덕을 쌓으니, 이 둔덕이 바깥 성벽의 높이만큼 솟아올랐다. 요압을 따르는 모든 군인이 성벽을 무너뜨리려고 부수기 시작했다(15절).

이때 그 성의 한 지혜로운 여인이 할 말이 있다고 요압을 불러 달라고 외쳤다. 요압이 가까이 갔을 때 그 여인이 물었다. "당신이 요압 장군이세요?"

"그렇소." "내 말 좀 들어 보세요." "어디 한번 말해 보시오." "옛날부터 사람들은 해결할 문제가 있거든 아벨에 가서 물어 보라 하고 그 문제를 해결하였습니다. 그런데 당신은 이스라엘이 충성을 다해 온 평화롭고 전통 있는 이 성을 지금 파괴하려고 합니다. 당신은 여호와의 기업을 삼켜 버릴 작정입니까?" 요압은 절대로 성을 파괴할 생각은 없다고 했다(16-20절).

"에브라임 산간 지대 사람 비그리의 아들 세바가 다윗 왕을 대적하였소. 만일 당신들이 그 사람만 나에게 넘겨준다면 우리는 아무 말 없이 돌아갈 것이오." "좋습니다. 우리가 그의 머리를 성 밖으로 당신에게 던지겠습니다." (21절)

그리고서 그 여인이 성 주민들에게 가서 지혜로운 말로 이야기하자 그들은 세바의 머리를 잘라 성 밖으로 요압에게 던져 주었다. 그래서 요압은 나팔을 불어 자기 부하들을 성에서 물러나게 하였다. 그 후에 병사들은 자기들의 집으로 돌아가고 요압은 예루살렘에 있는 왕에게 돌아갔다(22절). 요압은 아비새 대신 왕에게 승리를 보고했다. 왕은 요압이 승리를 가져왔기 때문에 아마사를 죽인 일에 대해 침묵하였다. 그러나 왕은 임종 때 솔로몬에게 요압을 처형할 것을 유언했다(왕상 2:6).

3. 다윗의 신하들(23-25절)

이때 요압은 이스라엘군의 총사령관이 되었고, 여호야다의 아들 브나야는 그렛 사람과 블렛 사람의 지휘관, 곧 왕의 근위(경호)대장이 되었다. 아도람(*Adoram*, Adoniram)은 감역관, 아힐룻의 아들 여호사밧은 사관(recorder, 역사관), 스와(Sheva)는 서기관(court secretary), 사독과 아비아달은 제사장, 그리고 야일 사람 이라(Ira)는 다윗의 대신(보좌관)이 되었다(23-25절)

브나야는 다윗 왕의 근위대장이 되었고, 솔로몬 때는 군사령관이 되었다. 감역관은 공물과 세금을 관리하는 관리로, 사역군(강제노동)의 총감독관이다. 아도람(아도니람)은 다윗 말기부터 르호보암 때까지 감역관직을 맡았다. 서기관은 공문서를 관리하는 사람으로, 왕국의 주요 기록 업무를 맡고, 왕에게 주요 업무를 알려주는 고위관리를 말한다. 주요 사건을 베끼다 연구하게 되어 신약시대에 이르러서는 율법학자로 존경을 받았다. '스와' 는 스라야의 다른 이름이다.

제21장

기브온 사람의 원한을 갚아줌, 사울 가족의 원한을 풀어줌, 네 거인들을 죽인 다윗 용사들의 위용

1. 기브온 사람의 원한을 갚아줌(1-9절)

다윗 시대에 3년 동안이나 계속해서 흉년이 들었다. 다윗이 하나님 앞에 나아가서 그 곡절을 물으니, 하나님께서 대답하셨다. "사울과 그의 집안이 기브온 사람을 죽여 살인죄를 지은 탓이다."(1절)

이스라엘 민족은 자연재해를 종종 하나님께서 그 뜻을 계시하는 방법의 하나로 인식하였다. 따라서 물이 부족한 이곳에 3년이나 연달아 가뭄이 있었다는 것은 그 의미가 남다르다. 그 이유는 여호수아 때부터 이어온 기브온 사람에 대한 약속을 어기고 사람들을 죽인 것이다. '기브온 사람' (the Gibeonites)은 가나안 일곱 족속 가운데 하나로, 히위 족속을 가리킨다.

그래서 다윗왕은 기브온 사람들을 불렀다. 이들은 본래 이스라엘 사람이 아니고 아모리 사람 중에서 살아남은 자들이었다. 이스라엘 사람들이 그들을 죽이지 않고 보호하겠다고 약속했으나 사울은 민족주의적인 열성 때문에 그들을 전멸시키려고 했던 것이다(2절).

사울 왕은 순수 단일민족을 지향하였다. 그러나 기브온 족속을 이방인이라 하여 학살한 것은 여호와의 이름으로 맺은 언약을 무시하는 범죄였다. '아모리 사람' 은 팔레스타인에 사는 가나안 족속을 통칭하는 말이다.

다윗이 그들에게 물었다. "내가 너희를 위해 어떻게 하면 되겠느냐? 나는 너희가 입은 피해를 보상하여 너희가 여호와의 백성에게 복을 빌 수 있도록 하고 싶다."(3절) 기브온 사람들이 그에게 말했다. "사울이나 그의 집안과 우리 사이의 갈등은 은이나 금으로 해결할 문제가 아닙니다. 우리는 이스라엘 사람을 죽일 생각은 없습니다." 다윗이 그들에게 물었다. "그러면 당신들의 요구가 무엇이오? 내가 들어 주겠소."(4절) 이것은 은이나 금 등 경제적인 손익에 관계되는 것이 아니라 기브온과 이스라엘과의 약속을 이행하는 데 있음을 말하고 있다.

그들이 왕에게 말하였다. "사울은 우리를 학살한 사람입니다. 그는, 이스라엘의 영토 안에서는, 우리가 어느 곳에서도 살아남지 못하도록, 우리를 몰살시키려고 모해한 사람입니다."(5절) '모해한 사람'(the man who plotted against us)은 사울을 지칭한다. 사울은 기브온과의 언약에도 불구하고 이스라엘 민족의 정화작업을 위해 기브온 사람들을 죽임으로써 하나님의 영광을 실추시켰다. 이것은 하나님을 위하는 동기와 수단 모두가 선해야 한다는 것을 가르쳐 준다

기브아 사람들이 요구했다. "그의 자손 가운데서 남자 일곱 명을 우리에게 넘겨주시기를 바랍니다. 그러면 주님께서 택하신 왕 사울이 살던 기브아에서, 우리가 주님 앞에서 그들을 나무에 매달겠습니다." 왕이 약속하였다. "내가 그들을 넘겨주겠소."(6절)

그러나 다윗은 자기와 요나단 사이에 서로 맹세한 것이 있으므로 사울의 손자요 요나단의 아들인 므비보셋은 아껴서 빼놓았다(7절). 그 대신에 왕은 아야의 딸 리스바가 사울과의 사이에서 낳은 두 아들인 알모니와 므비보셋을 붙잡고, 또 사울의 딸 메랍이 므홀랏 사람 바르실래의 아들인 아드리엘과의 사이에서 낳은 아들 다섯을 붙잡아다가, 기브온 사람의 손에 넘겨주었다. 기브

온 사람이 하나님 앞에서 그들을 산에 있는 나무에 매달아 놓으니, 그 일곱이 다 함께 죽었다. 그들이 처형을 받은 것은 곡식을 거두기 시작할 무렵, 곧 보리를 거두기 시작할 때였다(8, 9절).

'리스바'(Rizpah)는 사울의 첩 가운데 하나로, 이방인이었다. '메랍'(Merab)은 사울의 장녀로, 사울은 처음에 그를 다윗에게 주기로 했지만 약속을 어기고 므홀랏 사람 아드리엘에게 주었다. 메랍과 아드리엘에게서 태어난 다섯 아들은 외조부 사울 때문에 죽임을 당했다. 보리 베기 시작하는 때는 밀을 수확하는 때보다 조금 빠른 니산월 중순, 곧 태양력으로 4월 중순 경에서 하순경이다.

2. 사울 가족의 원한을 풀어줌(10-14절)

그때부터 두 아들을 잃은 아야의 딸 리스바는 굵은 삼베를 가져다가 바위 위에 깔고 추수가 시작된 때부터 하늘에서 비가 시체에 쏟아질 때까지 낮에는 시체에 독수리가 앉지 못하게 하고 밤에는 맹수가 달려들지 못하게 하였다(10절).

다윗은 리스바가 행한 일을 듣고 그 사람들의 뼈를 거두어 오라고 지시하고 사울과 요나단의 뼈를 가지러 직접 길르앗의 야베스로 갔다. 그 곳 사람들은 사울과 요나단이 길보아산에서 전사했을 때 블레셋 사람들이 그들의 시체를 벧산 광장에 매어단 것을 훔쳐 왔던 사람들이었다. 다윗이 사울의 뼈와 그의 아들 요나단의 뼈를 가지고 올라오자 사람들이 나무에 달려 죽은 자들의 뼈를 거둬 가지고 왔다. 그리고서 그들이 그 모든 뼈를 베냐민 지파의 땅 셀라에 있는 기스의 묘실에 장사하자 그제야 하나님이 그 땅에 흉년이 그치게 하셨다(11-14절).

3. 네 거인들을 죽인 다윗 용사들의 위용(15-22절)

그 후에 이스라엘 사람과 블레셋 사람 사이에 또다시 전쟁이 벌어졌다. 다윗이 부하들과 함께 출전하여 블레셋 사람들과 싸우다가 피곤하여 지쳐 있을 때 무게가 삼백 세겔(약 3.5kg)이나 되는 놋 창을 들고 새 칼을 찬 이스비브놉이라는 적의 거인 하나가 다윗에게 접근하여 그를 죽이려고 하였다(15, 16절), 성경에 거인 족으로 골리앗, 옥, 아낙자손, 네피림 등이 언급되었다. '이스비브놉'(Ishbi-Benob)은 르바(Rapha) 족속의 후손(NIV) 또는 아낙 자손의 후손일 가능성이 있다.

그러나 스루야의 아들 아비새가 왕을 구출하고 그 블레셋 거인을 쳐 죽였다. 그때 다윗의 부하들은 "이제 왕은 두 번 다시 출전하지 마십시오. 우리는 이스라엘의 등불(희망)이신 왕을 잃고 싶지 않습니다." 하였다(17절).

그 후에 또 곱에서 블레셋 사람과 전쟁이 있었다. 이 전쟁에서는 후사 사람 십브개가 적의 거인 삽을 쳐 죽였다(18절). '곱'(Gob)은 게셀과 같은 곳이다. 게셀 근처의 작은 마을인 것으로 보인다. '후사'(Hushah)는 베들레헴 남서쪽에 있는 성읍이다. '십브개'(Sibbecai)는 다윗의 용사 30인 중 한 사람이다. '므분내'(Mebunnai)라고도 한다. '삽' (Saph)은 아낙 자손의 후손 아니면 르바 족속의 후손이다.

그리고 곱에서 또 다른 전쟁이 있었을 때 베들레헴 사람 야레오르김의 아들 엘하난이 가드 사람 골리앗의 동생을 죽였으며 그의 창 자루는 그 굵기가 베틀 채(a weaver's beam) 같았다(19절). '야레오르김' (Jaare-oregim)의 원래 이름은 '야일'(Jair)이다.

가드에서 또 다른 전쟁이 있었다. 적군 가운데 양쪽 손가락과 발가락을 각각 여섯 개씩 모두 24개를 가진 거인 하나가 있었는데 그가 이스라엘을 모욕하므로 다윗의 형 삼마의 아들인 요나단이 그를 죽였다(20, 21절). '삼마'는 다윗의 형 '시므아'의 다른 이름이다. 이렇게 해서 가드의 그 네 거인들은 모두 다윗과 그 부하들의 손에 죽고 말았다(22절).

제22장

다윗의 감사 찬송

22장은 시 18편과 내용이 같다. 이 시는 다윗이 이방의 모든 원수와 사울의 박해로부터 하나님의 구원하심을 입은 후에 지은 것이다.

다윗은 여호와께서 그의 모든 원수들과 사울의 손에서 자기를 구원해 주셨을 때 여호와께 이렇게 노래하였다(1절).

'여호와는 나의 반석이시요 나의 요새시요 나를 위하여 나를 건지시는 자시오.' (2절) '반석' (*sela*, cliff, crag)은 쉽게 올라갈 수 없는 가파른 바위를 말한다.

'내가 피할 나의 반석의 하나님이시요 나의 방패시요 나의 구원의 뿔이시요 나의 높은 망대시요 그에게 피할 나의 피난처시요 나의 구원자시라 나를 폭력에서 구원하셨도다.' (3절) '반석' (*tsur*, rock)은 시내 산과 같이 거대한 산을 가리킨다. 이 비유는 하나님의 불변하심을 상징한다. '구원의 뿔' 은 하나님의 강한 구원의 능력(힘)을 상징한다. '높은 망대' 는 하나님의 지키심을 상징한다.

'내가 찬송 받으실 여호와께 아뢰리니 내 원수들에게서 구원을 받으리로다.'(4절) 하나님은 부르짖을 때마다 응답하시고 구원을 베풀어 주시는 분이시다.

'사망의 물결이 나를 에우고 불의의 창수가 나를 두렵게 하였으며 스올의 줄이 나를 두르고 사망의 올무가 내게 이르렀도다.' (5, 6절) 죽음의 사슬이

나를 휘감고 파멸의 물살이 나를 덮쳤다. 스올(무덤)의 줄이 나를 묶고 사망의 덫이 나를 덮쳤다. 줄이나 올무는 사냥꾼에게 잡힌 짐승과 같이 대적들의 포위망에 걸린 다윗의 긴박한 상황을 묘사하는 말이다.

'내가 환난 중에서 여호와께 아뢰며 나의 하나님께 아뢰었더니 그가 그의 성전에서 내 소리를 들으심이여 나의 부르짖음이 그의 귀에 들렸도다.' (7절) 하나님은 성소에서 내 음성을 들으시고 내가 부르짖는 소리에 귀를 기울이셨다. '그의 성전' 은 전 우주를 다스리는 하늘의 보좌를 가리킨다.

'이에 땅이 진동하고 떨며 하늘의 기초가 요동하고 흔들렸으니 그의 진노로 말미암음이로다.' (8절) 하나님께서 크게 노하시니, 땅이 꿈틀거리고, 흔들리며, 하늘을 받친 산의 뿌리가 떨면서 뒤틀렸다. '땅이 진동하고 떨며' 는 하나님의 강림에 따른 자연 현상을 나타낸 것이다. 다윗의 구원에 신적 개입의 자연 현상은 없었지만 하나님의 기적적인 개입은 이런 수사법을 동원할 수 있을 만큼 확실하다. '하늘의 기초' 는 실제로 무엇인지 우리로서는 알 수 없다. 그러나 시 18:7에서는 '산들의 터도 요동하였으니' 라 했다. 산의 뿌리조차 뒤틀렸다는 말이다. 하나님의 진노가 우주의 근본을 흔들 만큼 강하다는 뜻이다.

'그의 코에서 연기가 오르고 입에서 불이 나와 사름이여 그 불에 숯이 피었도다.' (9절) 하나님의 진노하심을 표현하고 있다. 이처럼 형상이 없으신 하나님을 인간에 비유하여 묘사한 것을 신인동형동성론(anthropomorphism)이라 한다.

'그가 또 하늘을 드리우고 강림하시니 그의 발아래는 어두 캄캄하였도다.' (10절) 하나님이 하늘을 가르고 내려오실 때 그 발아래 짙은 구름이 깔렸다. 어두움도 심판이다.

'그룹을 타고 날으심이여 바람 날개 위에 나타나셨도다.' (11절) '그룹' (cherub)은 하나님의 영적인 피조물로, 하나님을 가까이서 호위하는 특별한 천사를 나타내는 말이다. 하나님께서 그 천사들을 마차처럼 타고 날아오셨다. 바람 날개, 곧 바람을 타고 나타나셨다. 이것은 하나님께서 자신의 기도에 직접 응답하신다는 것을 묘사한 것이다.

'그가 흑암 곧 모인 물과 공중의 빽빽한 구름으로 둘린 장막을 삼으심이여.' (12절) 흑암과 빽빽한 비구름으로 휘장을 삼으셨네. 하나님은 악인들에게 당신의 영광의 빛을 가리고 대신 두려움을 주기 위해 빽빽한 구름으로 당신을 두르신다.

'그 앞에 있는 광채로 말미암아 숯불이 피었도다.' (13절) 하나님 앞에서는 광채가 빛나고, 그 빛난 광채 속에서 이글거리는 숯덩이들이 쏟아졌다.

'여호와께서 하늘에서 우렛소리를 내시며 지존하신 자가 음성을 내심이여.' (14절) 하나님께서 하늘로부터 천둥소리를 내시며, 가장 높으신 분께서 그 목소리를 높이셨다.

'화살을 날려 그들을 흩으시며 번개로 무찌르셨도다.' (15절) 그가 화살을 쏘아 원수들을 흩으시며 번개로 그들을 쳐부쉈네.

'이럴 때에 여호와의 꾸지람과 콧김으로 말미암아 물 밑이 드러나고 세상의 기초가 나타났도다.' (16절) 여호와의 꾸지람과 콧김으로 바다 밑이 드러나고 땅의 기초가 나타났구나.

'그가 위에서 손을 내미사 나를 붙드심이여 많은 물에서 나를 건져내셨도다.' (17절) 하나님께서 높은 곳에서 손을 내밀어, 나를 움켜 잡아 주시고, 깊은 물에서 나를 건져 주셨다.

'나를 강한 원수와 미워하는 자에게서 건지셨음이여 그들은 나보다 강했기 때문이로다.' (18절) 하나님께서 나보다 더 강한 원수들에게서 나를 살려 주시고, 나를 미워하는 자들에게서 나를 살려 주셨다.

'그들이 나의 재앙의 날에 내게 이르렀으나 여호와께서 나의 의지가 되셨도다.' (19절) 내가 곤경에 처했을 때 그들이 나를 덮쳤으나 여호와께서는 나를 보호하셨다.

'나를 또 넓은 곳으로 인도하시고 나를 기뻐하시므로 구원하셨도다.'(20절) 그가 나를 안전한 곳으로 인도하시고 나를 기쁘게 여겨 구원해 주셨네.

'여호와께서 내 공의를 따라 상 주시며 내 손의 깨끗함을 따라 갚으셨으니.' (21절) 여호와께서 나의 의로움에 대하여 갚아 주시고 나의 깨끗한 삶을 보상해 주셨다. '손의 깨끗함' 은 손에 죄가 없다는 말이다. '손' (*yad*, hand)는 '소유', '세력' 등을 나타낸다. 따라서 자신이 얻은 소유물, 세력 또는 권력 등에 하등 문제가 없는 것을 말한다.

'이는 내가 여호와의 도를 지키고 악을 행함으로 내 하나님을 떠나지 아니하였으며.' (22절) 이것은 내가 여호와의 법을 지키고 내 하나님을 떠나 악을 행하지 않았기 때문이다.

'그의 모든 법도를 내 앞에 두고 그의 규례를 버리지 아니하였음이로다.' (23절) 나는 그의 모든 법을 지키고 그의 명령을 어기지 않았다.

'내가 또 그의 앞에 완전하여 스스로 지켜 죄악을 피하였나니.' (24절) 나는 하나님 앞에서 흠 없이 살고 내 자신을 지켜 죄를 짓지 않았다.

'그러므로 여호와께서 내 의대로, 그의 눈앞에서 내 깨끗한 대로 내게 갚으셨도다.' (25절) 그래서 나의 의로운 행위대로, 내가 그 앞에서 깨끗하게 산 그대로, 하나님께서 나에게 갚아 주셨다.

'자비한 자에게는 주의 자비하심을 나타내시며 완전한 자에게는 주의 완전하심을 보이시며 깨끗한 자에게는 주의 깨끗하심을 보이시며 사악한 자에게는 주의 거스르심을 보이시리이다.' (26, 27절) 주는 자비로운 자에게 주의 자비를, 흠 없는 자에게 주의 완전하심을, 깨끗한 자에게 주의 깨끗하심을, 악한 자에게 주의 분노를 보이시는 분이시다.

'주께서 곤고한 백성은 구원하시고 교만한 자를 살피사 낮추시리이다.' (28절) 주는 겸손한 자를 구원하시고 교만한 자를 낮추신다.

'여호와여 주는 나의 등불이시니 여호와께서 나의 어둠을 밝히시리이다.' (29절) 주는 나의 등불이 되셔서 나의 어두움을 밝혀 주신다. '등불' 은 기쁨과 진리를 상징한다. '어둠' 으로 비유된 다윗의 무지와 부패한 심성을 깨우치고 교정시키는 하나님의 은혜를 뜻한다. 등불은 구체화된 하나님의 말씀으로 그 자체가 역동적인 힘이 있어 모든 삶에 기준이 되며 바르게 살 수 있는 힘이 된다.

'내가 주를 의뢰하고 적진으로 달리며 내 하나님을 의지하고 성벽을 뛰어 넘나이다.' (30절) 주님께서 나와 함께 계셔서 도와주시면, 나는 날쌔게 내달려서, 적군도 뒤쫓을 수 있으며, 높은 성벽이라도 뛰어넘을 수 있나이다. 주님이 도와주시면 적진을 향해 달려갈 수 있고, 주님께서 힘을 주시면 적의 방어벽을 뛰어넘을 수 있다는 말이다. 성벽은 대적의 최후 방어선이다. 다윗이 이 방어선을 넘었다는 것은 최후 승리를 상징한다. 다윗은 하나님을 의지함으로 최후 승리를 거두었다.

'하나님의 도(*darkow*, His way)는 완전하고 여호와의 말씀은 진실하니 그는 자기에게 피하는 모든 자에게 방패시로다.' (31절) 하나님의 행위는 완전하고 여호와의 말씀은 참되니 그는 자기에게 피하는 모든 자에게 방패가 되신다. 하나님의 말씀과 그분이 하시는 일은 일체의 흠이 없이 완전하다.

'여호와 외에 누가 하나님이며 우리 하나님 외에 누가 반석이냐.' (32절) 여호와 외에 하나님이 어디 있으며 우리 하나님 외에 반석이 어디 있는가.

'하나님은 나의 견고한 요새시며 나를 안전한 곳으로 인도하시며.' (33절) 하나님은 나의 튼튼한 요새가 되어 나를 안전한 곳으로 인도하신다.

'나의 발로 암사슴 발 같게 하시며 나를 나의 높은 곳에 세우시며.' (34절)

하나님께서는 나의 발을 암사슴의 발처럼 튼튼하게 만드시고, 나를 높은 곳에 안전하게 세워 주신다. 암사슴의 발을 언급함으로써 다윗의 환경이 매우 안락하고 평화롭다는 것을 나타내고 있다.

'내 손을 가르쳐 싸우게 하시니 내 팔이 놋 활을 당기도다.' (35절) 나를 훈련시켜 싸우게 하시니 내가 놋 활도 당길 수 있게 되었네.

'주께서 또 주의 구원의 방패를 내게 주시며 주의 온유함(*anoteka*, Your gentleness, Your salvation)이 나를 크게 하셨나이다.' (36절) 주는 나에게 구원의 방패를 주시고 나를 도우셔서 크게 하셨다. 히브리어로 볼 때 '온유함'보다 '구원', '응답', '도움'이 더 정확하다.

'내 걸음을 넓게 하셨고 내 발이 미끄러지지 아니하게 하셨나이다.' (37절) 내가 힘차게 걷도록 힘을 주시고, 내가 발을 잘못 디뎌 넘어지는 일이 없도록 하셨다. '내 걸음을 넓게 하셨고'는 대적을 추격할 때 아무 장애물도 없게 하셨다는 말이다.

'내가 내 원수를 뒤쫓아 멸하였사오며 그들을 무찌르기 전에는 돌이키지 아니하였나이다.' (38절) 내가 원수들을 추격하여 그들을 쳐 죽이기 전에는 돌아서지 않았다.

'내가 그들을 무찔러 전멸시켰더니 그들이 내 발 아래에 엎드러지고 능히 일어나지 못하였나이다.' (39절) 내가 그들을 쳐서 쓰러뜨리자 그들이 다시 일어나지 못하고 내 발 아래 엎드러졌다.

'이는 주께서 내게 전쟁하게 하려고 능력으로 내게 띠 띠우사 일어나 나를 치는 자를 내게 굴복하게 하셨사오며.' (40절) 주님께서 나에게 싸우러 나갈 용기를 북돋우어 주시고, 나를 치려고 일어선 자들을 나의 발아래에서 무릎 꿇게 하셨다.

'주께서 또 내 원수들이 등을 내게로 향하게 하시고 내게 나를 미워하는 자를 끊어 버리게 하셨음이니이다.' (41절) 주님께서는 나의 원수들을 내 앞에서 도망가게 하시고, 나를 미워하는 자들을 내가 진멸하게 하셨다.

'그들이 도움을 구해도 구원할 자가 없었고 여호와께 부르짖어도 대답하지 아니하셨나이다.' (42절) 그들이 도와 달라고 외쳐도 그들을 구원할 자가 없었고 그들이 여호와께 부르짖어도 그가 대답하지 않으셨다.

'내가 그들을 땅의 티끌 같이 부스러뜨리고 거리의 진흙 같이 밟아 헤쳤나이다.' (43절) 그래서 나는 그들을 산산이 부수어서, 땅의 먼지처럼 날려 보내고, 길바닥의 진흙처럼 짓밟아서 흩어 버렸다.

'주께서 또 나를 내 백성의 다툼에서 건지시고 나를 보전하사 모든 민족의 으뜸으로 삼으셨으니 내가 알지 못하는 백성이 나를 섬기리이다.' (44절) 주님께서는 반역하는 백성에게서 나를 구하여 주시고, 나를 지켜 주셔서 모든 민족의 머리가 되게 하셨으므로(뭇 민족을 다스리게 하시니) 내가 알지 모르는 백성들까지 나를 섬긴다.

'이방인들이 내게 굴복함이여 그들이 내 소문을 귀로 듣고 곧 내게 순복하리로다.' (45절) 이방 사람이 나에게 와서 굽실거리고, 나에 대한 소문만 듣고서도 모두가 나에게 복종한다.

'이방인들이 쇠약하여 그들의 견고한 곳에서 떨며 나오리로다.' (46절) 이방 사람이 사기를 잃고, 그들의 요새에서 떨면서 나온다. 이방인들이 모든 기력을 상실하고 쇠약해져 더 이상 하나님께 도전할 수 없는 상태가 되었다는 말이다.

'여호와의 사심을 두고 나의 반석을 찬송하며 내 구원의 반석이신 하나님을 높일지로다.' (47절) 여호와는 살아 계신다. 나의 반석 되시는 분을 찬양하세. 내 구원의 바위 되시는 하나님을 높이세.

'이 하나님이 나를 위하여 보복하시고 민족들이 내게 복종하게 하시며.'

(48절) 하나님께서 나의 원수를 갚아 주시고, 뭇 백성을 나의 발아래에 굴복시켜 주셨다.

'나를 원수들에게서 이끌어 내시며 나를 대적하는 자 위에 나를 높이시고 나를 강포한 자에게서 건지시는도다.' (49절) 나를 원수들에게서 구하신 하나님이시다. 주는 나를 내 대적 위에 높이 드시고 난폭한 자들의 손에서 나를 구해 주셨다.

'이러므로 여호와여 내가 모든 민족 중에서 주께 감사하며 주의 이름을 찬양하리이다.' (50절) 그러므로 다윗은 여러 민족 가운데서 주께 감사하며 주의 이름을 높이 찬양한다.

'여호와께서 그의 왕에게 큰 구원을 주시며 기름 부음 받은 자에게 인자를 베푸심이여 영원하도록 다윗과 그 후손에게로다 하였더라.' (51절) 주님은 그의 왕 다윗에게 큰 승리를 안겨 주셨다. 손수 기름을 부어 세우신 다윗과 그의 자손에게 한결같은 사랑을 영원히 베푸는 분이시다.

이것은 다윗과 하나님과 맺은 언약(삼하 7:8-16)에 근거한 찬양이다. 이 시의 마무리는 위대한 결론으로, 다윗이 말한 것처럼 그의 자손인 예수 그리스도 안에서 성취되었고 또 성취되고 있다.

제23장

다윗의 마지막 말, 다윗의 37인 용사들

1. 다윗의 마지막 말(1-7절)

이것은 다윗의 마지막 말이다. '이새의 아들 다윗이 말함이여. 하나님이 위대하게 하신 자, 야곱의 하나님으로부터 왕으로 기름 부음 받은 자(선택한 자), 이스라엘의 시인 다윗이 말하노라.' (1절) '마지막 말' (the last words)이란 다윗의 유언이라기보다 인생을 반성하면서 하나님께 영광을 드리는 최후의 공식적인 메시지라는 뜻이다. 다윗은 이 시의 서두에서 '말함이여,' '말하노라' 라는 용어를 반복함으로써 그의 예언이 사사로운 것이 아님을 나타냈다.

'여호와의 영이 나를 통하여 말씀하심이여 그의 말씀이 내 혀에 있도다.' (2절) 하나님께서 다윗을 통하여 자신의 뜻을 전하셨음을 의미한다.

'이스라엘의 하나님이 말씀하시며 이스라엘의 반석이 내게 이르시기를 사람을 공의로 다스리는 자, 하나님을 경외함으로 다스리는 자여.' (3절) 이스라엘의 반석 되시는 하나님이 나에게 말씀하셨다. '의롭게 다스리는 자, 하나님을 두려워함으로 다스리는 자여.' '이스라엘의 반석(*sur*, the Rock)' 은 이스라엘의 구원과 피난처 되시고 신실하고 변함없으신 하나님의 속성을 강조하는 시적 표현이다.

'그는 돋는 해의 아침 빛 같고 구름 없는 아침 같고 비 내린 후의 광선으로 땅에서 움이 돋는 새 풀 같으니라 하시도다.' (4절) 쏟아지는 아침 햇살 같고 청명한 아침 같으며 비 온 뒤의 햇볕으로 파릇파릇 돋아나는 새싹과 같다.

'돋는 해의 아침 빛' 은 장차 임할 구원의 이미지를 나타낸다. 이 이미지는 어둠을 부수고, 밀어내며 등장하는 광경을 나타내고 있다. '움이 돋는 새 풀' 은 메시야의 구원이 가지고 올 복을 표현한 것이다.

'내 집이 하나님 앞에 이 같지 아니하냐 하나님이 나와 더불어 영원한 언약을 세우사 만사에 구비하고 견고하게 하셨으니 나의 모든 구원과 나의 모든 소원을 어찌 이루지 아니하시랴.' (5절) 그래서 하나님이 우리 집안을 축복해 주시리라. 그가 깨어지지 않고 변하지 않을 영원한 언약을 나와 맺었으니 어찌 그가 나의 모든 구원과 소원을 이루지 아니하시랴. 이 시는 세상만사를 움직이는 원리와 존재 이유가 하나님의 언약을 성취하는 데 있음을 강조하고 있다. '견고하게 하심' (*semurah*, secure)은 하나님의 약속이 완전히 실현될 때까지 하나님께서 그 약속을 유지하고 섭리하심을 나타낸다.

'그러나 사악한 자는 다 내버려질 가시나무 같으니 이는 손으로 잡을 수 없음이로다.' (6절) 그러나 악한 자들은 내어 던져 버릴 가시나무와 같으니 아무도 맨손으로 잡을 수 없음이라.

팔레스타인에는 기후 관계로 가시나무가 많아 농작물에 나쁜 영향을 주었다. 이렇듯 해로운 면이 상징적 의미로 전이되어 악을 행하는 자, 적, 저주, 황폐 등을 의미했다. 농부는 밭에서 가시나무를 골라내어 불에 태운다. 이 가시나무는 사악한 자가 처하게 될 심판을 상징한다.

'그것들을 만지는 자는 철과 창자루를 가져야 하리니 그것들이 당장에 불살리리로다 하니라.' (7절) 그것을 잘라 불에 태워 버리려면 철제 도구를 사용해야 하리라. 가시나무는 따갑기 때문에 도구를 사용해야 한다. 메시야는 철장권세로써 사악한 자를 심판하실 것이다.

2. 다윗의 37인 용사들(8-39절)

(**다윗의 3대 명장**) 다윗의 용사들, 곧 3대 명장은 다음과 같다. 첫째는 두목인 다그몬 사람 요셉밧세벳(Josheb-basshebeth)이다. 그는 에센 사람 아디노라는 별명을 가진 군지휘관의 두목으로 한때 800명을 단번에 쳐 죽인 일도 있었다(8절) '용사' (the mighty men)는 전쟁 수행능력이 뛰어난 명장을 가리키는 말이다.

세 명장 가운데서 둘째는 아호아 사람 도도의 아들인 엘르아살(Eleazar)이다. 그가 다윗과 함께 블레셋에게 대항해서 전쟁을 할 때에, 이스라엘 군인이 후퇴한 일이 있었다. 그러나 그는 물러서지 않고 지쳐서 칼이 손에 제대로 잡히지 않을 때까지 블레셋 군을 쳤다. 그 날 여호와께서 그에게 큰 승리를 주시자 그제야 이스라엘군은 그 곳으로 돌아와서 죽은 블레셋군의 장비를 약탈하였다(9, 10절)

세 번째 명장은, 하랄 사람으로 아게의 아들인 삼마(Shammah)이다. 블레셋 군대가 레히에 집결하였을 때에, 그 곳에는 녹두나무(팥)을 가득 심은 팥밭이 있었는데, 이스라엘 군대가 블레셋 군대를 보고서 도망하였지만, 삼마는 밭의 한가운데 버티고 서서, 그 밭을 지키면서, 블레셋 군인을 쳐 죽였다. 주님께서 그에게 큰 승리를 안겨 주셨다(11, 12절). 삼마가 블레셋 군대를 막지 못했다면 이스라엘은 식량을 빼앗겨 식량부족을 겪을 뻔했다.

다윗이 아둘람 굴에 숨어 있을 당시 블레셋 군이 침입하여 르바임 골짜기에 진을 치고 있었다. 이것은 다윗이 통일 이스라엘의 왕위에 오른 직후 블레셋 군대가 다윗을 죽이려고 르바임 골짜기에 집결한 사건을 가리킨다. 이 때 이스라엘군의 용장 30명 가운데 세 사람이 다윗을 찾아갔는데 곡식을 벨 무렵이었다(13절).

그때 다윗은 요새에 있었고 블레셋 사람의 주둔군은 베들레헴에 있었다. 이때 다윗이 고향을 그리워하면서 "'베들레헴성문 곁에 있는 우물물이 먹고 싫어 못 견디겠구나! 누가 그 물을 좀 길어 올 사람이 없는가?" 하자 그 세 사람이 블레셋군의 진영을 뚫고 들어가 그 우물물을 길어서 다윗에게 가져왔다. 그러나 다윗은 그 물을 마시지 않고 그것을 여호와께 제물로 부어 드리고 이렇게 부르짖었다. "여호와여, 나는 결코 이 물을 마실 수 없습니다. 이것은 죽음을 무릅쓰고 갔다 온 사람들의 피와 다를 것이 없습니다."(14-17절) 이 세 용사가 바로 이런 일을 하였다.

(**아비새**) 스루야의 아들이며 요압의 아우인 아비새(Abishai)는, 삼십인 특별부대의 우두머리였다. 바로 그가 창을 휘둘러서, 삼백 명을 쳐 죽인 용사이다. 그는 세 용사와 함께 유명해졌다(18절). 그는 삼십인 특별부대 안에서 가장 뛰어난 용사였다. 그는 삼십인 특별부대의 우두머리가 되기는 하였으나, 세 용사에 견줄 만하지는 못하였다(19절).

(**브나야**) 또 갑스엘 사람 여호야다의 아들 브나야(Benaiah)도 큰 공을 세운 용감한 군인이었다. 그는 사자 같은 모압의 두 장수를 죽였고 또 한 번은 눈 오는 날 미끄러운데도 구덩이에 내려가서 그 곳에 빠져 있는 사자를 잡아 죽였다(20절).

'갑스엘' (Kabzeel)은 사해 남서쪽 에돔 국경과 가까운 유다의 성읍이다. '브나야' 는 다윗 때 호위를 담당한 그렛과 블렛 사람을 지휘하고 관할한 친위대장이었다. 솔로몬 때는 요압을 대신하여 군대장관(군총사령관)이 되었다. 요압, 시므이, 아도니야를 숙청했다. 여기서는 구덩이에 빠진 사자를 죽인 것이 기록되었다. 구덩이에 빠진 사자는 굶주렸기 때문에 매우 사나웠을 것이다.

브나야는 또 막대기 하나만 가지고도 창을 가진 이집트의 거인에게 달려가서 그의 손이 든 창을 빼앗아 그것으로 그를 죽인 일도 있었다. 이런 용감한 일로 브나야도 앞서 말한 세 용사 중 하나로 명성을 얻어 30명 용장 가운데서도 아주 유명한 사람이 되었다. 그래서 다윗은 그를 자기 경호대장으로 삼았다. 그러나 그는 3대 명장 가운데는 들지 못하였다(21-23절).

삼십인 특별부대에 들어 있는 다른 용사들로서는, 다음과 같은 사람들이 더 있다.

요압의 아우 아사헬, 베들레헴 사람 도도의 아들 엘하난, 하롯 사람 삼마, 하롯 사람 엘리가, 발디 사람 헬레스, 드고아 사람 익게스의 아들 이라, 아나돗 사람 아비에셀, 후사 사람 므분내, 아호아 사람 살몬, 느도바 사람 마하래, 느도바 사람 바아나의 아들 헬렙, 베냐민 자손으로 기브아 사람 리배의 아들 잇대, 비라돈 사람 브나야, 가아스 시냇가에 사는 힛대, 아르바 사람 아비알본, 바르훔 사람 아스마웻 사알본 사람 엘리아바, 야센의 아들들, 요나단, 하랄 사람 삼마, 아랄 사람 사랄의 아들 아히암, 마아가 사람의 손자로 아하스배의 아들 엘리벨렛, 길로 사람 아히도벨의 아들 엘리암, 갈멜 사람 헤스래, 아랍 사람 바아래, 소바 사람으로 나단의 아들 이갈, 갓 사람 바니, 암몬 사람 셀렉, 스루야의 아들 요압의 무기를 들고 다니는 브에롯 사람 나하래, 이델 사람 이라, 이델 사람 가렙, 헷 사람 우리야까지, 모두 합하여 서른일곱 명이다(24-39절).

'하롯' (Harod)은 이스르엘 평지에 있는 성읍이다. '드고아' (Tekoa)는 베들레헴 남쪽에 있는 유다 지파의 성읍으로, 선지자 아모스의 고향이다. '아나돗' (Anathoth)은 예루살렘 북동쪽에 있는 성읍으로, 선지자 예레미야의 고향이다. '느도바' (Netophah)는 베들레헴 남동쪽에 있는 유다 지파의 성읍이다. '비라돈' (Pirathon)은 헤브론 북서쪽 유다 산지에 있는 촌락이다. '길로' (Giloh)는 헤브론 북서쪽에 있는 유다 산지의 촌락이다. '소바' (Zobah)는 아람 왕국 중에서 가장 강력한 민족이었다. 다마스쿠스와 하맛 사이에 있었다. '브에롯' (Beeroth)은 예루살렘 북쪽에 있는 베냐민 지파의 성읍이다.

제24장

다윗의 인구조사와 재앙, 성전을 지을 처소를 예비하심

1. 다윗의 인구조사와 재앙(-17절)

여호와께서 다시 이스라엘 백성에게 분노하시자 다윗은 '가서 이스라엘과 유다의 인구를 조사하라.' 는 충동을 받게 되었다(1절). '다시' 는 3년 기근이 있은 후에 '또 다시' 라는 뜻이다. 하나님께서 광야생활 중 바알브올을 섬긴 배교자의 수를 파악하기 위해 인구조사를 하도록 하셨지만 다윗의 이번 인구조사는 자발적인 것으로, 사단이 다윗을 선동한 것이다.

다윗은 자신이 통치하는 왕국의 규모와 전투 가능 인구를 파악함으로써 자신의 왕권을 과시하려는 의도가 있었다. 그러므로 그의 인구조사는 하나님의 권능을 불신하고, 하나님의 영광을 가로채는 무서운 죄가 된다. 하나님의 나라보다 자신의 왕국을 강화하고 높이려 했기 때문이다.

그래서 그는 그의 군대 총사령관인 요압에게 명령했다. "너는 단에서 브엘세바까지 전국을 돌아다니면서 인구를 조사하여 나에게 보고하라." (2절) 전 이스라엘에 대한 인구조사를 명령했다.

그러나 요압은 이렇게 대답하였다. "왕의 하나님 여호와께서 이 백성의 수를 지금보다 백배나 더 많게 하시고 또 왕이 그 날까지 사시기를 바랍니다. 그런데 왕은 어째서 이런 일을 하려고 하십니까?" (3절) 인구조사의 의도를 물은 것이다.

그러나 왕이 강압적으로 명령하고, 요압과 군 지휘관들이 더 이상 왕을 설득시킬 수 없자 하는 수 없이 이스라엘의 인구를 조사하려고 왕 앞에서 물러 나왔다(4절).

그들은 먼저 요단강을 건너 야셀 부근에 갓 골짜기 한가운데 있는 성 남쪽의 아로엘 부근에 숙소를 정했다(5절). '아로엘' (Aroer)은 요단 동편 성읍으로, 사해 동쪽, 아르논 강의 북쪽 유역이다. 요압은 이곳에서부터 인구조사를 실시했다. '야셀' (Jazer)은 요단강 하류 동쪽에 있는 성읍으로, 암몬 족속과 이스라엘의 경계 지역이다.

거기서 그들은 다시 길르앗과 닷딤홋시(Tahtim Hodshi) 땅으로 가서 다냐안에 이르고 시돈을 돌아 두로의 요새를 거쳐 히위 사람과 가나안 사람의 모든 성을 다 다녔으며 마지막으로 그들은 유다의 남쪽 지방인 브엘세바까지 가서 인구 조사를 하였다(6, 7절).

요압은 이스라엘 안에 살았던 외국인들도 계수했다. '길르앗'(Gilead)은 얍복 강 유역의 땅이다. '닷딤홋시'(Tahtim Hodshi)는 납달리 경내에 있던 가데스로 추정하고 있다. '다냐안' (Dan Jaan)은 '단' 과 이방신 '야인' 을 합한 말로, 이스라엘 최북단에 있는 단을 뜻한다. 야인은 이방신의 이름으로, 단이 이교도의 영향을 받았음을 보여준다. '두로'(Tyre)는 '바위' 라는 뜻을 가지고 있으며 시돈 남쪽에 자리한 페니키아 해안 도시이다. 해양 술, 무역, 금속세공에 뛰어났다. '브엘세바'(Beersheba)는 이스라엘 최남단이다.

이와 같이 그들은 전국을 두루 다니면서 9개월 20일 만에 인구 조사를 마치고 예루살렘으로 돌아와서 왕에게 그 결과를 보고했다. 조사 결과 전쟁에 나가 싸울 수 있는 사람들이 이스라엘에서 80만, 유다에서 50만이었다(8, 9절).

그러나 다윗은 인구 조사를 한 후에 양심의 가책을 받아 여호와께 이렇게 부르짖었다. “내가 이 일로 큰 죄를 범했습니다. 여호와여, 이제 종의 죄를 용서해 주소서. 내가 아주 미련한 짓을 하였습니다.”(10절) 다윗은 자신의 인구조사가 하나님 앞에 무서운 범죄임을 깨닫고 회개하게 되었다. 회개할 수 있다는 것도 하나님의 은혜이다.

그 다음 날 아침 여호와께서 다윗의 선지자 갓(Gad)에게 말씀하셨다. “너는 다윗에게 가서 내가 이렇게 말한다고 전하여라. 내가 너에게 세 가지 일을 제시하겠다. 너는 그 중 하나를 택하라. 그러면 내가 그것을 실행하겠다.”(11, 12절)

그래서 갓은 다윗에게 가서 여호와의 말씀을 전하고 그에게 물었다.

“왕은 이 땅에 3년 동안의 기근과 왕의 대적에게 석 달을 쫓겨 다니는 것과 3일 동안의 무서운 전염병 중에서 어느 것을 택하시겠습니까? 잘 생각해 보시고 내가 여호와께 대답할 말을 일러 주십시오.”(13절) ‘전염병’은 기근, 전쟁, 맹수와 함께 하나님의 4대 형벌 중 하나이다.

그러자 다윗은 이렇게 대답하였다. “난처하고 괴롭기가 그지없습니다. 하지만 나는 사람에게 벌을 받고 싶지는 않소. 여호와께서는 자비로우신 분이시니 여호와께서 직접 벌하게 하시오.”(14절) 그래서 여호와께서는 그 날 아침부터 정하신 때까지 이스라엘 땅에 무서운 전염병을 내리셨는데 단에서부터 브엘세바까지 이스라엘 전역에서 죽은 자가 70,000명이나 되었다(15절).

여호와의 천사가 예루살렘을 치려고 했을 때 여호와께서는 마음을 돌이키시고 그들을 죽이려는 천사에게 “그만하면 됐다. 이제 네 손을 거두어라.” 하셨다. 그때 그 천사는 여부스 사람 아라우나(Araunah)의 타작마당에 있었다(16절). 천사는 하나님의 심판을 집행하는 역할을 맡기도 하고, 하나님의 구원 소식을 전달하기도 했다. ‘여부스 사람’(the Jebusite)은 예루살렘 원주민이다. 이들은 다윗 왕에게 정복된 후 다윗 왕의 통치를 받았다.

다윗은 백성을 죽이는 천사를 보고 여호와께 부르짖었다. "죄를 지은 사람도 나이고 악을 행한 사람도 나입니다. 그런데 이 양 무리는 무엇을 했다고 벌을 주십니까? 차라리 나와 내 집 안을 벌하십시오."(17절) 여기서 '양 무리'는 죄 없는 불쌍한 백성을 가리킨다.

2. 성전을 지을 처소를 예비하심(18-25절)

그 날 갓이 다윗에게 가서 "여부스 사람 아라우나의 타작마당에 가셔서 여호와께 단을 쌓으십시오" 하자 다윗은 갓이 말한 대로 여호와의 명령에 순종하여 그 곳으로 갔다(18, 19절).

아라우나는 왕과 그의 신하들이 자기 쪽으로 오는 것을 보고 나가서 왕 앞에 얼굴을 땅에 대고 절하며 말하였다(20절).

"내 주 왕께서 무슨 일로 이 종에게 오셨습니까?" "너의 타작마당을 사서 내가 여호와께 단을 쌓아 이 백성에게 내리는 재앙을 그치게 하고자 한다."(21절)

아라우나가 다윗 왕에게 말했다. "왕이 원하시는 것은 무엇이던지 사용하십시오. 여기에 불로 태워 바치는 번제물로 소가 있고 또 제물을 태울 땔감으로 마당질하는 도구(타작하는 기구)와 소의 멍에가 있습니다. 제가 이 모든 것을 왕에게 드리겠습니다. 아무쪼록 왕의 하나님 여호와께서 왕의 제사를 기쁘게 받으시기를 원합니다."(22, 23절)

그러나 왕은 아라우나에게 "아니다. 내가 그것을 거저 갖지 않고 돈을 주고 사겠다. 나는 아무 대가도 치르지 않은 번제를 여호와께 드리고 싶지 않다."고 하였다. 그리고서 다윗은 그 타작 마당과 소 값으로 은 50세겔(570g)을 그에게 주고 그것을 사서 여호와께 단을 쌓고 번제와 화목제를 드렸다. 그

때 여호와께서 그의 기도를 들으셨으므로 그제야 그 땅에 내리던 재앙이 그쳤다(24, 25절).

'은 50세겔' 은 타작마당과 소 값을 친 액수를 말한다. 역대상 21:25은 금 600세겔을 지불한 것으로 되어 있는데, 이 액수는 그 터 값, 곧 성전 건축을 위해 토지 전체를 산 액수를 가리킨다. 이 터가 훗날 성전 터가 되었다. '화목제' 는 언약관계를 회복하기 위해서 다윗이 회개 및 중보기도와 함께 드려진 제사이다. 이곳은 아브라함이 이삭을 바치려 했던 모리아산으로, 그 후 천년이 지나 다윗의 제단이 세워지고, 솔로몬 때 성전이 세워지게 되었다.